우리들의 목소리 3

아시아 여성의 몸, 섹슈얼리티, 폭력

EGEP BOOK 시리즈

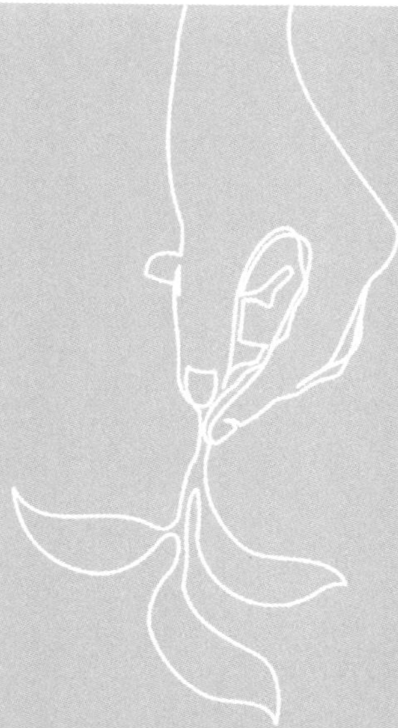

우리들의 목소리 3

아시아 여성의 몸, 섹슈얼리티, 폭력

이화여자대학교 아시아여성학센터 기획
김은실 · 이명선 · 노지은 엮음

이화여자대학교출판문화원

| 책을 펴내며 |

이 책은 '아시아 페미니즘과 여성 운동의 현장'에 대해 살펴본 『우리들의 목소리』 1권과 2권에 이은 세 번째 책이다. 『우리들의 목소리』는 이화여자대학교 아시아여성학센터가 운영해온 '이화글로벌임파워먼트프로그램EGEP: Ewha Global Empowerment Program' 참가자들의 발표문 중에서 선별된 글들을 우리말로 펴낸 책이다. EGEP는 아시아·아프리카 여성 활동가들을 대상으로 한 여성학 교육 프로그램으로 차세대 여성 리더 양성을 목적으로 한다. 2012년에 시작해 현재까지 총 14기 교육을 진행했으며 45개국 288명의 참가자들이 함께했다. 참가한 이들은 여성 인권 향상과 성평등 구현을 목표로 젠더, 환경, 이주, 개발, 재난 등 다양한 분야에서 활동하고 있는 여성 운동가, 연구자, 젠더 전문가들이다.

『우리들의 목소리 3』은 '아시아 여성의 몸, 섹슈얼리티, 폭력'을 주제로 하고 있다. 여성의 몸과 섹슈얼리티는 오랜 역사를 통해 가부장적 문화와 제도가 어떻게 구성되고 작동해왔는지를 잘 드러내주는 정치적 영역이다. 여성의 몸과 섹슈얼리티에 대한 통제와 폭력은 사회적, 문화적, 종교적 다양성에 따라 다른 형태와 내용을 갖기는 하지만, 여성의 억압을 관통하고 재생산하는 핵심적 기제로 나타난다. 이 문제는 EGEP가 진행되는 전 과정 동안 가장 많이 다루어지고 뜨겁게 논의되어온 주제이기도 하다. 『우리들의 목소리』 1권과 2권이 노동, 재난, 분쟁, 성, 연대, 임파워먼트, 대안 페미니즘 등의 주제를 통해 아시아 여성 문제에 대한 이해의 폭을 확장하고자 했다면, 이번 책에서는 아시아 여성의 몸, 섹슈얼리티, 폭력이라는 주제를 통해 아시아의 서로 다른 종교, 민족, 문화, 역사를 배경으로 다양한 형태로 지속되고 있는 여성 혐오와 폭력, 조혼, 월경 금기 등 여성의 몸과 섹슈얼리티를 억압하는 관습과 문화를 드러내고자 했다. 또한 이에 맞서서 새로운 변화를 만들어내기 위해 분투하는 여성들의 활동상을 살펴보고, 그들의 헌신적 활동으로 바뀌어가는 법과 제도의 변화를 보여주고자 했다.

이 책은 한국을 포함해 필리핀, 인도, 네팔, 홍콩, 인도네시아, 베트남, 라오스, 미얀마, 부탄, 방글라데시 등 11개국의 활동가가 쓴 글을 엮은 것으로 총 3부 15장으로 구성되어 있다.

1부는 '여성 혐오와 몸의 정치학'을 주제로 한 글들이 실려 있다. 1장에서는 필리핀의 분쟁 지역인 마라위에서 심각하게 나타나고 있는 여성 차별적이고 혐오적인 관행을 살펴보고, 2장에서는 남아 선호 전통이 강한 인도의 하리아나 지역에서 태아 성 감별을 위해 산전 진단 기술이 오용되고 있음을 보고한다. 3장은 성매매 산업에서 유통될 수 있는 몸을 유지하기 위해 다이어트를 해야 하는 성매매 종사 여성들의 사례를 통해 한국에서 성매매라는 노동이 보여주는 현실을 드러내고 있다. 4장과 5장에서는 월경을 하는 여성을 불결하다고 여기는 네팔과 인도의 관습을 분석하고 이러한 '월경 금기'가 여성에 대한 폭력임을 밝힌다.

2부는 '성폭력 침묵 깨기'라는 제목 아래 아시아 곳곳에서 자행되고 있는 여성에 대한 성폭력 실태를 보고한다. 6장에서는 홍콩의 사례를 통해 종교 공동체인 교회에서 발생하는 성폭력에 대해 집단적으로 침묵하는 경향을 드러내고, 이러한 침묵을 깨기 위한 여성들의 노력을 보여준다. 7장에서는 인도네시아의 대학에서 발생한 성폭력 사건들을 살펴봄으로써 학내 성폭력을 방지하기 위해서는 학생, 학교, 여성 단체가 연대해 함께 대응책을 강구해야 한다는 것을 강조한다. 8장은 강남역 인근에서 일어난 여성 살인 사건을 계기로 '페미니즘 리부트' 물결에 참여하게 된 한 여성의 경험을 통해 새로운 세대의 페미니스트로서의 고민을 담고 있으며, 9장은 인도 부족에 대한 연구에서 젠더와 섹슈얼리티 문제가 간과되어 왔음을 밝힌다. 10장에서는 베트남의 사례를 들어 성폭력과 같은 민감한 문제의 침묵을 깨는 데는 다양한 예술·미디어 매체를 활용하는 에듀테인먼트가 효과적인 방법임을 설명한다.

3부는 '젠더 폭력과 여성 인권'을 주제로 한 글들로 구성되어 있다. 11장은 무고한 여성을 마녀라고 몰아 비난하고 학대하는 네팔의 관습을 소개하고, 12장은 라오스 사회에 만연한 아동 결혼의 문제점에 대해 설명한다. 이 책에서는 이러한 관행이 일견 그 사회의 문화적 맥락에서 이해할 수 있는 전통으로 받아들여지기도 하지만, 본질적으로 젠더 불평등에 기반한 여성에 대한 폭력임을 드러내고 있다. 13장과 14장, 15장에서는 각각 미얀마, 부탄, 방글라데시에서 일상적으로 일어나고 있는 가정 폭력의 실태를 알아보고, 여성을 폭력으로부터 보호하기 위한 법적·제도적 장치를 마련하고자 분투하는 여성 운동가 및 단체의 활동상을 소개한다.

여성의 몸, 섹슈얼리티, 폭력을 둘러싼 여성 문제들은 한국의 여성주의 운동에서도 오랫동안 주요한 과제이자 쟁점으로 다루어져 왔지만, 최근 여성 혐오 현상과 소위 '묻지마 범죄', 사이버 성폭력과 같은 여성에 대한 폭력 양상의 다변화, 미투 운동의 확산 등과 더불어 뜨거운 사회적 쟁점으로 떠오르고 있다. 그러나 미투 운동을 둘러싼 남녀 간 이해와 경험의 차이를 가감 없이 드러내는 젠더 갈등 현상, 성폭력 피해자에 대한 비난과 2차 피해 등이 확산되는 양상을 보면 이러한 문제들에 대한 접근이나 해결이 만만치 않음을 잘 보여준다. 그래서 더욱더 나은 사회로의 변화를 위한 저항의 목소리와 움직임을 여성주의를 통해 찾고 확장하는 일이 그 어느 때보다 절실하고 중요하게 여겨진다. 이 책 역시 그러한 노력의 일환이기도 하다.

이화여자대학교 아시아여성학센터는 1995년에 설립된 이래 아시아 지역의 여성 학자와 여성 활동가들 간의 네트워크를 만들고 확장해옴으로써 함께 일하고 연구하고 실천하는 아시아 여성학 플랫폼으로서의 역할을 해왔다. 이번 책에 게재된 글들은 EGEP뿐만 아니라 아시아여성학센터가 아시아 여성학 관련 연구의 확장과 여성학 교육의 제도화를 목표로 수행해온 주요 사업의 연구물 및 결과물이다. 2018년 'Transnational Women's Activism: Sexuality, Women's Body and Violence'를 주제로 진행된 13기 EGEP 참가자들의 발표문 중에서 선별된 글들을 주로 하되, 아시아여성학센터가 주관한 관련 사업의 연구 보고서들도 함께 담았다. 특히 2017년 EGEP 졸업생들이 진행한 공동 연구 보고서, 아시아여성학센터가 발간하는 국제 학술지 *Asian Journal of Women's Studies*에 게재된 EGEP 졸업생들의 글, 그리고 아시아여성학센터와 아시아여성학회Asian Association of Women's Studies가 함께 진행한 한-아세안협력사업 여성학교육프로그램에 참여했던 신진 여성 연구자들의 연구 보고서 *KACP Collaborative Research Report: Gender, Justice and Democracy in Asia*(2017)에서 이번 주제와 관련된 글들을 선별해서 함께 실었다.

이번 책의 발간으로 '우리들의 목소리' 시리즈가 완간된 것을 기쁘게 생각한다. 무엇보다 바쁜 와중에도 글을 다시 꼼꼼히 검토하며 다듬어준 연구자와 활동가들을 비롯해 번역을 도와준 엄연수, 최형미의 노고에 감사의 마음을 전한다. 이 책이 출판되기까지 관련된 교육과 연구, 교류의 전 과정을 함께한 아시아여성학센터의 모든 동료와 EGEP 운영진에게 마음 깊이 고마움을 전한다. 끝으로 『우리들의 목소리』가 세 권의 책으로 완간되기까지 물심양면으로 지원을 아끼지 않은 이화여자대학교, 그리고 출판을 맡아준 이화여자대학교출판문화원에도 감사드린다.

2018년 12월

엮은이 김은실·이명선·노지은

| 차례 |

제3부 젠더 폭력과 여성 인권

제 1 부

여성 혐오와 몸의 정치학

1

마라위의 얼굴 없는 여성들

필리핀 분쟁 지역의 성차별적 여성 혐오*

아나 딩라산·멜라니 레예스·크리스틴 발레리오

이 글은 여성의 이야기를 통해 분쟁이 여성에게 미치는 영향을 조사함으로써 평화와 안전, 여성의 몸의 존엄성 문제가 복잡하게 연결되어 있음을 보여주고자 한다. 또한 성차별적, 여성 혐오적, 남성 중심적 태도와 관행에 의해서 어떻게 분쟁이 선동되고 악화되는지를 알아볼 것이다. 특히 필리핀 마라위Marawi 지역의 사례를 중심으로 여성들이 분쟁을 겪으면서 직면하게 되는 문제가 무엇인지, 여성들이 폭력적인 극단주의와 성폭력, 여성 인권을 침해하는 폭력을 어떻게 예방하고 이에 대처하는지 살펴볼 것이다.

---

* 이 글은 EGEP 공동 연구 보고서에서 다음의 논문을 우리말로 옮긴 것이다. "Faceless Women in Marawi: The Impact of Sexist and Misogynist Attitudes and Practices on Women's Bodies in Conflict", EGEP Collaborative Research Project on Women's Human Rights Activism, Asian Center for Women's Studies, 2017.

구체적으로 2017년 5월 필리핀의 마라위 지역에서 일어난 이슬람국가IS: Islamic State 추종 반군과 필리핀 정부군 사이의 무력 분쟁 이후 자신이 살던 지역에서 추방된 여성들의 현황과 경험을 살펴보고, 성차별적이고 여성 혐오적인 관행이 여성의 몸에 미치는 영향을 드러내고자 한다. 또한 여성 단체와 여성 운동가들이 어떻게 이러한 관행에 맞섰는지 조명해보고자 한다. 이 연구는 젠더와 여성의 권리라는 관점에 기초해 여성들의 체험을 교차 분석 또는 다층 분석하는 다중 기법적 접근 방식을 사용했다. 이를 위해서 마라위 분쟁으로 인해 삶의 터전에서 쫓겨난 여성들 가운데 핵심 정보 제공자 여섯 명을 비롯해 필리핀 남부의 민다나오Mindanao 섬에서 인도적 보호, 위기 예방, 폭력적 극단주의 방지 활동을 하는 지역 NGO 운동가들을 인터뷰했다.

민다나오의 무력 분쟁과 방사모로 투쟁

필리핀으로부터 독립해 자결권을 얻고자 투쟁하는 민다나오의 무력 분쟁 역사는 매우 오래되었다. 이곳의 무슬림과 선주민들은 차별과 주변화 그리고 토지 몰수에 저항해 싸워왔다. 1500년대에 스페인 사람들이 필리핀에 들어와 식민 통치를 하기 전부터 필리핀 군도 남쪽의 섬들에서는 이슬람 문화가 번창해 지배적인 생활 양식으로 자리 잡았다. 술탄들이 스페인의 가톨릭 식민화에 맞설 수 있었기에 민다나오는 스페인의 영향권에서 비교적 자유로울 수 있었다. 1898년 필리핀 혁명이 끝날 무렵 군도가 미국으로 넘어갔을 때, 스페인은 민다나오를 필리핀 영토에 불법적으로 합병시켰다. 미국은 민다나오에서 무슬림과 선주민을 몰아내고 필리핀 다른 지역의 기독교인들이 정착할 수 있는 정책을 시행했다. 이는 기업농, 채굴, 벌목을 할 땅을 얻게 된 미국의 다국적 기업의 등장과 함께 이루어졌다(Vellema, Borras & Lara, 2011). 그 이후로 줄곧 민다나오 지역의 선주민들은 자신들의 정체성을 인정해줄 것과 합병의 역사적인 부당성, 자신들에 대한 주변화, 인권 침해 등의 문제를 다루어줄 것을 강력하게 요구해왔다("History: Mindanao", n.d.).

필리핀 정부는 여러 차례 민다나오 분쟁을 해결하려고 했는데, 그중 하나가 1996년에 민다나오를 중심으로 활동하는 반군 조직인 모로민족해방전선과 최종 평화 협정을 체결한 것이다. 그러나 이 협정에 불만을 가진 모로민족해방전선 일부가 모로이슬람해방전선을 만들면서 분쟁을 잠재우는 데 실패했다. 모로민족해방전선을 탈퇴한 모로이슬람해방전선은 독립을 위한 무력 투쟁을 계속 벌이고 있다. 모로이슬람해방전선과 필리핀 정부 사이에는 2003년에 시작해서 2012년 10월 12일에 평화 협정을 맺기까지 일련의 휴전 협정이 있었다. 그 후 2014년 3월에 '방사모로 포괄 협정Comprehensive Agreement on the Bangsamoro'이 이루어져 「방사모로 기본법」을 위한 길이 마련되었고, 이를 계기로 현 민다나오 무슬림 자치구를 대체하는 새로운 방사모로 자치 정부 수립을 목표로 하고 있다(WAGI, 2016b; "History: Mindanao", n.d.). 그러나 여러 이해 당사자들의 무수한 로비와 지지에도 불구하고 「방사모로 기본법」은 2016년 16회 국회에서 통과되지 못했다. 일시적인 교착 상태에 빠지기는 했지만 현 국회는 기본법에 대한 심의를 재개했다.

마라위 분쟁과 여성

2017년 5월 23일, 마라위에서 필리핀 정부군과 IS의 영향을 받은 마우테Maute 무장 단체가 전투를 벌이게 되면서 평화 분위기는 깨졌다. 군대와 테러리스트 간의 교전에 오간 교차 사격과 국부 공격으로 주거지, 상업 지구 구분 없이 도시 전체가 파괴되었다. 마우테 무장 단체가 주둔하자 로드리고 두테르테 필리핀 대통령은 먼저 민다나오에 60일간 계엄령을 선포했다. 국회는 기간을 2017년 12월 31일까지 연장했고, 이는 다시 2018년 12월 31일까지 재연장되었다. 이미 알려진 대로 두테르테 대통령은 수많은 성차별적 발언을 하며 계엄령을 선포했다. 또한 그는 군인들에게 소위 '강간 조크'를 하면서 임무 수행 시에 강간을 해도 면책해주겠다는 약속으로 마라위의 전선 상황을 더욱 복잡하게 만들었다.

지금까지 이 분쟁으로 약 40만 명의 사람들이 마라위에서 쫓겨났으며 1천 명에 가까운 사람들이 죽었다(Gavilan, 2017). 사람들은 집과 생계 수단을 잃었고 학교, 종교적인 장소, 문화 유적지는 물론 중요한 사회 기반 시설들이 무참히 파괴되었다. 그러나 이 모든 것이 그저 평화와 안보의 이름으로 싸우는 전쟁의 부수적 피해이자 필연적 결과로 축소되었다. 이 글을 쓰고 있는 현 시점에서 정부는 분쟁의 종언을 선언했지만 마라위에서 쫓겨난 어린 소녀들을 비롯한 여성들에게 악몽은 아직 끝나지 않았다.

이와 같은 분쟁 상황에서 성과 젠더에 기반한 폭력은 더욱 만연해졌다. 또한 여성들은 성과 재생산 건강 정보 및 서비스에 접근하는 것이 더 힘들어졌다. 이것은 가부장적 관행과 사회 규범, 그리고 뿌리 깊은 군사적·마초적 방식으로 분쟁을 해결하려 하기 때문이다. 이러한 폭력은 때로는 노골적으로 때로는 은밀하게 가정과 공동체, 공공장소를 막론하고 여기저기서 일어나는데, 특히 사회적으로 가장 취약한 위치에 놓인 여성들에게 더욱 가혹하게 가해진다.

마라위 분쟁 기간 동안 발생했던 성폭력에 대한 공식적인 자료는 없다. 그러나 다행히 여러 국제 개발 기구들과 지역 NGO들이 앞장서서 인도주의적 지원을 제공했고, 대피소에 안전하고 여성 친화적인 공간도 마련했다. 여기서 여성들은 자신의 경험을 돌아보고 위로를 받으며 다른 여성들과의 연대를 구축할 수 있었다. 이 공간은 저항 운동의 장이 되었고, 여기서 여성들은 소규모일지라도 현 상황에 맞서고 자신들의 본모습을 되찾기 위한 노력을 시작했다.

분쟁 지역의 젠더 이슈

폭력의 연속성과 여성

분쟁은 시작과 과정 그리고 그 이후 모든 단계에서 어린 소녀들을 비롯한 여성들에게 심각한 영향을 미친다. 분쟁이 일어나면 여성의 전통적 역할, 젠더화된 몸, 여성에 대한 사회적 기대로 인해 여성은 남성보다 더욱더 큰 위험에 처한다. 리타 만찬다Rita Manchanda는 "여성에게 가정과 공적/정치적 공간이 항상 구분된 것은 아니다. 오히려 여성은 가정에서 거리로 또는 전쟁터로 확장되는 가정 폭력과, 가정 폭력에서 정치적 폭력까지 연결된 폭력을 직접 경험하면서 폭력의 연속성을 더 잘 볼 수 있다"고 지적했다(Manchanda, 2001). 마찬가지로 캐롤라인 모저Caroline Moser는 분쟁의 젠더화된 연속성을 언급했다. 그에 따르면 남녀에게 부여된 성 역할, 관계, 정체성은 남성과 여성이 분쟁과 폭력을 다르게 경험하게 한다. 또한 남녀는 분쟁과 갈등의 상황에서 권력, 의사 결정, 자원에 대한 접근성이 달라서 분쟁과 폭력을 다르게 경험한다. 이런 점에서 분쟁과 폭력은 모두 젠더화된 행위임을 강조했다. 모저는 "폭력은 정치적, 경제적, 사회적 폭력으로 구분할 수 있는데, 이 세 가지 폭력은 복잡하게 얽혀 있어 따로 분리해서 해결할 수 없다"고 말했다. 더 나아가 "이 세 가지 형태의 폭력의 관점에서 보면 남녀의 위치는 가해자가 되든 피해자가 되든 사회의 지배적인 젠더 이데올로기에 의해서 결정된다"고 했다

(Moser, 2001).

웬디 하코트Wendy Harcourt와 아르투로 에스코바Arturo Escobar는 여성이 가장 은밀한 형태의 폭력을 경험하는 장소가 바로 가정이라고 보았다. 가정은 여성이 가장 중요한 사회적, 정치적 역할과 정체성을 얻는 장이다. 환경은 여성의 주변을 규정하는 경제적, 정치적, 사회적 관계의 다층적 망을 의미한다. 공적 영역은 의사 결정이 이루어지지만 여성은 쉽게 접근할 수 없는 곳이다. 여기에 더해 하코트와 에스코바는 이제껏 무시되어온 여성의 몸을 "사회적, 문화적 관계들을 생생하게 체험하게 하는 매개체이자 정치적인 투쟁의 장"이라고 주장했다(Harcourt & Escobar, 2002).

이러한 관점에서 분쟁과 폭력을 검토하면 여성 폭력뿐 아니라 정치적, 경제적 폭력도 젠더화되었음을 깨닫게 된다. 젠더 관계는 여성을 주변화시키며 분쟁 역시 여성에게 남성과 다른 영향을 미친다는 점을 아는 것이 중요하다. 모든 형태의 집단적, 개별적인 폭력은 젠더화된 과정이며, 분쟁의 역학은 남성성에 영향을 주고 이를 강화해 여성의 불이익을 영속화한다. 분쟁을 여성에게 유리한 기회로 재구성하면 현 상황에 도전할 여지가 생기지만 전통적인 방식으로 다루면 무장 폭력으로 끝나게 된다. 남성의 지배와 권력은 남성이 분쟁에 개입하는 위치에 있음을 의미한다. 이는 문제를 해결하는 수단으로 폭력이 사용됨을 의미하기도 한다. 그리고 평화 협정을 체결할 때 보통 젠더 이슈는 평화 의제에서 뒷전으로 밀려나기 십상이다.

두테르테의 전쟁 서사와 마라위의 얼굴 없는 여성들

로드리고 두테르테 대통령은 대중들에게 자주 성차별적이고 여성 혐오적인 언행을 거리낌 없이 드러낸다. 그는 대중들 앞에서 성차별적인 발언과 강간에 관련된 농담을 수도 없이 했다. 두테르테 대통령은 자신이 바람둥이임을 자랑하고, 여성 언론인들에게 야유를 보내거나 자신의 퇴진을 요구하는 여성 지도자들에게 신랄한 성적 비방을 했다. 그의 폭력적인 성향도 만만치 않다. 일방적인 마약 전쟁에서 무고한 사람들이 죽는 것을 옹호했으며, 공개적으로 인권을 무시했다. 폭력을 용납하거나 저지른 군인들과 경찰들에게 면책을 약속했으며, 기자회견장에서 가운뎃손가락을 들어 보이며 욕을 하기도 했다. 그의 성차별적이고 여성 혐오적인 언행은 필리핀 사회의 남성 중심적 지배 및 권력 구조를 반영하는 것이다.

마라위에 위기가 발생했을 때, 두테르테 대통령이 총에는 총으로 맞서겠다고 발언한 것도 그리 놀랍지 않다. 분쟁이 일어난 바로 그다음 날, 그는 인신보호영장제도를 유예하고 민다나오 전 지역에 계엄령을 선포하는 216번째 성명서에 사인했다. 그 후 다섯 달 동안 발생한 무력 공습도 지지했다. 두테르테 대통령의 성향이 가부장적이고 폭력적인 분쟁 해결 방식과 합쳐지면서 여성이나 소녀들은 더 쉽게 폭력에 노출되었다.

분쟁으로 인해 민다나오 지역의 빈곤율은 매우 높게 나타난다. 최근 필리핀 통계청의 발표에 따르면, 민다나오 무슬림 자치구의 빈곤율이 2012년 55.8%에서 2015년 53.7%로 2.1% 감소했는데, 사람들의 사회 경제적 조건을 고려해보면 이 숫자는 그다지 큰 의미가 없다. 민다나오 무슬림 자치구의 기능적 문해율(사회생활에 불편함이 없을 정도로 읽고 쓸 수 있는 능력—역주)은 72.1%로 최저 기록을 갱신하고 있다("ARMM Has", 2015). 필리핀 통계청에 의하면, 필리핀 여성의 60~80%가 초등 교육을 마치는 데 반해 민다나오 무슬림 자치구 여성의 경우 46%로 가장 낮다.

이와 같이 분쟁의 영향을 가장 크게 받는 것은 여성이다. 분쟁이 발생하면 여성들은 고용, 의료 서비스, 시장에 접근할 기회에 더 취약해진다

(WAGI, 2016a). 또한 분쟁은 건강, 돌봄, 교육 서비스를 비롯해 사회 기반 시설과 사회 보호 서비스 등의 제공에 막대한 지장을 주고, 아이들과 공동체 일원들을 돌보는 책임을 떠맡은 여성들에게 지속적으로 큰 타격을 입힌다. 무장 폭력과 그에 따른 빈곤 및 고립의 증가로 젊은 여성들은 재생산 건강 관리와 같은 기본적인 의료 서비스를 받지 못한다(Dwyer & Guiam, 2010). 따라서 무력 분쟁의 상황에서 산모와 신생아 간호, 임산부와 수유모 돌봄 등에 대한 성과 재생산 건강 정보 및 서비스는 필수적이다.

마라위 사태로 이 지역 인구의 98%가 이주하는 대규모 퇴거가 일어났다. 그런데 이와 관련해 특별 사항에 따라 분류된 자료는 고사하고 성별과 연령별로 분류된 자료도 얻기 힘들었다. 그 가운데 사회 복지사와 국제기구는 아동 인권 침해와 성적 학대를 보고받았다. 특히 마라위 여성과 소녀들은 재생산 건강 관리 같은 기본적인 서비스에 접근하기 어려워지면서 성폭력에 더욱 취약해졌다. 라나오Ranao 구호팀의 사미라 알리 구톡Samira Ali Gutoc은 보고서에 다음과 같이 진술했다.

> 포위당하고 나서 한 주 동안, 우리 자원봉사자들이 엄마의 자궁에서 나온 사산아를 묻어주고 난 뒤 채 사흘도 안 돼 두 명의 아기와 산모들이 또 죽었다. 내가 한 자원봉사자에게 "견딜 수 있겠어요?"라고 물으니 그녀는 "선생님, 저는 더 못 버티겠어요. 그만둬도 될까요?"라고 대답했다.

마라위 사태 이후에도 기본적인 서비스는 하루빨리 제공되어야 하며, 폭력으로부터 여성을 보호하는 것도 소홀히 할 수 없는 문제이다. 필리핀 통계청의 발표에 따르면, 15-49세 여성의 20%가 평생 적어도 한 번은 물리적 폭력을 당했으며 9%는 적어도 한 번의 성폭력을 겪었다고 한다(National Statistics Office and ICF Macro, 2009). 이 숫자는 평화 시에도 젠더에 기반한 폭력이 꾸준하게 나타난다는 것을 보여준다. 비상 사태에서는 젠더 폭력이 더욱 증가한다. 무력 분쟁과 퇴거가 일어나면서 착취와 학대를 포함한 성폭력이 널리 퍼졌다(Inter-Agency Standing Committee, 2005).

특히 삶의 터전에서 추방된 여성들은 젠더에 기반한 폭력의 위협에 더 취약하다. 대피소는 붐비는 데다가 깨끗하고 위생적인 화장실도 충분하지 않고 여성과 소녀들의 사생활을 지켜줄 적당한 조명도 없다. 개방형 숙소와 화장실처럼 사적 공간을 보장하지 못하는 대피소 환경은 젠더 폭력을 증가시킨다. 잘 알려지지는 않았지만 가정집으로 피난하는 경우에도 젠더 폭력은 발생한다. 이런 사례를 많이 다룬 사회 복지사도 인정하듯이 이 사례들이 다 공식 기록에 반영되지는 못했는데, 정식으로 신고 및 고소를 하지 않았거나 이런 사례를 보고할 수 있는 공식적인 메커니즘이 없었기 때문이다.

2009년에 발표한 「여성대헌장」(일명 R.A.9710)은 「젠더와 발전법」을 포함하고 있으며 여성과 성평등에 관한 지역 조례를 강화했다(Phillippine Commission on Women, 2010). 이 외에도 「여성과 자녀에 대한 폭력방지법」(일명 R.A.9262)은 제정된 지 10년도 넘었다. 젠더 폭력 예방 및 관리를 포함해 여성의 인권을 보호하고 옹호하는 법과 정책이 있음에도 불구하고 젠더 폭력에 대한 도움을 어디에서 구해야 하는지 정확한 정보가 없다는 것이 슬픈 현실이다. 피해자가 위안을 얻거나 사건을 신고할 수 있는 여성 친화적인 공간이나 상담소도 없다.

퇴거민들의 주 관심사는 잃어버린 재산을 되찾고 음식과 생계를 마련하는 것이기 때문에 대피소에서 발생한 젠더 폭력 사건이 어떻게 해결되었는지 분명하게 요구할 겨를이 없다. 피해자가 정식으로 사건을 보고할 메커니즘이 부재하다 보니 재판까지 가는 일은 더더욱 희박하다. 그래서 사람답게 살 수 있는 이들의 권리는 박탈된다.

마찬가지로 문화 규범은 젠더 폭력에 대한 사람들의 반응에 영향을 미친다. 심지어 마라위 사태가 일어나기 전에도 무슬림 공동체에서는 젠더 폭력에 대해 침묵하는 문화가 만연했다. 민다나오 공동체에서 젠더 폭력을 신고하면 관련 씨족이나 가족 간에 더 큰 폭력이 야기되기도 했다. 클라리벨 바르톨로메Claribel Bartolome는 씨족 간 싸움인 리도rido에 대해 23건의 사례를 연구했는데, 이 중 15건의 사례가 여성을 대상으로 한 경미한 성폭력에 대한 논쟁에서 비롯되었다고 한다(Bartolome, 2001; Hilsdon, 2009). 그러므로 침묵을 강요하는 문화 규범처럼 여성과 소녀들이 젠더 폭력을 신고하는 것을 막는 규범은 여성의 권리를 증진하고 보호하는 긍정적인 규범으로 바뀌어야 한다.

잿더미에서 일어서기: 성차별적·여성 혐오적 전쟁 서사에 맞서는 여성 운동

마라위 사태가 진행되는 동안 여성들이 함께 조용한 공간에서 차분히 자신의 이야기를 나누며 펼쳐놓은 '저항'에 관해 살펴볼 필요가 있다. 이와 함께 여성 운동이 지역과 풀뿌리 차원을 넘어 권력 역학에도 어떤 영향을 주었는지 살펴보아야 한다(Harcourt & Escobar, 2002). 하코트는 "여성들이 변화를 추동하면 '여성의 인권, 자원에 대한 접근성, 몸의 안보를 규정하는 지배적인 사회적·경제적 추세'를 변화시키고자 하는 새로운 형태의 정치를 창조하게 된다"고 했다(Harcourt, 2006). 그럼으로써 많은 여성들이 신자유주의적 성차별과 여성 혐오적 패러다임에 도전하는 '몸, 환경, 경제를 둘러싼' 정치적 투쟁이 주목받게 될 것이다.

마라위의 한 여성은 "내가 이런 일을 겪을 거라고는 전혀 생각하지도 못했어요"라고 말했다. 민다나오에서 분쟁이 수십 년 동안 지속되었지만 이렇게 단기간에 도시 전체가 파괴된 적은 없었다. 민다나오의 계엄령 시행과 신분증이 없으면 출입할 수 없는 규정을 포함해 이 분쟁은 많은 사람들, 특히 여성들에게 끊임없는 공포와 불안을 불러일으켰다. 이제는 돌아갈 집이 없다는 트라우마는 이들에게 불안과 절망감을 안겨주었다. 그러나 심리적·경제적 압박을 받으면서도 마라위 여성들은 이 상황에 맞서기 위한 대안을 모색하고 있다.

마라위 분쟁이 부정적인 결과만을 초래한 것은 아니다. 이 위기를 계기로 민다나오뿐 아니라 전국의 여성 단체와 평화 단체들이 자매애와 연대를 강화했다. 마닐라에서 2017년 5월 30일과 31일에 열린 종파를 초월한 종교협의회 기간 동안, 여성평화단체연합Women's Peace Collective은 마라위 피해 지역 주민들을 위한 모금 운동을 벌였다. 모은 돈은 피해 지역에서 온 참가자들에게 전달되었고, 이들은 퇴거당한 주민들에게 필요한 물품을 구매했다. 여성평화단체연합 회원들은 그들에게 물품이나 현금으로 도움을 줄 것을 개별적 또는 조직적으로 요청했다. 한 젊은 여성은 "나는 더 절약했어요. 개인 경비를 충당하기 위해 부업이란 부업은 닥치는 대로 다 했어요. 내 월급에서 쥐꼬리만큼만 떼어 가족 생활비에 보태고 나머지는 사회적 의무를 다하는 데 썼죠. 이게 최소한으로 내가 할 수 있는 일이에요"라고 말했다. 상황이 아무리 절망적이고 걱정스러워도 피해 지역 여성들은 공동체 성원들을 돕는 일을 멈추지 않았다. 무력 분쟁 기간에도 많은 여성들이 부모를 잃고 갈 곳이 없는 아이들을 입양했다.

마라위의 복구와 재건에 적극적으로 참여하고 있는 또 다른 조직은 알무자딜라개발재단Al-Mujadilah Development Foundation, Inc.('알무자딜라'는 코란에 나오는 이의를 제기하는 여자를 일컫는 말—역주)으로 2017년 10월부터 여성 건강과 여성 보호에 대한 가족 대화 교육을 실시하고 있다. 이들은 대피소에서 건강 관리를 어떻게 해야 하며 성희롱을 비롯한 폭력으로부터 어떻게 여성들을 보호할 수 있을지 방안을 모색했다.

정치적 차원에서도 마라위의 군사 개입뿐만 아니라 민다나오 계엄령 연장에 반대하는 여성들이 있다. 분쟁으로 인해 피해를 입었으면서도 목소리를 내지 못하는 소수를 대변하기 위해 구톡이 국회에 갔지만 대부분의 국회의원들은 그녀의 이야기에 귀를 기울이지 않았다. 여성 단체들과 활동가들이 격려와 지지의 말을 전하며 그녀의 곁을 지켰다.

여러 여성 단체들이 마라위 사태에서 여성과 소녀들의 문제와 요구를 해결하기 위해 노력했다. 2017년 6월에 정보 교류와 모금을 통해 마라위에서 퇴거당한 여성들을 돕는 여성 단체와 개인들의 연합인 바바이여성네트워크Babai Women's Network가 설립되어 다양한 활동을 시작했다. 이러한 활동의 일환으로 마라위 사태와 여성들의 경험에 관해 논하는 포럼인 '마라위를 대표하는 여성: 라오아넨'(Laoanen. 민다나오 전설의 주인공 반투간의 누이 이름—역주)이 간탈라Gantala출판사에 의해 시작되었다. 간탈라출판사의 대표이자 바바이여성네트워크의 공동 창립자인 페이 쿠라Faye Cura는 "지역, 인종, 계급, 종교, 심지어 페미니스트 간의 차이와 분리에 맞서고 이를 극복하기 위해서 지금 우리 여성에게 필요한 것은 경쟁이 아니라 협력"이라고 말했다. 마라위든 필리핀의 다른 섬이든 아니면 세계 다른 곳이든 위기 속에서 여성과 소녀들은 그저 무력 분쟁의 희생자가 아니라 평화와 변화의 역동적 주체임을 보여주고 있다.

여성 혐오적이고 성차별적인 태도와 관행은 폭력적이고 비인간적인 행동을 정당화하면서 여성의 몸의 존엄성을 빼앗는다. 여성들이 들려주는 마라위 사태 이야기는 무력 분쟁에서 어떻게 여성 혐오와 성차별이 나타나는지, 그리고 존중받으며 평화롭고 안전하게 살고 싶은 여성들의 열망이 어떻게 꺾이는지를 보여준다. 마라위 사태는 여성이 평화를 만드는 과정에 적극적으로 참여할 수 있는 기회일 뿐만 아니라 리더십을 발휘하면서 폭력적이고 파괴적인 태도와 관행에 도전할 수 있는 기회이기도 하다. 이를 위해 지역과 국가 차원에서 분쟁 지역 피해 여성들의 상황을 해결하는 데 더 많은 노력을 기울여야 한다. 또한 여성의 참여를 늘리고 리더십을 키우기 위해 투자하고 여성이 자발적으로 시작한 노력을 인정해야 할 것이다.

무력 분쟁, 기존의 젠더 관계 그리고 그것의 결과물인 젠더 폭력 때문에 여성과 소녀들은 더 많은 피해를 입는다. 따라서 정부는 페미니스트 원칙이 실현되도록 노력해야 한다. 공동체에서 젠더 폭력을 다루기에 앞서 먼저 가족 차원에서 이 문제를 인식해야 한다. 한 사회 복지사의 경험에 따르면, 가정 내 성폭력 사건의 대부분이 신고되지 않거나 신고가 취하되었다고 한다. 집안에서 해결하려는 경우에 재판으로 넘어가지 않게 되고 아이들은 가해자와 계속 함께 사는 고통을 겪어야 한다. 따라서 젠더 폭력의 피해를 줄이고 사법 제도의 이용을 보장하는 효과적인 지역 프로그램과 기관이 필요하다. 더 나아가 젠더 폭력 자료를 성별, 연령별로 정리하면 이 문제를 해결할 증거에 기반한 프로그램을 마련할 수 있다.

한 세기 동안 민다나오는 무력 분쟁을 겪었지만 현 상황을 더 잘 이해하거나 대처하는 데 과거로부터 얻은 교훈을 활용하지 못했다. 젠더 감수성을 증진시키는 프로그램과 조치가 필요하다는 것을 일깨워준 과거의 경험을 현재에 반영해야 한다. 그러므로 마라위를 복구하고 재건하려는 정부, 개발 기구, 기관들은 마라위의 역사적 교훈을 잊지 말고 그 특수한 맥락을 이해해야 한다. 그리고 젠더 문제에 민감해야 하며 문화를 고려하는 접근 방식을 취해야 할 것이다. 또한 마라위 사태를 겪은 여성들의 고난과 역경을 보여주는 사례들을 모으고 분석해서 미래를 위한 교훈으로 삼아야 한다. 또 다른 무력 분쟁의 위협이 상존하므로 지속적으로 경험에서 배우고 교훈을 이끌어내 준비와 대응을 해야 한다. 젠더 폭력을 다루는 통합적·총체적 접근이 예방 메커니즘을 향상시키는 데 보다 효과적일 것이다. 이 외에도 바랑가이barangay(필리핀의 최소 지방 자치 단위로 마을을 일컬음—역주) 사무소에서 정치 체제, 법의학팀, 심리 치료, 사법 제도 등에 이르기까지 기관들 간의 합의되고 조화로운 노력이 있어야 한다.

마라위 사태는 민다나오에서 미처 해결하지 못한 무력 분쟁의 결과물이다. 또한 이것은 IS라는 외국 단체에 의해 선동된 것이기도 하다. 따라서 마라위 사태는 지역, 국가, 세계라는 상황에서 여성의 특정 경험과 일반 경험을 모으고 연결하는 것이 중요하다는 것을 보여주었다. 삼보앙가Zamboanga(민다나오 섬의 항구 도시—역주)가 포위되었을 때, 마라위 여성들의 울음소리는 퍼져갔다. 그들의 외침과 고통은 미얀마, 이라크, 세계 곳곳에서 메아리쳐 울렸다. 세계 모든 나라의 공통 문제인 젠더 폭력에 대한 여성들의 경험을 연결해서 분석해보면 필리핀, 아시아, 다른 대륙의 여성들 간의 연대를 구축할 수 있을 것이다.

2

딸을 원치 않는 사회

인도 하리아나 지역의 성 감별 기술 오용과 그 영향*

니샤 싱

인도의 남아 선호 전통

인도에서는 평화와 번영의 여신을 숭배하기 위해서 9일 동안 '샤르디야 나브라트리Shardiya Navratri' 페스티벌과 '두르가 푸자Durga Puja' 페스티벌을 연다. 이렇게 여신을 숭배하면서도 인도 사회는 딸보다 아들을 선호한다. 부부는 사회 문화적, 경제적, 종교적인 이유로 적어도 아들 한 명은 있어야 한다는 압력을 받는다. 사회 문화적 규범은 대개 종교적 신념에서 비롯되고 사실상 그 대부분은 가부장제적이다. 여성은 이러한 관행 때문에 늘 남성보다 열등한 존재로 여겨졌다. 인도 헌법에 따르면 여

* 이 글은 13기 EGEP(2018)에서 발표되었던 논문 "Unwanted Daughters: Exploring the Practice of Sex Determination and Its Ramification in Haryana"를 수정·보완해 우리말로 옮긴 것이다.

성은 남성과 동등한 권리를 가졌지만 사회는 여전히 남성이 가정, 사회, 국가를 이끄는 존재라고 생각한다.

인도에는 다양한 종교가 있지만 대다수 사람들은 힌두교를 믿는다. 거의 모든 종교가 아들이 성姓과 혈통을 잇는다고 여기기 때문에 아들을 선호한다. 힌두교에서는 오직 아들만 성을 물려받을 수 있고, 부모가 죽으면 영혼의 구원 의식을 치를 수 있다. 아들을 낳은 어머니는 사회에서 존경과 인정을 받고 귀한 대접을 받는 데 반해, 딸만 낳은 어머니에게는 대개 불임이라는 꼬리표가 붙는다. 딸은 결혼하면 남의 집으로 가서 그 집안의 성을 따르지만 아들은 어머니에게 사회적·경제적 안정을 보장한다. 이런 까닭에 딸의 교육과 결혼에 큰돈을 써야 하는 것은 부모 입장에서는 불필요한 투자로 여겨진다. 부모는 딸을 결혼시키고 지참금을 마련하느라 고리대금업자들에게 돈을 빌리기도 한다. 사람들은 신랑 가족들이 지참금을 가져오는 신부를 귀하게 여길 것이라고 믿어왔다. 그러나 시간이 지나면서 신부가 아무리 지참금을 많이 가져와도 가정 폭력이 줄어들지 않자 그런 생각이 틀렸다는 것을 알게 되었다. 오히려 지참금 문화는 부모에게 부담이 되고 딸을 낳지 않아야 하는 이유가 되었다. 반면, 사람들은 아들을 생계 부양자이자 부모의 노후 대책으로 생각한다(Mamdani, 1972; Miller, 1981; Bardhan, 1988; Basu, 1989).

이러한 성차별로 인해 인도 남성 1,000명당 여성의 수가 감소한 것으로 나타난다. 시간이 흐를수록 이 격차는 더 크게 벌어졌고, 인도의 심각한 문제가 되었다. 2011년 인구 조사에서는 남성 1,000명당 여성이 945명으로 조금 나아지기는 했다. 그러나 지난 50년간 0~6세 아동 중 여아의 비율이 지속적으로 감소했다는 사실은 충격을 안겨주고 있다. 인도 북부에 위치한 하리아나Haryana는 여성 인구가 두드러지게 계속 감소하는 추세를 보이고 있는 주州이다. 인도에서 1인당 소득이 세 번째로 높은 하리아나는 많이 발전한 곳임에도 불구하고 2011년 인구 조사에 의하면 인도에서 가장 심한 성비 불균형(남성 1,000명당 여성 879명)과 아동 성비 불균형(남아 1,000명당 여아 834명)이 나타난다. 하리아나는 사회 문화적으로 매우 가부장적이다. 아들을 선호하고 성별이 여자인 태아를 낙태하는 등의 현상이 강하게 나타나고 있다(Office of the Registrar General of India, 2001). 그러다 보니 하리아나에서는 신부를 찾기 어려워 다른 주나 지역에서 신부를 사오기도 한다(Kaur, 2004). 결혼 때문에 팔려온 여성들은 늘 이방인으로 취급당하고 생산과 재생산의 목적으로만 이용되고 있다.

성 감별을 위한 산전 진단 기술의 오용

태아의 성 감별은 말 그대로 의사들의 가장 큰 돈벌이 수단이고 가족 입장에서는 딸 출산을 피할 수 있는 가장 편리한 방법이다. 태아의 성별을 미리 알아내는 기술을 홍보하는 광고가 버젓이 등장하고, 의사는 성 감별 후 태아의 성별이 마음에 안 든다고 하면 낙태 시술까지 하는 패키지 상품을 소개한다(Unisa, Pujari & Usha, 2007). 인도에서 산전 진단 검사는 태아의 건강, 즉 유전자 질환을 찾아내고 성장을 살펴보려는 목적으로 도입되었다. 그러나 시간이 지나면서 태아경 검사, 초음파 검사, 융모막 검사, 태아 채혈 같은 기술들이 성 감별과 산전 태아 선택을 위해 오용되고 있다. 인도의 외딴 시골에서도 양수 검사와 초음파 검사는 흔히 시행되고 있다. 의사들은 차에 초음파 검사기를 싣고 산전 진단 검사를 하러 벽지까지 다니기 시작했다. 인도에서 매년 200만 명이라는 엄청난 수의 여태아가 낙태되고 있다고 보고된다(Das & Sinha, 2002). 성 감별 테스트는 주로 펀자브, 하리아나, 라자스탄, 구지라트, 델리 같은 북부 주에서만 성행했지만 점차 북동부와 서부 지역으로까지 확산되었다.

기술 오용을 찾아내는 방법 중 하나는 출생 성비 경향을 분석하는 것이다. 대부분의 사회에서 '정상적인' 출생 성비는 여아 100명당 남아 103-106명 정도이다(United Nations Secretariat, 1998; Visaria, 1971). 그러나 1998-1999년에 실시한 '전국 가족 건강 조사'에 따르면, 인도 26개 주 가운데 여아 100명당 남아가 110명을 넘는 주가 무려 10개일 정도로 인도의 남아 출생 비율은 비정상적으로 높다. 적은 가족 수를 유지하면서 아들 출산을 확실히 하기 위해 주로 둘째나 셋째를 임신했을 때 산전 진단 검사를 시도한다(Bhat & Zavier, 2007). 태아 성별에 따른 선택적 출산을 반대하는 국제 조직인 '스토핑 비헤비어Stopping Behavior'는 아들을 마지막으로 낳은 대부분의 사례에서 산전 진단 검사가 오용되었음을 지적한다(Arnold, Kishor & Roy, 2002). 매년 인도에서 인공 유산을 한 기혼 여성은 대략 (공식 집계의 두 배인) 130만 명으로 추산된다. 합법 낙태와 불법 낙태의 실질적인 숫자가 해마다 크게 증가하고 있다(Visaria, 2008). 이와 같은 자료는 성별 선택을 위한 낙태가 인도 곳곳에서 횡행하고 있으며 이로 인해 급격한 성비 불균형이 초래되고 있다는 것을 보여준다.

하리아나는 딸보다 아들을 훨씬 더 선호하는 지역인 데다가 산전 진단 기술을 어디에서나 쉽게 부담 없이 이용할 수 있다 보니 기술 오용 비율이 가장 높다(George & Dahiya, 1998). 남쪽 주와 비교해볼 때 하리아나는 산전 진단 기술을 20-47%가량 더 오용했으며 그 결과 1971년 이후 여아 출생 성비가 급작스럽게 감소했다(George & Dahiya, 1998; Unisa, Pujari & Usha, 2007). 1971년에서 2001년까지의 인구 조사 결과에 따르면, (자연 및 인공) 유산율이 2.3%에서 9.3%로 증가했는데 대부분이 아들이 한 명이거나 아들이 없는 가정의 세 번째 임신에서 발생했다. 이를 통해 산전 진단 검사가 오용되었음을 짐작할 수 있다. 눈에 띄게 많은 응답자들이 낙태를 두 번 했다고 답했으며, 그보다 적은 수의 응답자들이 인공 유산을 세 번 또는 그 이상 했다고 답했다(George & Dahiya, 1998; Unisa, Pujari & Usha, 2007).

성비 불균형과 여성의 지위

1971년부터 2001년까지 하리아나의 성비와 아동 성비의 감소 경향은 뚜렷했으며, 그 이전에도 하리아나는 남성 인구에 비해 여성 인구가 항상 적은 것으로 기록되었다. 1971년 인구 조사에서 남성 1,000명당 여성이 879명으로 감소하자 심의를 해야 할 상황에 이르렀다. 2001년 성비에서 여성이 820명으로 급격히 감소하자 주 정부는 동요했다(Premi, 2001). 인구 조사 역사상 성비가 이렇게 급격히 감소한 적은 없었기 때문에 산전 진단 검사와 성별 선택 낙태가 오용되었으리라는 의심이 강하게 들었다. 2011년 하리아나 인구 조사 결과에 의하면, 남성 1,000명당 여성의 수가 조금 증가한 것으로 나타났다. 그러나 여성의 지위는 크게 달라지지 않았다.

여러 학자들은 '수요와 공급'의 경제 이론을 적용해볼 때, 여성의 수가 줄어들면 사회에서 여성의 가치가 높아질 것으로 예상했다(Singh & Mohan, 2005; Bardhan, 1988). 그러나 모든 소비재가 제한 없이 전 세계에서 공급되고 인간도 값싼 노동, 장기매매, 성매매로 거래되는 세계화 시대에 어떻게 여성들이 안전하고 가치가 높아질 것이라고 기대할 수 있는가? 사회 문화적 환경은 여전히 지나치게 가부장적이라서 여성과 소녀들은 더 많은 부담을 갖게 되었고 상황은 더 취약해졌다. 사회는 여성을 성적 대상이나 아이 낳는 기계로만 취급하며 남성들은 전혀 변하지 않았다. 반면에 강간, 납치, 강요된 일처다부제는 증가하고 있다.

마디야 프라데시, 하리아나, 라자스탄, 펀자브의 일부 지역에서 성비 불균형은 여성에게 매우 부정적으로 작용한다. 예컨대 여러 형제가, 혹은 친사촌 간에 한 명의 아내를 공유하기도 한다(Dubey, 1983). 원치 않는 딸을 낳는 것보다 여태아를 낙태하는 것이 더 낫다고 체념하고 받아들인다(Das & Sinha, 2002). 하리아나에 여성의 수가 부족해지면서 여성들이 어떤 이득을 보게 된 것이 아니라 과거 그 어느 때보다 강간, 강제 결혼, 성매매, 일처다부제 같은 폭력을 더 많이 겪게 되었다. 지참금이 줄거나 여성의 지위가 향상되기는커녕 오히려 여성을 사고, 팔고, 되파는 행위로 이어졌다. 즉 여성을 인신매매하거나 납치하거나 성적으로 착취한다. 게다가 조혼을 강요하며 남성의 통제 아래 두기 위해 가혹한 수단을 쓰는 일이 허다해졌다.

하리아나의 신부 구매

하리아나 시골에서는 마땅한 신부를 구하기가 점점 더 어려워지고 있다. 그래서 결혼이라는 명목하에 그야말로 생산과 재생산의 목적으로 다른 주에서 여성들을 사온다(Chowdhry, 2005). 하리아나에는 오릿사, 서벵골, 아쌈, 비하르, 자르칸드, 케라라 같은 다른 주를 찾아다니며 여성의 가족들을 설득하는 브로커 사업이 생겼다.

비정부 기관인 '드리쉬티 스트리 아디아얀 프라보단 켄드라Drishti Stree Adhyayan Prabodhan Kendra'('여성연구와 인식향상센터'—역주)는 하리아나의 성비가 결혼 패턴에 끼친 영향에 대해 현장 연구를 했다. 1만 가구 이상 조사를 했는데 9천 명이 넘는 기혼 여성이 다른 주에서 왔다는 것이 밝혀졌다. 하리아나의 편향된 성비로 인해 15-44세 남성의 30% 이상이 결혼을 하지 못했다. 이들은 현지에서 신부를 찾지 못하면 다른 주에서 신부를 사온다. 마헨드라가르, 시르사, 카르날, 소니팟, 미왓 지역의 92개 마을에서 진행한 연구를 보면, 대부분의 사람들은 '신부 구매'를 흔한 일이라고 인정하지만 정작 자기 가족은 그런 적이 없다며 부인했다.

이 이상한 결혼은 성비 불균형, 극심한 빈곤, 지참금을 피하려는 부모의 바람이 빚은 결과물이다. 신부 가족에게 목돈을 주고 중개인에게도 수수료를 주려면 농지와 집 같은 재산이 어느 정도 있는 시골 총각이라야 신부를 살 수 있다. 신부 구매를 통해 팔려온 신부의 많은 수가 제대로 혼인 신고를 하지 않아 아내로서 그에 합당한 법적 지위를 누리지 못한다(Kaur, 2004). 신부들은 대부분 성비가 제일 낮은 지역으로 팔려간다. 다른 문화와 언어를 가진 신부들은 이로 인해 더욱 취약해진다. 현지 여성들은 이들이 새로운 문화에 적응하지 못한다며 이방인으로 취급한다. 신부 구매를 통해 온 여성들은 남편의 형제, 남자 친척, 친구들에게 성적 착취를 당하기 쉽다. 그러나 고향에서 멀리 떨어져 있고 부모도 가까이 없기 때문에 이러한 관계에서 쉽게 빠져나오기 힘들다.

프렘 초드리Prem Chowdhry의 1차 연구 결과를 보면, 구매를 통해 결혼한 신부들은 도망치지 못하도록 엄격한 통제를 받거나 심지어 쇠사슬에 묶여 있기도 했다. 남편은 아내를 존중해주기보다는 아버지와 형들의 지시에 따르기 급급하다. 신부를 구매한 남편들은 중개인이 요구한 돈을 미처 마련하지 못하거나 결혼도 못 한다는 모욕을 견딜 수 없거나 신부가 도망을 가면 자살을 하기도 했다(Chowdhry, 2005). 자격이 안 돼서 결혼하지 못한 남성들은 이상적인 남성의 지위를 가지지 못해 재산을 물려받을 수도 없으며 사회에서 웃음거리가 되고 만다.

여성이 부족해지고 신부 구매 사업이 증가하면서 현지 여성들에 대한 폭력도 늘어났다. 최근 사회 매체와 인쇄 매체를 통해 알려진 강간과 폭력 사건 대다수가 가족과 사회로부터 버림받은 남성들의 분노 때문에 발생한 것이다. 인도 국가범죄기록국 자료에 따르면, 2013년에 2만 명이 넘는 10–30세 사이의 여아와 여성들이 결혼 때문에 납치되었다. 신문은 아쌈과 서벵골의 어린 소녀들이 결혼을 목적으로 납치되어 하리아나에 팔린다고 보도했다.[1] 이제 남성의 가족들은 팔려온 여성이 다루기 쉽다는 이유로 현지 여성보다 신부 구매를 통해 온 여성을 더 선호한다. 이 여성들은 아이를 낳고 농장에서 열심히 일하면서도 자신의 문제를 현지인들과 공유하지 못한다. 부모는 딸의 소식을 듣지 못하기 때문에 관여할 수도 없다. 하리아나의 여성 부족 현상은 여성뿐만 아니라 사회 전체에도 해를 끼친다(Chowdhry, 2005).

내가 속해 있는 NGO인 액션에이드연합ActionAid Association은 신부 구매에 대한 현장 연구를 실시했는데 이 연구를 통해 우리가 얻은 구체적인 교훈들을 정리해보면 다음과 같다. 첫째, 빈곤 가정은 돈이 필요하다 보니 중개인의 함정이나 유혹에 쉽게 빠져 어린 딸을 신부로 판다. 중개인은 그들에게 80–160만 달러를 주고 소녀를 사서 늙은이, 홀아비, 신체적 장애가 있는 이들에게 판다. 이 소녀는 담보 잡힌 노동자나 때로는 성노동자로 살아야만 한다. 도망치고 싶지만 선택의 여지가 없다. 둘째, 신부 구매를 통해 낯선 곳으로 온 여성들 대부분은 마을 사람들에게 배척당할까 봐 두려워 말하기를 꺼린다. 그래서 이들을 돕는 NGO는 인신매매 사례로 등록하자고 피해자들을 설득하는 데 어려움을 겪는다. 그 결과 사례를 기록하는 데 그치기 일쑤이다. 관계 당국도 마찬가지 어려움을 겪는다. 셋째, 신부 구매를 통해 이주한 여성들은 이방인으로 취급되고 현지인들에게서 존중이나 도움을 거의 받지 못한다. 그래서 신부들은 자기 고향 사람들과의 결혼을 중매해서 같은 언어와 문화를 가진 여성들을 늘려 조직을 만들기도 한다. 이는 함께 문제를 공유하고 해결하는 데

1 *The Hindu*, August 31, 2003.

도움이 된다. 일례로, 펀자브에 사는 수쉬마 카우르Sushma Kaur는 15살 연상의 시크교도와 결혼했다. 그녀는 "10년 전 내가 결혼한 이후로 벵골에서 12명이 넘게 나를 따라 이리로 왔어요. 그들 중 누구 하나 구박받았다는 소리를 듣지 못했어요"라고 자랑스럽게 말했다. 어쩌면 자신들의 커뮤니티를 만들어 결혼 문제를 해결하는 것도 하나의 방법일 수 있다.

성비 불균형 해결을 위한 노력

아동 성비 격차가 전례 없이 커지고 특히 인도 북부에서 초음파 기계로 성 감별을 해준다고 광고하는 개인 병원이 급증하자 인도 정부는 1994년에 「산전진단기술 오용 규제와 방지법Pre-natal Diagnostic Techniques (Regulation and Prevention of Misuse) Act」을 제정했다. 1996년 1월 1일부터 시행된 이 법은 태아의 성별을 알려주는 것을 금했지만 서비스 제공자와 이용자는 크게 달라지지 않았다. 북부 주의 경우는 특히 더 심했다. 정부가 기술 오용을 엄격하게 규제하는 어떤 조치도 취하지 않자 "의지가 없는 것"이라는 비난이 일었다.

이 법은 2003년에 수정 전 단계에서의 성 결정과 남아를 낳게 해준다고 장담하는 광고에 대한 규제 법안을 포함하도록 개정되었다. 개정된 법을 「수정 전/산전진단기술 오용 규제와 방지법Pre-Conception and Pre-Natal Diagnostic Techniques (Regulation and Prevention of Misuse) Act」이라고 한다. 그러나 남성만이 가족의 성姓을 계승하고 모든 종교 의식에 대한 자격권을 갖는 사회에서, 그것도 인구를 통제하려는 목적으로 정부가 두 자녀 정책을 시행하고 있는 상황에서 기술의 오용을 통제하기란 쉽지 않다. 아들이 없는 부부의 경우에는 특히 둘째가 아들이기를 원한다. 인도 전역으로 확산된 산전 진단 기술은 싸고 편리하게 이용할 수 있다. 중앙 정부와 주 정부의 차원에서 감시 시스템을 작동한다고 해도 여기저기서 법을 어기고 있고 처벌도 받지 않는다. 현재 의사들은 서로 연합해서 서비스 이용자들의 모든 기록을 보존할 책임을 묻는 「수정 전/산전진단기술 오용 규제와 방지법」에 맞서고 있다.

정부는 「수정 전/산전진단기술 오용 규제와 방지법」을 엄격하게 시행하는 대신 모녀 복지를 위한 제도를 발표함으로써 문제를 덮으려고 했다. 비하르, 타밀나두, 하리아나, 펀자브 등의 주 정부는 '사랑하는 딸, 당신의 딸은 당신의 보물, 아동 발전을 위한 장관 시책laadli, Apani Beti Apana Dhan, Mukhayamantri Bal Samridhi Yozana'과 같은 여아 선호적인 제도를 마련했다. 이 제도는 여아가 있는 가족에게 약간의 경제적 혜택을 주는 딸 출산장려 정책으로, 경제적으로 여유가 있는 가정보다는 빈곤 가정의 경제적 지원을 고려한 것이다. 그런데 조건이 너무 까다로워 경제적으로 궁핍한 사람들은 정작 그 혜택을 받기 힘들다. 게다가 여러 사실에서 드러나듯이 이것은 경제적인 문제가 아니라 사회적 구조에 뿌리를 둔 것이다. 그동안 축적된 자료를 보면, 부유한 가정이 빈곤 가정보다 여아를 더 낙태한다는 사실을 알 수 있다. 딸을 낳는 것은 경제적인 부담이라기보다는 사회적 지위에 반하는 것이다.

최근 들어 현 정부는 성비에서 여성의 비율이 낮은 100개의 지역에 '딸을 살리자, 딸을 교육시키자Beti Bachao Beti Pathao'라는 캠페인을 시작했다. 2011년 인구 조사에서 여아의 비율이 가장 낮게 기록된 하리아나 주의 파니파트에서 2015년 1월에 이 캠페인을 시작했다. 그다음 해에는 61개의 지역으로 확산되었다. 이 캠페인에는 일련의 목표들이 있는데 이를 성취하기 위한 어떤 전략도 세우지 않았다.

2017년 3월, 하리아나 주지사는 남성 1,000명당 여성이 834명에서 950명으로 여성의 비율이 처음으로 증가했다고 발표했다. 주지사는 이러한 변화가 '딸을 살리자, 딸을 교육시키자' 캠페인이 효과적으로 시행되고, 「수정 전/산전진단기술 오용 규제와 방지법」과 「임신중단의료법」(1971)을 엄격하게 실행한 덕분이라고 주장했다. 하리아나 주지사의 발표가 있은 지 한 달 후, 캠페인에 대한 감사가 있었는데 감사조사팀은 이 자료가 잘못된 것임을 밝혀냈다. 감사조사팀에 따르면, 하리아나 주는 여성의 비율이 크게 증가했다는 것을 보여주기 위해 출생 여아 수를 조작했다. 파니파트는 3월에 1000:1007의 남녀 성비를 보여주었는데, 4월에 시작된 감사에서 이는 남성 1,000명당 여성이 872명이라는 실제보다 135명이나 부풀려진 것임이 밝혀졌다. 『타임스 오브 인디아*Times of India*』 보도에 따르면 이와 유사한 사례가 더 있다. 나르나울에서는 실제로 841명의 여아가 출생했는데 968명으로 보고되었다. 자자르 지역은 845명을 949명으로, 소니파트는 870명을 948명으로, 카이탈은 890명을 939명으로, 파리다바드는 872명을 926명으로 조작했다.

베티 진다바드 캠페인

액션에이드연합은 1972년부터 인도 24개 주에서 활동하고 있는 페미니스트 조직이다. 액션에이드연합은 인도의 성비에서 여성의 비율이 감소하고 있는 우려스러운 통계 결과에 주목하고 사라지는 여아들에 대한 문제를 해결하기 위해 지역 공동체와 협업하기로 했다. 그리고 남아 선호를 조장하는 지참금 문제를 비롯해 가정 폭력, 인신매매, 성적 존엄성과 몸의 존엄성, 여성의 재산권과 같은 문제들을 다루었다. 2012년에는 '딸들이 오래 살도록Daughter Long Live!'이라는 뜻을 담은 전국 규모의 베티 진다바드Beti Zindabad 캠페인을 시작했다. 액션에이드연합은 여아들을 살린 이들을 격려하는 동시에 「수정 전/산전진단기술 오용 규제와 방지법」을 엄격히 시행할 것도 요구했다.

거의 모든 주에서 시민 사회단체들은 베티 진다바드 캠페인을 적극적으로 펼쳤다. 액션에이드 인도ActionAid India와 전국의 협력 단체들은 평등과 사회 정의에 대한 의식을 향상시키기 위해 그람 판차야츠Gram Panchayats(인도 헌법이 정하고 있는 마을 단위의 관리 기관—역주), 도시 정부, 여성 자조 단체, 의사회, 의료 보조인, 젊은 부모 및 학생들에게 다가갔다. 2012년 6월부터 총 1,943개의 마을 의회가 여성 폭력이 없는 마을을 만들겠다는 결의안을 통과시켰다. 2016년에는 「수정 전/산전진단기술 오용 규제와 방지법」의 시행과 위반에 대한 처벌을 강화하기 위해 16개 주의 주민들이 서명한 17,287개의 청원서를 대통령에게 전달했다. 이러한 노력의 결실로 대법원은 모든 주 정부에 이 법을 시행하고 불균형한 성비를 시정할 것을 명령한 역사적인 판결을 내렸다.

액션에이드연합은 인도의 성평등 문제를 다루기 위해 생애 주기적 접근 방법을 채택했다. 성 감별 기술로 태아의 성별을 알게 되면 자궁 속의 여아들은 곧장 지워진다. 따라서 우리는 성 감별 테스트를 감시하고 통제할 수 있는 공동체에 기반한 방법을 모색했다. 이에 따라 태아의 성별을 알아내려는 이들을 감시할 공동체 단위의 '여성감시단'을 만들었다. '여성감시단'은 특히 딸이 있는데 둘째를 임신한 가족을 예의 주시해 태아의 성별을 알아내지 못하게 했다. 그리고 거주 지역과 이웃 지역에 초음파 검사를 시행하는 병원도 지켜보다가 성별 선택 의료 행위를 하면 관계 당국에 알렸다. 또한 사람들의 생각을 바꾸기 위해서 여아의 탄생을 축하할 수 있게 부모를 격려했고, 아이의 성장에 필요한 백신을 접종하고 건강 검진을 실시했다. 라자스탄과 델리에서도 우리는 '여성감시단'을 만들어 성별 선택 낙태를 줄이는 데 기여했다.

소녀들의 평등권을 옹호하는 데 교육은 중요한 부분이다. 우리는 딸들을 학교, 대학에 보내 그들이 교육을 마칠 수 있도록 부모들을 설득했고, 교육 기관 안팎의 환경을 안전하게 만들어 소녀들이 성폭력을 걱정하지 않고 교육을 받을 수 있게 했다. 가난한 소녀들에게는 장학금을 지급해 고등 교육을 계속 받을 수 있게 했으며 학교와 협력해서 청소년들이 성평등 의식을 키우고 결혼 지참금과 성별 선택 반대 맹세를 할 수 있게 했다. 아울러 하리아나에서 50개가 넘는 교육 기관과 협력해 이러한 문제들에 관해 청소년들에게 알렸다.

이 외에도 여아의 건강을 유아기부터 관리하기 시작했다. 또한 필요한 영양소를 공급하고 유치원 교육을 실시하며 6세 이하 어린이와 그 어머니에게 1차 진료를 제공하는 통합적 아동 발달 서비스를 강화했다. 액센에이드연합의 개입으로 여아는 필수 영양을 공급받고 전염병과 수인성 질병을 예방하는 프로그램의 혜택을 받을 수 있게 되었다. 뭄바이, 첸나이, 델리, 콜카타, 하이데라바드 등의 도시에서는 3천 명이 넘는 청소년들에게 성재생산건강권 교육을 실시했다. 참여 학습과 워크숍을 통해 청소년들은 자신의 몸, 섹슈얼리티, 재생산 건강에 대한 지식을 키우고 잘못된 신화와 오해를 깰 수 있었다. 현재 이들은 공동체와 젊은 세대를 위한 변화를 주도하고 있다. 오리엔테이션과 교육을 받은 후 소녀들은 법적으로 혼인할 수 있는 18세가 되기 전까지는 결혼하지 않겠다는 맹세를 했다. 또한 우리는 그들이 자신의 권리를 주장하는 데 머물지 않고 체계적인 차별과 구조적인 폭력과 싸울 수 있도록 하기 위해서 자기 몸의 존엄성을 되찾도록 교육했다. 아울러 도시와 농촌 지역의 지방 자치 단체에 여성들이 참여할 수 있도록 준비시키고 격려했다. 여성들의 리더십을 키워 가정에서뿐만 아니라 공적 영역에서도 성차별과 성폭력에 맞서 자기 목소리를 낼 수 있게 힘썼다.

그리고 지금까지 하리아나 지역 주민들은 병원들이 「수정 전/산전진단기술 오용 규제와 방지법」을 잘 지키고 있는지 감시하고 있다. 액션에이드연합은 지난 2년간 의사, 의료 보조인, 교사, 정치인 등 다양한 이해관계자들의 참여를 늘려 그들을 변화의 주체로 만들었다. 공개 토론회에서 의사와 의료 보조인의 입장을 존중함으로써 이들이 성 감별과 성별 선택 낙태를 하지 않도록 영향을 줄 수 있었다. 하리아나와 델리에는 800명이 넘는 의사와 의료 보조인들이 캠페인에 동참하고 있으며 성별 선택 낙태에 대한 기술적 이해에 도움을 주고 있다.

액션에이드연합이 그동안 이루어낸 주요 성과를 정리하면 다음과 같다. 1) 성별 선택 낙태를 할 뻔한 1,000건이 넘는 사례를 다루었다. 2) 「수정 전/산전진단기술 오용 규제와 방지법」의 시행을 강화하고자 지속적으로 노력한 덕분에 우리는 카르나타카 주 정부가 감독원을 만들어 이 법이 잘 시행되는지 감시할 수 있게 했다. 3) 「수정 전/산전진단기술 오용 규제와 방지법」의 시행을 위해 노력한 결과, 액션에이드연합의 멤버가 델리 주 감독원의 일원으로 참여하게 되었고 보건가족복지부가 구성한 전국조사감시위원회에도 들어가게 되었다. 4) 인도 정부가 하리아나에서 '딸을 살리자, 딸을 교육시키자' 캠페인을 펼칠 때, 정부는 액션에이드연합을 협력 단체로 초대했다. 5) 2013년 서벵골 주 전역에서 562건의 아동 결혼을 다루었으며, 적어도 서벵골 주 무르시다바드 지역의 24개 마을에서는 아동 결혼이 없다.

여성으로서 성비 문제를 다루는 것은 언제나 어렵다. 남성들을 만나 그들의 생각을 바꿔야 하기 때문이다. 성별 선택 낙태는 사회 운동가가 접근하기 어려운 고임금을 받는 사람들 혹은 최고 교육을 받은 특권층에서 주로 한다. 성 감별과 성별 선택 낙태는 불법이지만 의사는 원하는 서비스를 제공함으로써 돈을 벌고 부부는 원치 않는 아이를 지울 수 있어 인도에서는 많이 행해진다. 의사도 부부도 사회 고위층에 속한다. 따라서 그들은 운동가들을 협박할 뿐만 아니라 법망을 피할 방법도 모색한다. 이와 마찬가지로 결혼을 목적으로 여성을 사고파는 남성들의 세계로 들어가 그 사슬을 끊기란 쉽지 않다.

빈곤 계층을 위한 복지 제도를 발표하는 것만으로는 성별 선택 낙태와 같은 사회악과 싸울 수 없다. 인구수를 늘리기 위해 여아를 출산하기보다는 여성의 사회적 지위를 향상시키는 통합적인 프로그램을 발전시키는 것이 더 필요하다. 정부도 여성 인구수를 증가시키는 데 급급할 것이 아니라 성 고정 관념을 깨고 안전한 환경에서 소녀들이 성장할 수 있도록 해야 할 것이다. 먼저, 우리는 사회 문화적 규범에 도전하고 여성을 위해 이를 개혁해야 한다. 여성도 인간이며 아무리 부모가 원한다고 할지라도 팔거나 살 수 있는 존재가 아니다. 정부는 이러한 극악무도한 범죄에 가담한 사람들을 엄중히 처벌해야 하며 「수정 전/산전진단기술 오용 규제와 방지법」을 보다 강력하게 시행하려는 의지를 보여주어야 한다. 의사들도 쉽고 빠르게 돈을 벌려고만 하지 말고 성별 선택 낙태에 대한 윤리적 책임을 깨달아야 할 것이다.

3

성매매 여성의 다이어트 경험

상품과 노동, 그리고 저항 사이의 몸*

박다위

한국 사회에서 성매매에 대한 대중적 논의는 강제 또는 자발이라는 성매매 여성의 행위성을 논쟁의 중심에 위치시켜왔다. 이때 자신의 의지와는 상관없이 성매매를 하게 된 피해자가 아닌, 소위 말하는 자발적 성매매 여성은 일반적인 수준에서 주로 허영심 많은 소비자로 이해되고 있다(김주희, 2016). 그러다 보니 성매매 여성은 언론과 인터넷 담론 등을 통해 해외 여행, 명품 가방, 성형 수술을 위해 젊음과 타고난 외모를 자원으로 노력하지 않고도 쉽게 돈을 버는 존재로 재현되어왔다.

과연 성매매는 대중의 인식처럼 손쉬운 일에 불과하며, 성매매 여성은

* 이 글은 13기 EGEP(2018)에서 발표되었던 논문 "A Study on Diet Experience of Women in Commercial Sex Industry"와 학위논문 「성매매 여성의 다이어트 경험과 몸의 정치학: '상품'과 '노동', 그리고 저항 사이의 몸」(박다위, 성공회대학교 NGO대학원 실천여성학 전공 석사학위 청구논문, 2018)을 보완해 재구성한 것이다.

타고난 섹슈얼리티를 자원으로 활용해서 별다른 노력 없이 이득을 취하는 '무임승차자'인가? 나는 지난 2012년부터 서울과 경기 지역 성매매피해상담소의 상담원으로 활동하며 현장에서 성매매 여성을 지원해왔다. 현장에서 맞닥뜨리는 수많은 어려움 가운데 나에게 있어 가장 풀기 어려운 숙제처럼 느껴지는 것이 성매매 여성에 대한 이와 같은 대중의 인식과 현장에서 마주 대하는 실제 성매매 여성의 삶이 보이는 괴리였다. 성매매 여성에게 있어 '타고난 섹슈얼리티'는 손쉽게 활용할 수 있는 자원이라기보다는 살아남기 위해 동원할 수 있는 유일한 자원인 경우가 대부분이다. 그러므로 성매매는 '무임승차'라고 말하기에는 너무 힘들고 고된 육체 '노동'이다. 이 글에서는 다이어트라는 구체적인 외모 관리 실천 사례를 통해 대한민국에서 성매매라는 '노동'이 보여주는 현실을 드러내고, 소비 주체로 재현되며 폄하되고 있는 성매매 여성에 대한 대중적 인식에 의문을 제기하고자 한다.

이 글은 지금까지의 현장 경험을 바탕으로 상담소를 이용하는 성매매 여성들을 심층적으로 인터뷰한 내용을 넣어 구성한 것이다. 성매매 유형 간 이동이 잦은 한국 성매매 산업의 특성상 인터뷰 참여자의 대부분이 복수의 유형을 경험했다. 참여자가 경험한 성매매 유형에는 집결지와 룸살롱을 통한 산업형 성매매, 인터넷 성매매, 핸플, 마사지와 같은 위장형 성매매, 해외에서의 성매매가 포함된다.

'전시'되고 선택되는 '상품'으로서의 몸

성매매 산업과 몸의 '전시'

내가 활동하고 있는 파주 용주골을 비롯한 성매매 집결지의 대부분은 유리방이라는 형태의 영업 방식을 채택하고 있다. 유리방은 말 그대로 전면이 유리로 되어 있는 방에 성매매 여성들이 앉아서 호객 행위를 하고 있으면 성 구매자가 지나가며 마음에 드는 여성을 선택하는 방식을 말한다. 이때 여성의 외모는 문자 그대로 '상품'으로서 유리창 안에 '전시'되고 성 구매자로 하여금 구매를 유발함으로써 성매매를 가능하도록 하는 첫 번째 요건이 된다.

중학교를 다니던 중 가출을 한 뒤 다양한 유형의 성매매를 경험한 A의 말을 빌리자면, 특히 집결지에서는 선택의 조건으로 몸을 드러내 보이는 것이 매우 중요하다고 한다. 때로 여성의 몸매는 구매자로 하여금 구매 의사를 취소할 수도 있게 하는 요인이 되므로 처음부터 몸매를 노출해 취소 사유가 발생할 소지를 없애야 한다는 것이다. 일명 '홀복'(성매매 여성들이 성매매를 할 때 입는 옷)은 구매 욕구를 불러일으키기 위한 것이기도 하지만 다른 한편으로는 '상품'으로서 조건을 제시하는 역할을 하기도 한다.

성매매 여성의 외모가 '전시'되는 것은 집결지에만 한정되는 현상이 아니다. 성매매 여성들이 손님들이 있는 룸에 들어가면 남성이 그 여성들 중 자신의 파트너를 고르는 룸살롱의 '초이스' 역시 본질적으로는 동일한 과정이라고 할 수 있다. 집결지와 룸살롱을 모두 경험한 B에 따르면, 룸살롱에서 적용되는 외모의 기준은 집결지보다 더 엄격하다. 또한 일부 룸살롱은 '매직 미러 초이스'라는 방식을 사용하기도 한다. '매직 미러 초이스'는 집결지의 유리방을 룸살롱으로 옮겨놓은 것과 비슷한 형태로 여성들이 한쪽 방에 자리를 잡고 있으면 다른 쪽 방에 있는 남성들이 거울 너머로 여성들을 보고 파트너를 선택하는 방식이다. 다만 이때 사용하는 거울이 구매자의 위치에서는 여성들이 있는 방 안이 보이지만 여성들이 앉아 있는 쪽에서는 밖이 보이지 않아 남성의 익명성이 보장된다(김주희, 2016). 집결지에서 성매매 여성은 유리방 안에 '전시'되어 있다고 하더라도 거래를 거부할 수 있는 등 구매자와 직접 소통을 할 수 있다. 그러나 '매직 미러 초이스'에서 성매매 여성은 철저히 수동적으로 선택되는 대상이 된다. 이때 성매매 여성과 남성 구매자 간의 권력관계는 판매자 대 소비자라기보다는 '상품' 대 소비자의 관계가 성립된다.

몸의 '전시'는 조건적인 만남과 같이 온라인을 매개로 한 성매매와 성매매 업소에 대한 인터넷 광고를 통해서도 목격된다. A는 인터넷 또는 채팅앱을 통해 진행되는 온라인 성매매에서는 성매매 여성의 나이, 키, 몸무게를 제시하는 것이 '기본'이라고 이야기한다. 여성의 외양을 시각적으로 직접 판별할 수 없는 상황에서 나이, 키, 몸무게는 성 구매자가 특정 여성을 선택하는 최소한의 정보로 기능한다는 것이다. 그렇기 때문에 몸에 대한 정보들이 성매매 여성의 아이디 또는 채팅창의 제목으로 제시된다고 한다. 마사지 업소를 가장하고 성매매를 하는 위장형 성매매 업소에서 성매매를 했던 C에 따르면, 업소에서 올리는 인터넷 광고에서는 주로 목 아래만을 촬영해 얼굴이 보이지 않는 사진과 함께 여성의 신체 사이즈를 기본 정보로 제공한다고 한다. 얼굴이 보이지 않는 사진을 사용하는 이유는 일차적으로 인터넷상에서 여성의 신원을 보호하기 위한 것이기도 하지만, 다르게 보면 '성매매'라는 서비스 '상품'을 판매하면서 구매자에게 제공해야 할 최소한의 정보가 얼굴이 잘린 몸 사진만으로 충분히 전달이 된다는 의미이기도 하다.

'상품'으로서의 몸의 조건

인터뷰에 참여한 여성들은 한결같이 성매매 산업 내에서는 얼굴보다 몸매가 더 중요하다고 이야기한다. 그렇기 때문에 날씬한 몸을 유지하기 위한 다이어트는 대부분의 성매매 여성들에게 필수적인 외모 관리이다. 옷, 화장, 성형, 액세서리 등을 이용한 여타의 외모 관리는 "각 등급 업소에 속한 여성이라는 표식"(김주희, 2016: 73)으로서 성매매 형태에 따라 다양한 양상을 보인다. 하지만 '날씬함'은 성매매에서 '상품'으로서의 몸이 갖추어야 할 필요조건에 가깝다.

성매매 여성의 몸은 단순히 시각적인 외양만으로 평가되는 것이 아니다. 성매매 업소의 인터넷 광고 또는 성 구매자의 온라인 후기를 살펴보면 피부의 탄력과 촉감, 심지어는 피부에 난 솜털까지 조건으로 제시되며 평가의 대상이 된다. 성매매 산업에서 여성의 몸매 또는 사이즈를 일컫는 '와꾸'[1]라는 표현은 단순히 여성의 외양만을 묘사하는 표현이 아니다. 성매매 여성 D의 표현에 따르면 "딱 한 품에, 한 손에 들어오는 아가씨", 즉 여성의 물리적인 크기를 의미한다.

몸의 상품화는 성매매 여성에게만 한정된 경험은 아니다. 연예인, 모델 등 대중 매체에 등장하는 여성의 상당수가 몸의 상품화를 경험한다. 다만 이들의 경험이 시각적인 측면에 방점이 찍힌 상품화에 가깝다면, 성매매 여성의 경우는 촉각, 후각, 미각 등을 포함하는 공감각적인 상품화 경험이라고 할 수 있다. 그리고 연예인과 모델의 몸은 성적으로 대상화되면서도 이상적인 이미지로서 숭배된다면, 성매매 여성의 몸은 문자 그대로 성적인 대상이다. 연예인과 모델 등은 연기, 말솜씨, 워킹 등의 노동력뿐만 아니라 "전 존재를 상품화"(김현경, 2014: 3)하는 방식의 일부로서 몸의 상품화를 경험한다면, 성매매 여성의 몸의 상품화 경험은 성적 대상으로서 몸의 분절적인 경험에 더 가깝다. 그리고 이런 이유로 인해 폄하되고 혐오된다.

---

1 일본어 わく(枠, 테두리를 의미)에서 유래한 말로 성매매 산업에서 주로 여성의 몸매, 사이즈를 의미하는 말로 쓰이며 성매매 유형에 상관없이 보편적으로 사용된다. 외모 전반을 의미하는 경우도 있으나 어원에서 드러나듯이 외양 중에서도 몸매에 방점이 찍힌 표현이다(김주희, 2016).

'성매매'라는 경험 자체는 '성관계'라는 서비스만으로 구성되는 것이 아니며, 성매매가 친밀성을 거래로 할 때 여성은 단순히 성적 대상으로만 존재하는 것이 아니다. 하지만 얼굴이 잘린 여성 신체의 '전시', 서비스 경험의 일부로 평가되는 여성의 피부, 물리적인 크기로서의 몸의 사이즈 등에서 보여지듯이 몸의 상품화 과정에서 성매매 여성의 몸은 성적 대상이자 '도구'로 그 의미가 축소되고 분절된 채 평가의 대상이 된다.

성매매라는 '노동'의 조건

성매매 산업에서 '날씬한 몸'을 유지하게 하는 요인들

성매매 산업에서 '날씬한 몸'은 성매매 여성의 고용 여부 또는 수입과 직접적으로 연결된다. 성매매 여성에게 있어서 체중의 증가는 수입의 감소, 때로는 직접적인 가격의 하락으로 이어진다. 성매매 여성 E는 몸매에 따라 한 달 수입이 천만 원씩 차이가 나다 보니 "일을 해야" 되고 남들보다 "잘 팔려야" 되기 때문에 다이어트를 지속할 수밖에 없다고 이야기한다.

그렇다고 해서 성매매의 가격 또는 성매매 여성의 수입이 여성의 몸만을 기준으로 정해진다고 할 수는 없다. 성매매 산업에서는 신체적 조건(몸매)이 시장에서 경쟁력을 잃었을 때 서비스를 개선함으로써 몸이 가진 단점을 상쇄하는 방식이 사용되기도 한다. 하지만 이 방식은 기본적으로 평균 이상의 노동력을 요구한다는 측면에서 성매매 여성에게 부담으로 작용한다. 그뿐만 아니라 일명 '하드'한 서비스는 성매매 산업 내에서 또 다른 낙인으로 받아들여지기도 한다. E는 "그런 거('하드'한 서비스)는 자존심 상하니까 같은 여자들끼리도 얘기를 안 했었다"고 말한다. 몸으로 인해 초래된 불리함을 서비스로 메우기 위해서는 평균적 수준의 몸을 갖춘 다른 성매매 여성들은 하지 않을 법한 일명 “변태적인 행위”에도 응해야 하기 때문이다. 몸과 서비스는 둘 다 성매매 산업에서 일종의 영업 요소로 인식되지만 그것이 차지하는 지위는 사뭇 다르다.

성매매 여성은 성매매 산업 내에서 지속적으로 성 구매자, 고용주(포주), 동료 성 판매 여성 그리고 스스로의 직간접적인 평가와 비교를 경험한다. 몸으로 ‘전시’되고 몸매로 조건 지어지며 또 그 결과가 수입이라는 수치로 비교되는 과정은 성매매 여성에게 판옵티콘적 권력(푸코, 1994)으로 작용한다. 성매매 산업에서 성매매 여성의 몸은 영업 요소의 하나로 인식되므로 이에 대한 평가와 비교가 가능하고 또 당연한 것으로 받아들여진다. 그런 의미에서 성매매 여성의 몸이 항상적인 가시성 아래에 놓여 있다는 말은 비성매매 여성의 그것보다 더 직접적이다. 즉, 산업 내의 표준을 벗어나는 몸은 무의식적으로 은연중에 드러나는 혐오가 아닌 의식적 수준에서 직설적인 혐오를 경험하게 된다.

‘상품’의 위치에서 타자화된 채 항상적인 가시성 아래에 놓여 있는 몸의 경험은 성매매 여성으로 하여금 ‘상품’으로서 자기 인식을 내면화하게 한다. D는 성매매 산업 내에서는 “자기만족이 아니라 살기 위해서” “본능적으로 (음식을) 거부해야 한다”고 언급한다. 그러면서 D는 자연 유산을 한 이후에 성매매를 하느라 쉬지 못한 채 겪었던 급격한 체중 감소를 자신이 경험했던 최고의 다이어트라고 회고한다. 이와 같이 ‘상품’으로서의 자기 인식은 가혹한 노동 조건 또는 질병 등으로 인한 체중 감소를 성공적인 다이어트 경험으로 기억하게 만든다. 성매매 산업에서 체중 감소는 기본적으로 ‘상품성’과 ‘경쟁력’의 강화를 의미한다. 그렇기 때문에 이러한 체중 감소는 고통스러운 다이어트를 일부러 하지 않고 ‘손쉽게’ 그리고 빠르게 ‘날씬한 몸’을 획득한 경험으로 재해석되기도 하는 것이다.

성매매 산업에서 '상품'으로서의 경쟁력 강화가 몸의 경험보다 우선하는 것으로 인식될 때 성매매 여성의 몸은 스스로에게도 타자의 위치에 놓인다. '상품'으로서 몸의 경험은 성매매 여성에게 스스로의 몸으로부터 타자화되는 소외의 경험이기도 하다.

성매매라는 '노동' 조건하에서의 다이어트

성매매 산업에서 '상품'으로서 몸의 '상품성'과 '경쟁력'을 업계에서 통용되는 수준 또는 그 이상으로 유지하기 위해 상당수의 성매매 여성이 다이어트 상태를 계속 유지한다. 하지만 성매매 산업이라는 '노동' 조건하에서 성매매 여성이 선택할 수 있는 다이어트 방법에는 한계가 있다. 업소의 유형과 업소가 위치한 지역 등에 따라 구체적인 조건들은 조금씩 달라지지만 거의 대부분의 성매매 여성이 공통적으로 언급하는 제약은 자신의 몸을 직접적으로 사용하는 육체노동으로 인한 육체적 한계이다. 다이어트 약을 병행한 굶기는 사실상 성매매 산업 내에서 '노동'을 할 수 있는 몸인 동시에 '상품'으로서 유통될 수 있는 몸을 유지하기 위해 다이어트를 해야만 하는 성매매 여성에게 주어진 유일한 선택지인 경우가 많다. 물론 노력 없이 어느 정도 몸매에 변화를 꾀할 수 있는 의료적 시술들도 존재한다. 그러나 성매매 산업이 지금 당장 '상품'으로서 유통이 가능한 몸만을 수용하는 현실에서 멍과 같은 흔적을 남기는 의료적 시술들은 "일에 지장이" 있기 때문에 활용하기 쉽지 않다. 즉, 이는 성매매를 하는 몸이 아닐 때만 동원 가능한 다이어트 수단이다.

산업적 관행으로 '날씬한 몸'을 요구하면서도 그 몸을 만드는 책임은 여성 개인에게 전가된다. '날씬한 몸' 또한 일정 기간 동안만 유통 가능한 '상품'일 수 있는 성매매 산업의 현실 속에서 성매매 여성들은 마약과 같은 통상적이지 않은 수단을 동원하기도 한다. 실제로 마약을 투약했던 경험이 있는 D는 마약을 하는 아가씨들 중에 살찐 아가씨가 하나도 없고, 일할 때도 지치지 않기 때문에 이를 권유하거나 방조하는 업주들이 상당수 있다고 이야기한다. 성매매 산업 내에서 마약은 잘 팔리는 '상품'이자 지치지 않는 '노동력'을 제공하는 하나의 수단으로 조장된다.

성매매 산업에서 유통될 수 있는 몸을 만들기 위해 성매매 여성의 상당수가 다이어트 약을 복용하는 상황은 다이어트라는 외모 관리와는 무관한 다른 의미의 실천을 야기하기도 한다. 성매매 업소에는 그 유형과 업소가 위치한 지역과 상관없이 거의 항상 다이어트 약을 복용하는 누군가가 존재한다. 그러다 보니 다이어트 약은 성매매 산업 내에서 가장 흔하게 접할 수 있는 약들 중 하나이다. 때로 다이어트 약은 다른 목적을 위해 동원되기도 한다. 다이어트 약에 관심이 없었던 C는 유사 성교 행위만으로는 더 이상 장사가 안되자 성교 행위로 서비스를 변경한 뒤 자괴감으로 인해 극심한 무력감에 시달렸는데, 이를 극복하기 위해서 동료의 권유로 다이어트 약을 복용하기 시작했다고 한다. 반면 성매매를 하는 동안 꾸준히 다이어트 약을 복용해왔던 B는 어느 날부터 살을 뺄 목적이 아니라 다음 날 일어나 출근하기 위해서 다이어트 약을 먹게 되었다고 회상한다. 다이어트 약의 부작용 중 하나인 각성 효과를 얻기 위해 약을 복용한 것이다. 이때 다이어트 약은 성매매 산업에서 '노동'할 수 있는 몸을 유지하기 위해 동원된 것이라고 할 수 있다. 성매매 여성의 다이어트 경험은 성매매 산업 내에서 유통 가능한 '상품'으로서의 몸과 '노동' 가능한 몸을 한 사람의 몸에 공존시키는 경험이다. 그리고 이 공존을 위해 제한된 조건하에서 통용되는 다이어트 방식은 체중 감소라는 그 본래의 목적을 벗어나 때로 '노동' 가능한 몸을 유지하게 하는 수단으로 전화하기도 한다.

탈성매매 계기로서의 다이어트와 그 이후의 삶

탈성매매 계기로서의 다이어트

성매매 여성에게 성매매 산업 내에서 유통 가능한 몸이라는 경험이 '상품'으로서 몸의 경험에 가깝다면, '노동' 가능한 몸이라는 경험은 '노동수단'으로서 몸의 경험에 가깝다고 할 수 있다. 어느 쪽에 해당이 되든 이때 몸은 성매매 여성에게 도구적인 무엇, 즉 '대상'으로 인식된다. 하지만 인간에게 몸은 자신의 외부에 위치한 대상일 수 없다. 몸은 외부가 존재할 수 없는 인간의 내부이자 존재 그 자체이다. '상품'으로서 몸과 '노동수단'으로서 몸이 공존하는 행위인 다이어트는 어느 시점에 이르면 존재 그 자체로서 몸의 한계에 맞닥뜨리게 된다.

B는 언젠가부터 다이어트를 위한 행위 자체를 스스로 거부하고 있는 자신을 발견한다. 살을 빼겠다는 의지로 카복시 시술권(지방의 대사와 분해를 촉진시키는 시술)을 구입하지만 시술받는 것을 자꾸 빼먹었고, 본인 스스로 '의존증'이라고 했던 다이어트 약을 먹는 것도 어느 순간부터 거부했다. 당시 B는 다이어트 약을 복용하는 와중에도 체중이 꾸준히 증가하고 있었는데, 다이어트 약을 먹기 싫다고 생각했던 순간이 압박감에서 벗어나고 싶었던 순간이었다고 한다. '와꾸'가 곧 사양인 성매매 산업 내에서 다이어트에 실패한 몸은 '상품'으로서 자기 관리에 실패한 몸인 동시에 성매매 시장에서 유통이 불가능한 몸, 즉 '가치 없음'을 의미한다. B는 다이어트 약을 거부하기 시작했을 때 "(성매매를) 그만둘 생각을 굳혔다"고 이야기한다. B에게 있어 "압박감에서 벗어나"는 것은 성매매를 그만두는 것, 다시 말해 '상품'으로서의 몸이기를 거부하는 것과 동일한 의미를 지니고 있었다. 충분한 노력에도 불구하고 다이어트에 반복적으로 실패하는 상황에서 B는 더 이상 '자기 탓'을 할 수 없는 자신과 '가치 없음'이라

는 성매매 산업의 평가 사이에서 물질적 몸으로서 스스로가 존재할 수 있는 방법은 '상품'으로서의 몸에 가해진 "압박감에서 벗어나"는 것임을 알게 되었다. 즉, 성매매 산업으로부터 벗어나는 길밖에 없음을 깨달은 것이다. 이렇듯 물질적 몸의 한계로 인한 '상품 가치'의 하락은 성매매 산업에서 도태된다는 것을 의미한다. 그리고 이 도태의 경험은 전적으로 개인의 책임으로 부여되는 다이어트를 둘러싼 인식과 맞물리며 '상품'으로서 자기 인식을 다시 성찰하는 계기가 되기도 한다.

체중의 증가가 탈성매매의 수단으로 활용되는 경우도 있다. 업주의 강요로 차용증을 쓴 후에 자력으로는 성매매 산업에서 벗어날 수 없음을 알게 된 F는 "아예 돼지가 되어 몸을 못 쓰게 만들어버릴까?"라는 생각으로 살을 찌우기 시작한다. 그녀는 자신의 몸을 '상품'으로 인식하고, 스스로 살을 찌워 '상품'으로서의 효용 가치를 떨어뜨려 성매매 산업에서 벗어나고자 한 것이다.

성매매와 다이어트, 그 이후의 삶

대다수 성매매 여성에 대한 사회적 낙인은 그 여성의 삶에서 성매매 경험을 연속성을 지니지 않은 '단절'된 시간으로 의미화하게 한다. 하지만 사회적으로는 성매매의 경험이 '단절'로 의미화될 수 있다고 하더라도 그 경험을 지닌 여성의 몸의 경험까지 단절되는 것은 아니다. 유통 가능한 '상품'으로서의 몸과 '노동' 가능한 몸 사이에서 물질적 몸의 한계를 시험하는 성매매와 다이어트 경험은 여성의 삶에 지속적으로 영향을 미친다. 많은 성매매 여성들이 탈성매매 이후 다이어트 약의 부작용에 시달리거나 과도한 육체노동에서 기인한 질병을 앓는다. 특히 오랜 기간 동안 과도한 다이어트를 지속했던 여성들은 급격한 체중 증가를 경험하기도 한다.

성매매의 경험이 '단절'된 시간으로 기억되는 만큼 성매매를 경험한 여성에게 성매매 이후의 삶은 그 '잃어버린' 시간을 보충하기 위해 그만큼 더 노력해야 되는 삶으로 자리매김하기도 한다. 그런 순간 성매매의 경험이 체현된 '아프고' '살찐' 몸은 종종 노력을 배신하는 장애물처럼 느껴진다. 성매매를 경험한 여성에게 사회적 의미화와는 달리 '단절'될 수 없는 몸의 경험은 본인의 의지와 상관없이 성매매를 할 당시 겪었던 소외와 또 다른 소외를 불러온다. 반면 성매매의 경험이 체현된 몸은 성매매를 경험한 여성에게 지속적으로 보여지고 의식되는 타자의 위치에 머물러 있기를 거부하게 하는 하나의 힘으로 작용하기도 한다.

"그만두고 나서는 어렸을 때부터 잠재되어 있던 그것(식욕)들이 폭발을 한 거죠. 정말 미친 듯이. (웃음) (……) 난 그동안 고생했으니까 먹어도 돼. 막 이런 거." 〈D 사례〉

"꿈속에서 일(성매매)을 하는 거예요. 못 먹는 꿈을 막 꿔요. 근데 딱 일어나면 집이에요. 어? 나 일하나? 안 하나? 아, 일 안 한다. 먹어도 된다. (……) 그렇게 살면 안 되니까. 그렇게 평생 어떻게 살아요. 차라리 먹고 찌겠다." 〈F 사례〉

"지금은 살이 쪄서 더 불안함이 없을 수도 있어요. 왜? 나한테 관심 있는 남자가 없으니까. 그런 불안감은 없어요." 〈E 사례〉

수지 오바크Susie Orbach에 따르면, 여성이 뚱뚱해지는 것은 자신이 성적으로 대상화되는 것을 피하기 위한 방법이기도 하다(Orbach, 2016). 성매매 여성에게 있어 "나한테 관심 있는 남자가 없는" 데서 오는 안정적인 느낌은 성적 대상화로부터 벗어난 데서 오는 느낌인 동시에 '상품'인 몸으로부터의 해방감이기도 하다. 앞서 언급했듯이 성매매를 경험한 여성에게 성매매의 경험이 체현된 몸은 "여성의 가치와 정체성을 외모로 재단하는 사회의 시선"(한서설아, 2000: 138)에도 불구하고 지속적으로 보여지고 의식되는 타자의 위치에 머물러 있기를 거부하게 하는 하나의 힘이기도 하다.

성매매 여성의 다이어트 경험은 문화 제국주의하에서 여성들이 겪는 경험의 연장선 위에 있는 동시에 '상품'으로서의 몸이 전면에 드러나는 특수한 경험이기도 하다. 성매매는 '상품'으로서의 몸과 '노동 수단'으로서의 몸을 공존시키며 스스로에게서 '대상화'되는 소외의 경험이다. 그러나 여성과 여성의 몸은 대상화된 채 수동적인 '피해자'에 머무르지 않는다. 오히려 성매매의 경험이 체현된 몸은 지속적으로 보여지고 의식되는 타자의 위치를 거부할 수 있는 힘이 담긴 몸이기도 하다.

한서설아는 여성들이 스스로의 몸을 그 자체로 받아들일 수 있는 진정한 자존감을 회복하기 위해서는 여성을 외모로 평가하는 이 사회의 권력에 대항해 끊임없이 문제를 제기해야 한다고 강조했다. "저항 없는 치유는 불충분할 뿐만 아니라 불가능하기 때문이다"(한서설아, 2000: 138). 성적 대상이자 '도구'로서 분절적으로 평가의 대상이 되는 성매매 여성이 겪는 몸의 상품화 경험은 외모로 여성의 가치가 매겨지는 사회로부터 파생된 극단의 경험이기도 하다. 때로 도전과 저항의 실마리는 극단적인 억압의 경험으로부터 배태되기도 한다. 성매매를 경험한 여성들이 대상화를 거부하는 힘 역시 성매매 산업과 성매매라는 '노동'의 조건, 성매매 여성에 대한 사회적 낙인의 상호 작용으로 구성된 행위성이다. 성매매에 대한 여성주의적 개입을 위해서는 성매매라는 '노동'의 특성, 한국 성매매 산업이 가진 역사적 맥락과 그 '노동'의 조건, 그리고 이 모든 것의 배경이 되는 가부장적 성적 등급화 문화 구조에 대해 지속적으로 문제를 제기해야 한다. 그리고 이것들을 관통하는 성매매 여성의 경험에 대한 지속적인 관심과 연구가 중요하다.

4

네팔의 월경 관습과 여성에 대한 폭력*

아샤 부다

역사적으로 네팔은 가부장적인 사회이다. 총인구의 51%가 여성이지만 이들의 사회적, 경제적, 정치적 지위는 남성보다 낮다. 남성의 문해율이 71%인 반면, 여성의 문해율은 47%이다. 네팔 정부는 국회 의석 비율의 33%를 여성에게 할당할 것을 의무화했으나 29%(601명중 175명)에 그쳤다. 네팔의 인구통계보건 조사와 아시아재단 조사에 따르면 네팔 여성의 20–50%가 폭력을 경험했다고 한다. 여성은 살아가면서 차별과 불평등, 젠더에 기반한 폭력을 겪는다. 사회적, 문화적, 종교적 관행과 수치라는 명목하에 여성들은 존엄성, 자존감, 건강, 심지어 생명까지 잃고 있다. 네팔 여성들은 월경 규제, 아동 결혼, 일부다처제, 구타, 부부 강간, 강제

* 이 글은 13기 EGEP(2018)에서 발표되었던 논문 "Chhaupadi: Violence in a Form of Social Practice against Women in Nepal"을 수정·보완해 우리말로 옮긴 것이다.

결혼, 지참금 같은 젠더에 기반한 폭력으로 고통받고 있다. 네팔 중서부와 극서부 지역에서 행해지는 차우파디Chhaupadi라고 불리는 월경 규제는 여성에 대한 젠더 폭력이다.

닐리마 라우트Nilima Raut와 슈비 탄돈Shubhi Tandon에 따르면, 월경을 의미하는 '차우Chhau'와 여성을 의미하는 '파디Padi'가 합쳐진 말인 차우파디는 월경하는 여성을 일컫는다(Raut & Tandon, 2011). 차우파디는 월경 중인 여성뿐만 아니라 출산한 여성도 불결하고 불경스러우며 만져서는 안 된다고 여긴다. 여성들은 집에서 쫓겨나 축사나 차우 헛간에서 지내야 한다. 축사는 가축을 키우는 곳이므로 좁고 더러우며 창문이 작아 어둡다. 초경을 하는 소녀는 축사나 차우 헛간에서 10-11일 정도 머물러야 한다. 그다음부터는 월경할 때마다 4-5일간 머문다. 임신한 여성도 출산 예정일 10-11일 전부터 출산할 때까지 축사 등에서 지내야 하며, 출산한 후에도 갓난아기와 함께 11일간 지내야 한다. 브라만 여성들은 줌라Jumla라는 곳에서 머무르며 7일 동안 쌀을 먹어서는 안 된다.

월경을 하는 기간 동안에 여성은 요리와 기도를 하거나 타인과 접촉하거나 집에 있거나 자기 방에서 자는 것과 같은 일상적인 활동을 할 수 없게 된다. 이때 여성은 남성, 과일나무, 가축, 채소밭, 심지어 자기 집 마당도 만져서는 안 된다. 이들에게 우유나 유제품, 다른 종류의 영양가 있는 음식을 줘서도 안 된다. 이를 어기면 신의 노여움을 사게 되어 가족에게 사고나 불행한 일이 생길 것이라는 미신이 있다. 사람들은 여성이 금지된 것을 만지면 여성이 만진 사람은 병이 들고, 나무는 열매를 맺지 못하고 말라 죽을 것이라고 굳게 믿는다. 여성은 집안일은 금지되었지만 영양이 부족하고 불편한 상황에도 불구하고 집 밖의 일은 더 많이 해야 해서(Kadariya & Aro, 2015), 땔감이나 돌을 나르고 정글에서 풀을 베어 오고 농장에서 소똥을 치우는 중노동을 한다. 가족들이 점심과 저녁 때 차우 헛간으로 물과 음식을 가져다준다. 여성들은 헛간에서 소금에 절여 말린 음식과 차파티chapati(누룩을 넣지 않은 빵)만 먹을 수 있으며 편한 잠자리도 가질 수 없다. 한겨울에도 루leu(염소 털로 만든 얇은 양탄자나 담요)만 덮고 자야 한다. 그러다 보니 감기와 질염, 자궁탈출증 등 다양한 질병에 시달릴 뿐만 아니라 하혈을 하거나 뱀에 물리거나 질식하는 등 고통을 받는다. 이뿐만 아니라 많은 여성들이 사회적 악습인 차우파디 때문에 목숨까지 잃는다. 정부와 비정부 영역에서 이 문제를 해결하려고 노력하는데도 차우파디는 여전히 사회에 만연해 있으며 수많은 여성들의 죽음을 초래하고 있다. 2005년에 네팔 정부는 차우파디를 불법으로 정했으나 법이 제정된 지 10여 년이 지난 지금도 이 관습은 그대로 이어지고 있다.

여성에게 월경은 자연스러운 생리 현상이다. 네팔 전역에 사는 힌두교도들 사이에서 월경을 규제하는 이러한 관습이 행해지고 있는데, 특히 카르날리Karnali처럼 고립되고 낙후된 시골 지역에는 더욱 깊이 뿌리를 내리고 있다. 차우파디는 네팔 정부가 금지한 이후에도 여전히 행해지고 있다. 이는 여성의 건강, 교육, 심리, 자존감, 이동성 등에 악영향을 줄 뿐만 아니라 무고한 여성의 생명까지도 앗아간다. 따라서 차우파디는 여성의 인권, 존엄성, 자유를 침해한다.

이 글에서는 먼저 네팔 여성들의 권리에 관한 법적 배경을 살펴보고 차우파디 관습이 네팔 여성들에게 어떤 영향을 주었는지, 차우파디를 따르고 있는 여성들의 사례를 인용하면서 왜 이 관습이 지속되고 있는지를 설명하고자 한다. 이를 위해 네팔에서 가장 주변화된 시골인 카르날리의 미션이스트 네팔Mission East Nepal에서 젠더와 사회 통합 코디네이터로 일하고 있는 나의 경험을 나누고자 한다. 그리고 칼리코트Kalikot와 훔라Humla 지역에서 25-45세의 여성들과 진행한 집단 토론 자료를 살펴볼 것이다.

여성의 권리를 보장하는 법적 장치

네팔은 대부분의 유엔 조약을 포함해 수많은 국제 인권 및 인도주의적 협정서에 비준했다. 이 가운데 세계인권선언UDHR은 모든 인간이 자유롭게 태어났으며 존엄성과 권리에서 동등함을 보장한다. 마찬가지로 유엔 여성차별철폐협약CEDAW에 의거해 네팔 정부는 사회 문화적 관습에서 비롯된 여성에 대한 모든 차별을 없앨 권한을 갖는다. 2015년 네팔 헌법은 젠더, 출신, 카스트, 능력, 문화에 기반한 배제와 차별을 종식시킬 것을 명했다. 즉, 젠더, 계급, 카스트, 지역, 언어, 종교에 따른 차별을 없애 평등권과 사회 정의를 보장하고 사회 문화적 결속력을 강화하려는 것이다.

이 밖에도 네팔은 성평등을 이루기 위해 여성의 역량을 강화하고 젠더 차별과 젠더 폭력을 없애는 국가 정책과 법, 지침, 행동 강령을 만들었다. 2005년 네팔 정부는 차우파디를 사회의 악습이라고 선언했다. 전국적으로 차우파디를 근절하기 위해 여성아동복지부는 '2008 차우파디를 줄이기 위한 가이드라인'이라는 제목의 지침서를 만들었다. 그러나 이 지침서의 내용이 충실히 실행되지 못한 탓에 차우파디 관습은 여전히 지속되고 있다. 네팔 정부는 2017년 8월 9일 민법에 따라 중서부와 극서부 지역에 만연해 있는 사회악인 차우파디를 불법화했다. 민법은 차우파디를 강요한 사람은 징역 3개월에 처한다고 정했다. 그러나 여성들은 아직도 이 관행에서 벗어나지 못하고 있다.

여성에 대한 폭력, 차우파디

훔라의 소녀들과 칼리코트의 여성들과 가졌던 집단 토론의 경험에 의하면, 차우파디는 이 관습을 따르는 여성들의 심리적 상태, 교육권, 건강 문제, 이동성 등에 있어서 다음과 같이 부정적인 영향을 주는 것으로 나타났다.

소녀들은 차우(월경) 헛간에 머무는 동안 심리적인 영향을 받는다. 차우 헛간은 제대로 된 잠금 장치도 없고 가족들의 보호도 받을 수 없어 안전한 곳이 아니다. 남성이 들어와 강간할지도 모른다는 두려움에 밤새 악몽에 시달리기도 한다. 이곳 여성들은 길을 지나가던 남성이 말이라도 걸면 그 남성과 바람났다는 소리를 듣는다. 훔라에는 강제 결혼 전통이 있다. 소녀를 좋아하는 소년은 가족의 보호 없이 소녀가 헛간에 혼자 있을 때를 기다린다. 그는 친구들과 함께 소녀를 강제로 자기 집에 데려가 결혼한다. 이 전통을 '락치 라인Rakchi line'[1]이라고 한다. 이렇게 해서 월경 기간에 강제 결혼을 당하는 소녀들이 생겨난다. 또한 소녀들은 월경 기간 중에 적절한 영양을 공급받지 못하며 적절한 옷, 잠자리를 가질 수 없다. 이런 차별로 인해 심리적인 트라우마를 갖게 되고, 여성으로 태어난 것에 죄책감을 느낀다. 소녀들은 차라리 죽는 것이 더 낫겠다는 생각을 하기도 한다. 이러한 심리적 트라우마는 사는 내내 여성들의 자존감을 갉아 먹는다.

월경 중인 여성들은 돌아다니는 것이 허락되지 않기 때문에 이동성이 제한된다. 이곳 사람들은 월경 기간 동안 움직이는 것을 나쁜 징조로 여긴다. 그래서 월경을 하는 여성들은 집 밖에 나갈 엄두를 내지 못한다. 월경 중에 다른 사람이 이들을 만져서도 안 되며, 이들이 다른 사람을 만져서도 안 되기 때문이다. 혹시라도 이들이 다른 사람을 만지면 그에게 죄를 짓는 것이다. 게다가 적절한 속옷과 생리대가 부족해 걸어 다니는

1 남자가 혼자 있는 미혼 여성을 발견했을 때 강제로 데려가서 결혼할 수 있는 전통을 말한다.

것도 힘들다.

마찬가지로 월경 중인 소녀들은 지식의 여신으로 여겨지는 책을 만져서도 안 된다. 또한 학교에서 남학생과 선생님도 만지면 안 되는데, 그 이유가 살짝 닿기만 해도 여신이 심기가 불편해져서 그들에게 저주를 내리기 때문이다. 이러한 미신 때문에 많은 소녀들이 학교에 가지 못하며, 심지어 책장을 넘기는 것조차 죄로 여겨 책을 보지 못한다. 일부 소녀들은 초경 때 시험을 치르지도 못한다. 따라서 좋은 교육을 받을 수 없으며 월경 때문에 학업을 포기하기도 한다.

월경 중인 여성은 목욕을 하러 가서 공동으로 사용하는 수도꼭지를 만지면 안 된다. 이들은 단정하고 깨끗해서도 안 된다. 머리를 빗지도 말아야 한다. 영양가 있는 음식을 먹어서도 안 되며 집 밖에서 중노동을 해야만 한다. 이들은 창문도 환풍구도 없는 비위생적고 안전하지 않은 축사나 차우 헛간으로 쫓겨난다. 청결을 유지할 수도 없고 위생 시설도 없으니 심한 복통과 질염, 자궁탈출증 같은 질병에 잘 걸린다. 월경 기간 중에 아프면 아무도 이들을 만질 수 없기 때문에 치료를 받을 수 없다. 그러다 보니 복통이나 열, 또는 감기 같은 간단한 질병으로 사망하기도 한다. 차우 헛간에서 남성들에 의해 강간 등의 성적 학대가 일어나기도 한다. 이상에서 살펴본 바와 같이 차우파디가 여성에 대한 폭력이라는 점에는 의문의 여지가 없다.

여성을 죽음으로 내모는 차우파디

2016년 12월 19일, 네팔의 극서부 아참에 살던 로샤니 티루와Roshani Tiruwa라는 15세 소녀가 차우 헛간에서 죽었다. 다음 날 아침 가족들이 헛간에서 그녀의 시체를 발견했다. 경찰서장은 로샤니가 헛간을 따뜻하게 하려고 피운 불에 질식해 사망한 것으로 추정했다. 통풍이 잘되지 않아 목숨을 잃은 것이다. 이와 유사하게 티밀센의 담바라 우파디야이Dambara Upadhyay라는 21세 여성도 2016년 11월 19일에 차우 헛간에서 죽은 채 발견되었다. 경찰은 그녀가 몸을 따뜻하게 하려고 헛간에 불을 피웠다가 산소 부족으로 사망한 것이라고 발표했다. 이 사례들 모두 좁은 차우 헛간에서 연기 질식과 산소 부족으로 사망한 경우이다.[2] 2017년 1월 8일, 아참에서 22세의 결혼한 여성이자 11학년 학생인 가우리 부다Gauri Budha 역시 차우 헛간에서 난방을 하기 위해 불을 지폈다가 질식사했다.

2017년 5월 22일, 다이레크에서 20세의 랄사라 비케이Lalsara BK가 차우 헛간에서 죽었다. 뉴스에 따르면 그녀는 감기에 걸렸는데도 월경 중이라 헛간에서 지내야 했는데 감기가 악화되어 병원으로 옮기던 중 사망한 것이다. 그 밖에도 2017년 7월 8일, 19세 소녀 샨타 샤히Shanta Shahi가 차우 헛간에서 뱀에게 물려 죽었다.[3] 이보다 앞선 2013년 아참에서 16세의 샤르밀라 불Sharmila Bhul이 차우 헛간에서 죽은 채 발견되었고, 그다음 날 라스미 부다Laxmi Budha도 죽은 채 발견되었다. 이들은 모두 헛간에서 질식해 죽은 것으로 밝혀졌다. 이 외에도 자자코트 지역의 쿠마리 바스넷Kumari Basnet이라는 소녀는 산사태로 헛간이 쓸려 내려가 죽음을 당했다. 바주라 지역의 두 소녀는 차우 헛간에서 동네 남성들에게 강간을 당했다. 아참에 사는 43세의 주마드비 샤히Jhhumadevi Shahi도 차우 헛간에서 죽었다.

차우 헛간에서 강간당한 두 소녀는 말할 것도 없고 앞에서 언급한 사건들은 차우 헛간이 수많은 네팔 여성들의 목숨을 앗아간다는 것을 잘

---

2 http://www.myrepublica.com/news/11387

3 http://www.myrepublica.com/news/23413

보여준다. 이들은 최근 미디어에 보도된 피해자들로, 보도되지 않은 사망자는 더 많을 것이다. 이와 같이 문화와 사회의 관습이라는 명목하에 많은 여성들이 불의의 사고를 당하고 있다. 이들이 차우 헛간으로 쫓겨나지 않았다면 이런 사고도 없었을 것이다.

차우파디가 지속되는 이유

차우파디가 여성의 목숨까지 앗아갈 수 있는 관습이라는 것을 잘 알면서도 네팔에서는 여전히 이 관습이 행해지고 있다. 그 근본 원인을 알아보기 위해 훔라와 칼리코트에서 표적 집단 토론을 진행했고, 다음과 같은 결과를 도출해냈다.

- 차우파디는 문화적이고 종교적인 관습이다. 차우파디 관습은 사람들의 심리에 깊숙이 뿌리박혀 있다. 만일 여성이 차우 헛간에 머물지 않거나 만지지 말라는 것을 만지면 신이 진노해서 본인과 가족, 가축에게 화가 미칠 것이라는 미신이 있다. 이들은 죄를 지을까 봐 그리고 신에게 벌을 받을까 봐 두려워 이 관습을 따르는 것이다.
- 카르날리는 네팔에서 가장 주변화된 지역이다. 이 지역 사람들 대부분은 글을 읽지도, 교육을 받지도 못했으며 다른 문화에 노출된 적도 없다. 그래서 이들은 사회에 널리 퍼져 있는 사회 문화적 규범과 관습을 맹목적으로 따른다.
- 조부모와 부모, 특히 남성 측 가족 성원이 여성에게 차우파디를 실천하라고 강요한다. 가족에게 학대당하고 거부당할 것이 두려워 여성들은 어쩔 수 없이 차우파디를 따르게 된다.
- 매달 차우 헛간에 나타나지 않으면 동네 사람들은 이들의 몸가짐에 대해 나쁜 소문을 낸다. 즉 부적절한 관계로 임신했을 것이라는 의

심을 받게 된다.

- 여성들은 차우파디를 거부하면 이웃에게 배척당할 것을 겁낸다. 이러한 두려움 때문에 관습을 깨느니 차라리 죽으려 한다. 차우파디가 없는 마을이라고 선언하고 헛간을 부숴버려도 사람들은 또다시 차우파디를 따른다.

미션이스트 네팔의 활동

미션이스트 네팔Mission East Nepal은 구호와 개발을 담당하는 덴마크의 NGO로 2006년부터 네팔에서 활동했다. 이 단체는 네팔에서 가장 주변화된 지역인 카르날리에서 여성들의 권익을 위해 일하고 있다. 나는 미션이스트 네팔에서 젠더와 사회 통합 코디네이터로 일하고 있다. 여기서 나는 성평등과 사회 통합을 위한 전략을 세우고 여성 역량 강화 및 성평등 프로젝트를 기획하는 일에 기술적인 지원을 하며 문해 교육 교과 과정의 개발을 지원하는 업무를 맡고 있다. 또한 여성 역량 강화, 리더십 개발, 성평등 구현, 장애인의 사회 통합에 대한 매뉴얼과 교육 방법을 개발하는 일도 한다. 그 밖에도 여성들을 비롯해 협력 단체, 시민 사회단체, 정부 당국에 문제의식을 높이는 교육을 제공하는 데 있어 공동 책임을 맡고 있으며 카르날리 지역의 젠더 역할, 젠더 차이, 남녀 관계를 파악하기 위해 모니터링과 연구, 젠더 분석을 하고 있다.

미션이스트 네팔은 무구Mugu와 훔라 지역에서 빈곤을 퇴치하기 위한 '보이스Voice 프로젝트'를 비롯해 '밝은 미래를 위한 젠더 정의 프로젝트'를 시행하고 있다. 칼리코트에서는 '네팔 여성들의 권리와 기회 프로젝트'를 진행하고 있다. 이 프로젝트들은 모두 여성들을 빈곤에서 탈피시켜 그들의 역량을 강화한다는 목표 아래 카르날리의 주변화되고 취약한 여성들과 함께하고 있으며, 여성의 권리를 지키기 위해 차우파디를 비롯한 악습을 줄이려고 노력하고 있다. 성평등과 여성 역량 강화는 각 단체들마다 필수적으로 다루는 주제이다.

미션이스트 네팔은 차우파디를 줄이기 위해 여성 인권 및 기타 생활 기술에 관한 실질적인 지식을 개발하고, 여성 그룹과 네트워크를 조직하는 마을 은행을 만들었으며, 경제적 역량 강화를 위한 소득 증대 운동, 여성의 권익 옹호와 능력 개발을 위한 로비 활동과 함께 기능적인 문해 교육을 실시했다. 그리고 차우파디나 아동 결혼과 같은 사회적 악습에 민감해질 수 있도록 문해 교과서에 그러한 내용을 넣었다. 아울러 청소녀 그룹과 여성 그룹을 각각 조직해서 월경 위생 교육을 시키고 인근에서 구할 수 있는 재료로 생리대를 만드는 법을 알려주기도 했다.

또한 남성들도 프로젝트에 참여할 수 있게 했다. 공동체의 남성 대표, 사회 지도자, 전통 치유사들에게 성평등과 사회 통합, 여성에 대한 악습에 민감해지도록 교육을 시켰다. 그리고 사회 지도자들과 소통하고 회의를 했으며 워크숍도 조직했다. 차우파디 같은 사회적 악습에 대한 공동체의 사고방식을 바꾸기 위해 공동체의 남성 대표, 전통 치유사, 성직자, 청소년들에게 우리가 제공하고 있는 프로그램에 참여할 것을 권했다. 남성들의 참여 이후 긍정적인 성과가 있었다. 그들은 신은 월경 중인 여성에게 화를 내거나 여성을 저주하지 않는다고 사람들을 설득했다. 이는 사람들에게 바람직한 영향을 주었다. 전통 치유사들도 여성에게 자신이 월경 중임을 남성에게 밝히지 말고 청결하게 지내라고 당부했다.

언론인들을 동원하는 것도 차우파디를 감소시키는 데 긍정적인 영향을 미쳤다. 이 프로젝트에 지역 언론인들을 적극 참여시켰는데, 지역 라디오와 신문에 차우파디가 없는 마을에 대한 이야기와 기사를 보도하도록 해서 사람들에게 모범적인 선례를 소개했다. 차우파디 관습을 과감하게 거부한 사람들의 이야기 역시 공동체 사람들에게 용기를 주었다. 청소녀 그룹과 여성 그룹 모두 공동체 사람들이 차우파디에 경각심을 갖도록 마을을 방문해 차우파디 근절을 위한 의식 향상 캠페인을 벌였다. 마을의 전통 치유사와 성직자들과 함께 차우파디에 대해 토론하는 프로그램도 마련했다. 그 결과 사회 및 정치 지도자와 정부 당국의 지원을 받아 훔라 지역의 쉬리나가르 마을과 칼리코트 지역의 탄디 마을을 차우파디 없는 마을로 선언했다. 이들은 '세계 여성의 날'이나 '세계 여성폭력 추방의 날'을 기념하는 16일간의 캠페인의 일환으로 차우파디의 부정적인 영향을 보여주는 거리 공연을 펼쳤으며, "차우파디 관습을 줄이자"라고 쓰여 있는 팻말을 들고 평화 행진을 했다. 마을뿐만 아니라 더 큰 행정 단위인 구區 차원에서도 사회 문제와 사회 현안에 대한 캠페인에 참여했다.

사람들의 사고방식과 태도는 하룻밤 사이에 바뀌지 않는다. 우리는 차우파디를 근절하기 위해 많은 노력을 기울였지만 그룹에 참여한 소녀와 여성들의 사고방식만 겨우 변화시켰을 뿐이다. 여성들은 월경 기간 동안 분리된 방일지라도 집에 머무르기 시작했으며 차우파디를 실행하는 기간을 7일에서 5일로, 5일에서 3일로 줄여나갔다. 그러나 네팔 중부와 극서부 지역의 많은 곳에서 이 관습은 근절되지 않고 여전히 지속되고 있다.

네팔 정부와 유엔 기구를 비롯해 시민 사회단체가 차우파디 관습을 없애기 위해 노력하고 있다. 그러나 네팔의 중서부와 극서부 지역에서의 활동은 외진 곳인 데다 사람들의 인식과 문해율이 낮고 전통적 신앙과 가치 때문에 매우 힘들어 이들 기구 및 단체가 투자한 만큼 기대한 성과를 얻지 못했다. 한편으로는 이들의 역할이 효과적이었는지 의문이 들기도 한다. 일부 단체들이 차우파디 없는 마을을 선언하고 차우 헛간을 부쉈지만 일시적이었을 뿐 지속되지 않았다. 프로젝트 기간에만 효과가 있었고 프로젝트가 끝나자마자 사람들은 차우 헛간으로 되돌아갔다. 정부의 적절한 감시 체계도 부재하다. 차우파디를 근절하려면 정부와 시민 사회단체 간의 협력이 강화되어야 한다. 네팔 정부가 사회적 악습이라며 차우파디를 금지했으나 제대로 실행되지 않았고, 결과적으로 차우파디와 관련된 사고가 더 많이 일어나고 있다. 차우파디는 여러 사회적 요인들이 복잡하게 얽혀 있는 관습이므로 일반인들의 사고방식과 태도를 바꾸는 데 초점을 맞춰야 하며, 이와 함께 차우파디를 막는 정책과 법적 개입이 이루어져야 한다.

카르날리 지역에서 차우파디 관습을 없애기 위한 활동을 하면서 느꼈던 어려운 점들을 정리하면 다음과 같다.

- 다섯 개의 구로 구성된 카르날리 지역은 매우 주변화되고 낙후된 곳으로, 대부분의 사람들이 시골과 외딴 벽지에 산다. 길이 없어서 본부에서 사업장까지 가는 데 걸어서 5-7일 정도 걸린다. 이 지역에 더 많은 경제적 자원과 인적 자원이 필요하다.
- 차우파디는 사람들의 마음에 깊이 뿌리내린 문화적이고 종교적인 관습이다. 카르날리 주민들은 문맹이고 보수적인 데다가 가난하다. 따라서 제한된 경제적·인적 자원과 시간, 일회적인 프로젝트만으로는 사람들의 사고방식과 태도를 바꾸기 힘들다.
- 차우파디 근절 운동에 시민 사회단체들과 정부 기관의 조화와 협력이 부족했다.
- 여러 NGO들과 시민 사회단체들이 차우파디 폐지 프로젝트를 단계적으로 실행한 이후에 정부의 적절한 후속 조치가 없어 더 이상 일이 진척되지 못했다. 사람들이 차우파디가 악습이라는 것을 알게 되었어도 차우파디 없는 마을이라는 선언은 프로젝트 기간 동안만 유효했다. 전통 치유사들도 종교적 신화를 이용해 공동체 사람들을

교묘하게 다시 조정했다.

- 정부 측에서 이 관습에 도전하는 이들을 격려하는 우대 조치가 전혀 없었다.
- 정부 기관은 '2008 차우파디를 줄이기 위한 가이드라인'을 충실히 따르지 않았으며 여성들은 정부가 차우파디를 금한다는 것조차 알지 못했다.
- 네팔의 새로운 연방 정부는 여성 역량 강화 및 여성 인권 분야를 담당할 기관을 아직 확정 짓지 못했다. 최근에 카르날리 지역의 여성아동국이 해체되어 더욱 혼란스러운 상황이다.

또한 차우파디를 근절하기 위해 다양한 활동을 하면서 얻게 된 교훈을 정리하면 다음과 같다.

- 여성의 역량을 강화하고 성평등을 이루기 위해서는 남성의 참여가 필수적이다. 여성만으로는 사회와 문화의 변화를 가져올 수 없다. 남성들의 태도를 바꾸려면 남성 가장과 사회 지도자들을 교육시키는 것이 매우 효과적이다.
- 프로젝트는 여성 인권, 개인 위생, 사회적 악습에 대한 민감성을 키울 수 있어야 하며 통합적 교육, 총체적 접근을 지향해야 한다. 여성들의 생계와 저축 등의 요소도 함께 고려해야 한다.
- 차우파디 같은 사회적 악습을 줄이는 데 청소녀 그룹을 참여시키는 것이 효과적이다. 이들은 젊고 학교에서 공교육을 받고 있으며 친구와 선생님과 연결되어 있다. 이들이 차우파디 근절에 대해 제대로 교육을 받는다면 공동체의 사고방식을 바꾸는 데 기여할 수 있다.

끝으로 현장에서 얻은 경험과 정보를 바탕으로 차우파디 관습을 근절하기 위해 다음과 같은 제안을 하고자 한다.

- 소년, 소녀, 연장자, 전통 치유사, 사회 지도자, 성직자들을 교육시키고 차우파디를 근절하기 위한 운동에 참여시켜야 한다.
- 정규 및 비정규 (문해 교육) 교과 과정에서 월경을 자연적인 생리 현상으로 다루고 개인 위생에 관해 가르쳐야 한다. 학교는 남녀 화장실을 분리해 젠더 친화적인 환경을 갖추고 위생을 위해서 수도를 설치해야 한다.
- 미디어는 차우파디의 문제점을 보여주고 차우파디를 없앤 마을의 성공 사례를 소개함으로써 사람들의 의식을 향상시키는 데 힘써야 한다.
- 차우파디 관습을 따르지 않는 가정에 수당이나 세금 감면 같은 혜택을 주어야 한다.
- 차우파디가 여성에게 미치는 영향에 대한 심도 깊은 연구는 적절한 전략을 짜는 데 도움이 될 것이다.

5 인도의 월경 정치학, 이데올로기, 그리고 자본주의*

니키타 아로라

"만약 어느 날 갑자기 마법처럼 여성이 월경을 하지 않고 남성이 월경을 한다면 어떤 일들이 벌어질까? 월경은 분명 부러움의 대상이 되거나 가치 있고 남성적인 것으로 여겨질 테지. 남자들은 월경을 얼마나 오래, 얼마나 많이 하는가를 자랑할 것이고. 어린 소년들은 초경을 남성이 되는 첫 관문이라 여기며 선망할 게 뻔하다. 그날을 기념하기 위해 사람들은 선물을 주고, 종교의식을 거행하며, 가족 잔치를 벌이고 남자들만의 파티를 열겠지. (……) 생리대는 연방 정부 기금에서 무료로 공급하고. 물론 일부 남성들은 품위 유지를 위해 기꺼이 돈을 내고 폴 뉴먼 표 탐폰, 무하마드 알리 표 패드, 존 웨인 표 맥시 패드, 그리고 총각용 조 나

---

* 이 글은 *Asian Journal of Women's Studies*, 23(4)에 게재된 논문 "Menstruation in India: Politics, Ideology, and Capitalism"을 우리말로 옮긴 것이다.

마스(미국 미식축구 선수—역주) 표 고추 덮개를 살 것이다. (……) 간단히 말해 우리가 진작에 파악했어야 했던 사실, 그러니까 논리는 누가 펼치냐에 따라 진위가 달라진다는 사실을 깨닫게 될 것이다. 남성이 월경을 한다면 월경을 권력 정당화에 계속 이용할 것이라는 사실 말이다"(Steinem, 1986).

역사적으로 여성들이 종속의 대상이 되면서 생물학은 남성의 지배를 정당화하는 근거가 되었다. 기준이 되는 체력과 체격을 규정한 남성들이 누가 더 우수한지도 결정했다. 따라서 남성의 몸과 남성 생물학이 표준으로 설정된 반면, 여성의 몸은 의문의 대상, 때로는 혐오의 대상이 되고 말았다. 인도에서는 월경이 바로 그 후자에 해당한다. 월경이 생물학적인 과정이라고 멸시받다 보니 월경을 하는 여성의 몸도 불순하고 가치 없고 열등한 것으로 여겨진다. 이런 점에서 앞에 언급한 월경에 대한 글로리아 스타이넘Gloria Steinem의 주장은 타당하다. 이와 같은 권력, 지식, 몸의 공식은 월경에 대한 금기가 인도 사회에 만연하게 된 배경을 이해하는 데 적용할 수 있다. 이러한 관점에서 월경을 보면 월경 금기menstrual taboo의 기원을 제대로 조사할 수 있을 뿐 아니라 월경과 연관된 낙인으로부터 벗어날 가능성도 얻을 수 있다.

이와 아울러 인도 사회의 카스트, 계층, 젠더 간의 복잡한 상호 관계를 유념하면서 월경 금기와 섹슈얼리티 통제 사이의 역사적 관계를 밝힌 우마 차크라바르티Uma Chakravarti와 재닛 차울라Janet Chawla 같은 학자들의 글을 살펴보아야 한다. 차크라바르티는 "여성은 카스트 제도로 들어가는 출입문"이라는 표현을 쓰면서 여성의 섹슈얼리티를 통제함으로써 카스트 구조가 유지되고 있음을 연구를 통해 보여주었다(Chakravarti, 1993). 마찬가지로 차울라는 『리그베다Rig Veda』(브라만교와 힌두교 경전의 하나—역주)에서 언급된 월경에 대한 연구에서 월경 낙인menstrual stigma은 또 다른 형태의 섹슈얼리티 통제라고 주장한다(Chawla, 1994). 나는 이 학자들의 이론뿐만 아니라 나의 경험에서도 월경 금기를 접할 수 있었다. 이를 토대로 월경 연구의 목적, 전략, 성취, 한계 그리고 초국가적 연대의 필요성에 대해 논할 것이다.

인도의 월경 금기

월경 금기는 인도 여성과 소녀들에게 큰 영향을 미치고 있다. 특히 어려서 특정 규범에 따라 자신의 몸을 삼가고 월경을 처리하도록 배울 때는 더욱 그렇다. 월경 중인 여성은 사원에 들어가지 말 것, 바닥에서 잘 것, 분리된 방에 머물 것, 따로 먹을 것, 신성한 것을 만지지 말 것, 가족들과 교류하지 말 것, 아무도 만지지 말 것 등과 같은 금기를 매년 12주 동안 따른다. 『리그베다』에 기록되어 있는 월경 기간 중 지켜야 할 금기 사항은 다음과 같다. 여성은 월경을 하는 기간 동안 눈에 세안용 약을 넣지 말고, 몸에 기름을 바르지 말아야 하며, 물에 들어가 목욕하지 말아야 한다. 또한 바닥에서 잠을 자야 하고, 낮잠을 자서는 안 되며, 불을 건드리지 말고, 로프를 만들지 말며, 이도 닦지 말고, 고기를 먹어서도 안 되고, 유성을 쳐다봐도 안 되며, 커다란 물통에 담긴 물도 먹지 말고, 두 손을 모아서 물을 받아 먹어서도 안 되며, 구리 그릇으로 물을 담아 마시지 말아야 한다.[1]

1 역사학자들은 『리그베다』를 초기 인도 사회를 이해하는 데 가장 중요한 경전으로 여긴다. 같은 이유로 많은 페미니스트 학자들도 관심을 가지고 있다. 『리그베다』에 기록된 월경 금기의 형성에 대해 알아보려면 W. Doniger (Ed.) (2005), *The Rig Veda*, New Delhi: Penguin Books 참조. 그 외 J. Chawla (1994), "Mythic Origins of Menstrual Taboo in Rig Veda", *Economic and Political Weekly*, 29(43), 2817-2827 참조.

일상생활 속에서 월경 금기는 다양한 방식으로 나타난다. 예를 들어 내가 살던 동네에서 월경 중인 여성은 사원에 들어가거나 기도하는 것이 금지되었다. 12학년이었을 때 나는 초경 전 어린 소녀들을 숭배하는 아쉬타미Ashtami 종교 행사에 참여할 수 없었다. 내가 다녔던 학교에서는 종교 행사가 있을 때마다 여학생들에게 월경 중인지 아닌지를 물었다. 내 단짝 친구는 월경 중이라 빛의 축제인 디왈리Diwali에서 예배를 드리지 못했다. 여기서 흥미로운 점은 그 친구의 의식에 영향을 준 종교/신의 내면화와 이를 거스를 때 느낄 두려움이 얼마나 클까 하는 것이다. 나는 월경이 소녀와 여성들의 이동성뿐만 아니라 자기 몸에 대한 인식과 지식에도 영향을 주는 것을 목격했다. 이는 대학에 입학한 후 월경 낙인 반대 운동에 참여하게 된 계기가 되었다.

나는 펀자브의 파티알라에 있는 대학에 다닐 때 학생회 활동을 하면서 성평등을 이루기 위해 함께 싸웠고, 그러면서 다양한 여성 문제들을 접할 수 있었다. 내가 도시 중산층에 속한 특권층이라는 점을 성찰하면서 여성이 하나의 동일한 범주가 아니라는 것도 이해하게 되었다. 여성을 하나의 범주로 보는 것에는 많은 모순이 있으며 여기에는 카스트, 계급, 종교, 지역, 민족성이라는 변수가 크게 차지하고 있다. 여성이 갖게 되는 기회나 사회화는 이러한 권력 구조 안에서 이들이 처한 위치에 따라 다르다. 따라서 여성이 월경을 하는 환경, 즉 이들이 월경을 어떻게 처리하고, 어떻게 생각하며, 월경 기간 동안 무슨 용품을 사용하는지는 이들의 위치에 달려 있다. 나는 이러한 이해와 경험을 바탕으로 소녀와 여성들의 건강한 월경 문화의 사회화를 위해 월경 금기를 깨는 캠페인을 벌였다.

'해피 투 블리드' 캠페인

'해피 투 블리드Happy to Bleed' 캠페인은 인도의 사바리말라Sabarimala 사원의 지도자인 프라야 고팔라크리쉬난Prayar Gopalakrishnan이 월경 중인 여성들에 대해 여성 혐오적 발언을 한 이후에 시작되었다. 그는 만약 여성들이 깨끗한지 아닌지 체크할 수 있는 공항의 보안 검색대 같은 기계가 있다면 여성들의 사원 출입 허용을 생각해보겠다고 했다. 그 사원은 케랄라 지역 파타남티타에 위치한 유서 깊은 힌두 신전으로 월경하는 연령대(10-50세) 여성들의 출입을 금하고 있다("Let Machine", 2015).

여기서 그가 월경이라는 말 대신에 '깨끗'이라는 단어를 사용했다는 점이 흥미롭다. 나는 온라인의 청소년 포털인 '유스 키 아와즈Youth Ki Awaaz'에 공개서한을 게시해 그의 발언에 문제를 제기했다. 그리고 티셔츠에 생리대를 붙이고 찍은 나의 사진을 페이스북에 올렸다. 이 논쟁을 시작하게 된 나의 서한은 다음과 같다. "사원에 들어가는 모든 남성들은 남녀 간 성교의 산물이다. 여성들은 약 9개월 동안 아이를 자궁에 품고 탯줄로 영양분을 공급하며 질을 통해 낳는다. 사원에 들어가는 모든 남성들은 어머니의 자궁에서 만들어진 피의 산물이 아닌가?"(Azad, 2015). 스스로 여성보다 깨끗하다고 생각하는 성직자와 남성들을 강하게 비판했음에도 불구하고 이것은 재생산에 초점을 맞춘 메시지로 알려졌다.

나는 '해피 투 블리드' 캠페인에 함께 참여한 다른 여성들이 월경을 찬양하는 것을 접하면서 월경을 하나의 신성한 과정으로도 볼 수 있다는 점을 깨닫게 되었다. 소수의 종교인들은 월경이 매우 중요한 과정이기 때문에 월경하는 여성들의 복지를 위해서 그들을 분리시켜야 한다고 제안하기 시작했다. 그 예로 월경하는 여성들을 숭배하는 인도의 카마카야Kamakhaya 사원을 들 수 있다. 월경에 대한 이런 상반된 입장이 존재하는지도 모른 채 나 혼자 고립되어 있었다면 아마도 나는 캠페인 시작부터 도전하고 싶었던 생물학적 결정론을 정당화하고 말았을 것이다.

그래서 나는 다른 각도에서 월경 낙인과 월경 신성화에 대해 살펴보기 시작했다. 그리고 서로 상반된 두 입장에 대한 연구와 분석을 통해서 이 둘 모두 출산이라는 여성의 역할과 근본적으로 연결되어 있음을 알게 되었다. 월경하는 여성이 모두 잠재적 어머니라는 사실은 여성의 이동성과 자유를 통제하기 위한 '월경 찬양' 또는 '월경 악마화'로 이어졌다. '해피 투 블리드' 캠페인에 참여한 우리는 이후 온라인 활동의 범위를 넓혀 '월경 찬양'에 대한 논쟁도 받아들였다. 많은 사람들이 온라인 캠페인에 참여해 '신은 나의 다리 사이를 보지 않는다', '우리는 당신의 사원 따위에는 관심 없다' 등의 슬로건을 제안했다. 온라인 캠페인을 끝낸 이후 우리는 인도 대법원에 여성들의 종교 행사 참여를 금지한 사바리말라 사원의 관행에 대해 중재를 요구했다.

수천 명의 사람들이 캠페인을 지지하는 동안 '해피 투 블리드' 페이스북 페이지에는 많은 악플이 달렸다. 강간과 살해 협박이 자주 올라왔고, 나의 메일 박스는 혐오 메시지로 가득 찼다. 예를 들면 다음과 같다. "네가 사바리말라 사원에 들어가면 나는 달려가 네 면전에서 내 이름인 프루드비 라즈Prudhvi Raj를 말하겠다. 그것이 네 인생의 마지막 순간이 될 것이다. 나는 대중과 미디어 앞에서 너를 죽이겠다." 이런 언급은 여성의 목소리와 이견에 대한 소셜 미디어 플랫폼의 특성을 반영한다.

월경 낙인과 여성 건강

월경 낙인의 가장 심각한 폐해는 월경 중인 여성들의 건강에 대한 토론이 부재하다는 점이다. 대개의 경우 어머니가 초경과 그에 따른 신체

변화에 관한 정보를 줄 수 있는 유일한 사람이다. 그러나 이들 자신도 월경을 상세히 논하기에는 적절한 지식을 가지고 있지 않거나 월경을 더러운 것으로 여긴다. 따라서 우리는 월경 낙인과 배제 관행의 영향을 평가하기 위해 현장 연구가 필요하다는 것을 깨달았다. 이에 따라 표적 집단 토론을 진행하는 한편 민족지적 연구, 개별 인터뷰, 참여 관찰을 하면서 우리는 펀자브의 루디아나와 인도의 수도인 뉴델리에 사는 혜택받지 못하는 여성 1,063명을 인터뷰했다. 표적 집단에는 힌두교도, 무슬림, 시크교도 여성들이 고루 포함되었다. 두 도시가 산업 중심지라서 인터뷰 대상자들이 다양한 지역 출신들이었으며, 이는 우리의 시각을 넓혀주었다.

인터뷰를 통해 알아낸 첫 번째 중요한 사실은 1,063명의 여성 가운데 983명, 즉 92%가 여태껏 월경 금기를 따랐다는 점이다. 그리고 80%의 응답자들이 월경 금기를 따른 이유가 종교나 조상 때문이라고 답했다. 이들 대부분은 더 이상의 이유를 설명하지 못했는데, 질문 그 자체가 말이 안 된다고 여겨서였다. 두 번째는 표본 중 76%가 넘는 여성들이 월경 기간 동안에 누더기 헝겊을 사용했고 18%는 일반 생리대를 사용했으며 6%는 두 가지 모두를 사용했다는 점이다. 이들 중 다른 월경 용품을 언급하거나 아는 사람은 한 명도 없었다. 게다가 월경에 대해 말하기를 꺼리는 것을 보면 이들 대부분이 월경으로 인한 고통과 불편함을 가족이나 파트너와 함께 이야기하지 않았음을 알 수 있었다. 세 번째는 많은 여성들이 초경 이후 큰 변화를 겪었다고 이야기한다는 점이다. 월경을 하게 되면 여자답게 행동해야 한다는 사회적 기대가 몇 배로 증가한다. 여성의 선택권, 행동권, 이동권은 상당히 줄어든 반면 결혼이 인생의 궁극적 목표가 된다.

사리타Sarita는 34세의 여성으로 세 명의 자녀가 있다. 남편은 2010년에 사고로 죽었다. 그녀는 루디아나 지역의 다리 밑 빈민가에서 미혼인 시누이와 함께 살고 있다. 사리타는 쓰레기에서 빈 병을 골라 팔아서 가족의 생계를 꾸려간다. 그녀는 교육을 받거나 병원에 가본 적도 없으며 월경 기간 동안 자신을 위해 따로 쓸 돈도 없다. 사리타와 시누이는 월경혈이 새는 것을 막기 위해서 누더기 헝겊을 사용한다. 사리타는 아침마다 2킬로미터를 걸어가 물을 긷는데, 월경을 하면 이만큼의 거리를 걷지 못한다. 그녀는 자신이 월경 중일 때 어린 시누이가 혼자 물을 길러 가면 동네 남자들이 희롱할까 봐 걱정했다.

20세로 미혼인 라니Rani는 섬유 공장에서 일하며 가족과 함께 루디아나의 빈민촌에서 살고 있다. 부모님은 그녀가 일하는 것을 바라지 않지만 라니는 일을 해서 가족의 생계에 보탬이 되고 여동생을 공부시키고 싶어 했다. 라니는 월경을 하는 기간 동안에는 공장에 가지 않는다. 공장에는 화장실이 없어서 생리대로 사용하는 헝겊을 교체할 수 없기 때문이다. 16세의 학생인 사바Sabha는 라니와 한동네에 산다. 그녀는 친구가 많은 학교에 가는 것을 좋아한다. 사바가 다니는 중학교는 정부에서 운영한다. 그러나 사바는 월경 기간 동안에는 학교에 가지 않는다. 학교에 적절한 위생 시설도 없거니와 생리대를 버릴 쓰레기통조차 없다. 게다가 사바의 부모는 월경 기간 동안에는 학교에 가지 말라고 한다. 혹시라도 사바가 옷에 피를 묻혀 가족에게 수치를 안겨줄까 봐 염려해서이다. 사바는 월경을 한 이후로 예전처럼 밖에 나가 놀지 못한다며 자신의 삶이 변했다고 불평했다. 월경을 시작한 사바의 친구들도 이미 여럿이 학교를 관두었다.

이러한 사례들에서 알 수 있듯이 초경 이후 소녀가 성적으로 성숙해질수록 가족과 사회에 위협이 된다는 이유로 이들의 이동성은 줄어들었다. 섹슈얼리티에 관한 낙인이나 망상뿐 아니라 위생 시설과 물의 부족도 월경에 직접적인 영향을 미쳤다. 2012년의 보고서에 따르면, 인도 공립 학교의 40%가 적절한 화장실이 부족하며 이는 사바와 그녀의 친구들의 경험에서도 드러난다(Thakre et al., 2011). 학교를 일찍 그만두게 되면 어린 소녀들은 조혼이나 강제 결혼, 폭력에 노출되기 쉽다. 사리타, 라니, 사바 그리고 이들과 같은 처지에 있는 많은 여성들이 직장과 학교의 부적절한 위생 시설 때문에 매일 성희롱에 노출된다. 이에 대한 몇몇 연구들은 학교에서 생리대를 갈 수 없는 소녀들이 결국 장기 결석을 하게 된다는 것을 보여준다. 즉 기반 시설이나 정책 단계의 문제들이 현재의 상황을 초래한 것이다(Bala, 2014).

월경 낙인과 자본주의

나는 연구를 하면서 광고에서 자주 묘사되는 것처럼 생리대가 '구세주'가 아니라는 것을 알게 되었다. 생리대는 비싸며 따갑고 염증을 일으키기도 한다. 예를 들어서 사바는 학교에서 받은 생리대가 샐 가능성이 줄어 좀 더 편리하다는 점을 제외하고는 기존의 천 생리대보다 딱히 더 위생적이라는 생각이 들지 않는다고 했다. 대부분의 생리대 광고가 위생적이고 편안한 월경을 약속하지만 광고의 초점은 월경혈이 새는 것을 방지해 여성의 가족과 공동체의 명예를 지켜줄 것이라는 데 있다. 최근 타밀나두에서 12살 소녀가 자살했다. 선생님이 반 친구들 앞에서 그녀의 치마에 묻은 혈흔을 보고 모욕을 주었기 때문이다. 이는 월경혈 얼룩이 주는 수치의 심각성을 보여준다. 그 소녀는 유서에 "내가 무슨 잘못을 했다고 그들이 날 이렇게 괴롭히나? 죽는 거 외에 다른 선택의 여지가 없다"고 썼다("Tamil Nadu", 2017).

이런 이유로 나는 생리대 광고가 월경 낙인과 그 해소에 어떤 역할을 하는지 의문을 갖게 되었다. 예를 들면 생리대 '소피 사이드 월즈' 광고에는 붉은 피가 나오지 않으며 월경 중 건강 관리에 대한 언급도 없다. 오히려 이 광고는 생리대가 월경혈이 새는 것을 방지해 여성들의 자신감을 높여준다는 것을 강조한다. '위스퍼 초이스' 광고에서는 여학생들이 춤을 추면서 위스퍼가 새는 것을 막아주니 치마를 계속 확인할 필요가 없다고 선전한다. 광고에서 생리대가 월경혈이 새는 것을 방지할 수 있는 유일한 선택인 양 묘사되니 전통적인 방법은 모두 비위생적이고, 월경혈은 더럽고 불쾌감을 주며 고약한 냄새가 난다고 여기게 된다. 인도에서 생리대 생산업체는 의학적으로 그리고 사회적으로 월경을 상품화했다. 광고에서 월경을 숨어서 해결해야 할 문제로 묘사한 것은 월경 낙인의 연장에 불과하다. 미셸 푸코Michel Foucault는 새로운 의료 혁신이 새로운 형태의 권력, 단속, 통제를 통해 인간의 행동을 제한하고 금지한다고 했다(Foucault, 1977). 나의 연구는 월경 건강에 대한 의료 개입이 여성의 몸을 이익 창출의 장으로 식민지화하거나, 월경을 '저주'나 여성들의 가장 큰 '위생 문제'로 재구성할 명분을 만들어주었음을 보여준다(Kotex, 1920; Patterson, 2013).

예를 들면 타밀나두의 평범한 사립 학교에 다니는 10학년 소녀의 경우를 생각해보자. 그녀는 월경 용품에 관한 정보로 가득 찬 미디어에 쉽게 접근할 수 있다. 내가 무슨 제품을 좋아하냐고 묻자 그 여학생은 즉시 '위스퍼'라고 답했다. 그렇다면 인도에서 생리대가 대량으로 생산되고 광고에 자주 노출되는 것은 어떤 영향을 줄까? 게다가 왜 가부장제는 공개적으로 월경에 대한 이야기를 하는 '위스퍼'나 '스테이프리' 제조회사를 비난하지 않을까? 인도 사회의 맥락에서 이를 이해하기 위해서는 생리대 제조업체들이 광고를 통해 생산하고 사용하는 담론이 무엇인지 분석할 필요가 있다. '위스퍼'와 '스테이프리' 광고에서는 월경혈을 소독 처리된

푸른색으로 묘사하고 있다. 이러한 광고는 피부가 희고 날씬한 여성들이 나와서 점프하고, 일하고, 자유롭게 행동하는 편리성을 강조하는 내용들이어서 인도 여성들의 본모습과는 거리가 있다.

크리스 보벨Chris Bobel이 지적했듯이, 생리대나 탐폰을 기술적 진화로 보는 각본의 핵심은 이 용품들이 근대성, 특권 계급, 품위의 표시로 빠르게 구체화된다는 것이다(Bobel, 2010). 인도에서 광고가 '일하는 현대 인도 여성'의 이미지를 부각시키는 반면에 계속해서 월경의 가장 뚜렷한 표식인 붉은 피를 절대 보이지 않는 여성을 높이 평가한다. 게다가 혈흔은 가려야 하고 월경혈이 새는 것을 방지해야 한다고 계속 강조함으로써 월경 중인 여성들이 월경을 하지 않는 것처럼 보이게 만든다. 이는 낙인화 과정을 악화시키고 인도에 만연해 있는 월경의 비가시성을 정당화한다.

여기서 추가로 고려해야 할 점은 인도에서 생리대가 확산되었던 경제 자유화 시기인 1990년대는 여성들이 집 밖으로 나와 노동 시장으로 진입해야 한다는 운동이 한창이었다. 인도에서 생리대 판매가 시작된 근본적인 이유로 소비할 수 있는 여성 노동자의 등장과 효율적인 노동력의 생산을 들 수 있지만 그 과정에서도 역시 여성은 체면이라는 족쇄로부터 해방되지 못했다. 오늘날 인도 사회에서 근대성과 체면은 월경 용품의 상업적 마케팅 전략의 두 축이다. 이는 종교 제도와 성 통제를 통해 월경 낙인을 지속시키고 있을 뿐 아니라 월경을 '관리하고' '해결해야 할' 문제로 삼으면서 상업화하는 토대가 된다. 이 연구를 진행하면서 만난 한 여학생은 다음과 같이 대답했다. "광고에서 모델이 어떻게 흰 바지를 입었는지 이해할 수 없어요. 나는 목요일마다 흰 치마를 입어야 하는데 월경을 할 때면 치마를 하나 더 챙겨서 가요. 얼룩 때문에 당황할 수는 없잖아요!"

산업혁명이 시작된 이후 문화적으로 주어진 월경 이데올로기는 생물학적 해석과 불가분의 것이 되어 월경은 문화적인 동시에 생물학적인 사건이 되었다(Kissling, 2006; Patterson, 2014). 사실상 이 이데올로기는 월경의 의료화와 상품화에 정보를 제공하는 동시에 월경의 상품화에 의해 다시 정보를 얻고 강화된다. 월경이 여성의 섹슈얼리티를 통제하는 도구로 사용되고, 인도 여성들의 몸에서 이윤을 창출하기 위한 수단으로 이용된 배경을 분석하고 나서야 나는 비로소 무엇이 월경에 대한 페미니스트적 접근인지, 월경의 사회화가 무엇을 수반해야 하는지 질문했다.

나는 여성의 몸을 오염된 것으로 보는 대부분의 힌두교 제도와 월경을 비위생적이고 냄새나는 것으로 해석하는 생리대 광고의 이데올로기가 인도 여성과 소녀들의 건강한 월경 사회화를 이루는 데 별로 도움이 되지 않는다고 생각한다. 하나는 여성의 이동성과 섹슈얼리티를 제한한다는 점에서, 다른 하나는 '건강한 월경'이라는 명목하에 미리 정해놓은 월경 용품을 판매한다는 점에서 여성의 주체성을 빼앗으므로 두 가지 모두 똑같이 위험하다. 긍정적인 월경 의식을 갖는 것은 사회적 주체성을 세우는 일이다(Patterson, 2014). 따라서 여성들이 긍정적인 월경 의식을 갖도록 하기 위해서는 초국가적, 반계급적, 반카스트적, 반제국주의적 월경 운동이 필요하다.

제2부

성폭력 침묵 깨기

6

상처에 소금 뿌리기

홍콩 교회 내 성희롱*

제시카 초 히우퉁

2011년, K는 믿었던 같은 기독교인이자 유부남인 사장에게 성추행을 당했다. K의 담임 목사는 의도적으로 그 사건을 덮었고 K가 신고하는 것을 막았다. 그 목사는 그저 기도하라고만 했다. K는 이 사건을 겪으며 성폭력뿐만 아니라 신뢰했던 이에게 받은 모욕으로 고통스러워했고 결국 심각한 심리적 트라우마를 겪었다. 2012년 5월, 그녀는 용기를 내 '교회는 성폭력 피해자를 위한 정의를 실현할 수 있는가?'라는 제목으로 자신의 이야기를 써서 『크리스천 타임스*Christian Times*』에 실었다.

홍콩 교회는 피와 눈물로 범벅이 된 그녀의 고통을 통해 성폭력 문제를 직시해야 함을 깨닫게 되었다. 그 당시 홍콩기독교위원회HKCC의 사

---

* 이 글은 13기 EGEP(2018)에서 발표되었던 논문 "Insult to Injury: Sexual Harassment Cases of Churches in Hong Kong"을 수정·보완해 우리말로 옮긴 것이다.

무총장인 포 캄청Po Kam-cheong과 젠더 정의 그룹은 대부분의 교회와 기독교 단체에 성희롱을 제기할 방법이나 가이드라인이 없다는 것을 발견했다. 대부분의 교회가 '유연하게' 대처해왔다지만 그 어떤 성희롱 예방책도 없었다.

홍콩은 1996년부터 「성차별 금지 조례」를 전면적으로 시행했다. 「성차별 금지 조례」에 따르면 성희롱은 불법이다. 이 조례는 벌써 20년 넘게 시행되고 있다. 수많은 기업과 사회 복지 기관 등에서 관련 정책을 만들었으며, 홍콩 기회평등위원회가 지지하는 「성차별 금지 조례」의 중요성과 법적인 책임을 이해할 수 있게 전 직원을 대상으로 교육을 했다. 이와 같은 교육은 성차별과 성희롱을 방지하는 예방 수단으로 사용되었다.

그런데 공공 기관인 홍콩 교회들은 성희롱 문제를 다루는 데 있어서 시대를 역행하고 있다. 교회는 사람들의 생명과 존엄성을 보호하고 존중하는 신성한 장소이다. 그러나 교회는 성희롱 사건 자체를 언급하는 것을 금기시하고, 그 죄책감을 비밀에 부치며, 이 문제를 논의하거나 직시하는 것을 피하도록 사고방식을 조장했다. 가일 머피가이스Gail Murphy-Geiss는 "종교적인 환경에서의 성희롱은 학교나 직장에서의 성희롱과는 사뭇 다르다. 이 문제만을 집중적으로 다루는 연구가 필요하다"라고 언급하며 교회 내 성폭력은 젠더 이슈 가운데서도 특별한 분야라고 지적했다(Murphy-Geiss, 2007). 설문 조사에서도 드러나듯이 교회는 가족과 같은 공동체로 여겨져 예배에서 '신체 접촉과 친밀함'은 의례화되기도 한다. 게다가 같은 믿음을 가진 사람들 간의 유대도 강하다. 기독교 공동체는 섹스와 섹슈얼리티에 대한 이해와 지식이 매우 부족하다.

우리는 워크숍을 진행하면서 기독교 단체들이 섹스와 섹슈얼리티에 관해 거의 토론하지 않는다는 것을 알게 되었다. 대부분의 기독교인들은 성교육을 받은 적이 없으며 섹슈얼리티는 수치스럽거나 논하지 말아야 할 것으로 여겼다. 여기에 기독교 신앙이 일조했을 것이다. 젠더에 대한 공식적인 교리는 매우 엄격하다. 이러한 인식과 교리 외에도 교회의 가부장적 체제가 이 문제를 더 어렵게 만든다. 린다 마즈카Linda Majka는 "남녀의 동등한 존엄성을 보장하기 위해 성적 지배와 종속으로 작동하는 젠더 규범을 바꾸는 일은 매우 어렵다"고 말하면서 같은 의견을 나누었다(Majka, 1991). 남녀 평등을 이루기 위해서는 정당한 법적 절차를 마련하고 성적 강요를 줄여나가야 한다. 종교 단체들이 구조화되고 만연한 성희롱 문제에 직면하게 된다면 여성을 사회에서 열등하고 종속적인 존재로 제한하고 있는 장애물들을 없앨 가능성도 기대해볼 수 있다.

홍콩기독교위원회의 성희롱 예방 정책과 홍보

K의 경우를 비롯해 아직 드러나지 않은 보다 많은 교회 내 성폭력에 대해 인지하게 되자 홍콩기독교위원회는 성희롱에 대한 정책을 만들고 관련 예방 사업을 약속했다. 2013년 홍콩기독교위원회가 교회의 젠더 정의gender justice 사업을 강화하고 정책을 시행할 프로젝트 담당 직원을 고용하면서 그 약속은 이행되었다. 그렇게 나는 교회 사역 지침으로 젠더 정의를 장려하고, 관련 프로젝트를 진행하며, 자기 경험과 가치를 긍정하게 함으로써 여성 기독교인들의 역량을 강화하겠다는 목표를 가지고 홍콩기독교위원회의 젠더 정의 프로젝트 간사로 일을 시작했다. 나는 젠더 정의 사업부의 유일한 직원으로 젠더 정의에 관련된 모든 일을 책임지고 있다. 우리의 비전을 실현하기 위해 개발하고 연구하고 수행하며 지원을 구하는 일도 하고 있다.

홍콩기독교위원회는 2013년 10월에 기관 및 단체에서 발생하는 성희롱을 확실히 뿌리 뽑겠다고 선언하며 공식적으로 성희롱 반대 정책을 시행했다. 홍콩기독교위원회는 이것이 기독교 공동체의 성평등 의식을 고양하고 사랑과 정의로 상호 존중하는 본보기가 되기를 희망했다. 성희롱 불평처리위원회도 설립되었다. 교파와 성별, 지위 고하를 막론하고 모인 40명의 불평처리위원회 회원들을 위한 교육 워크숍도 열렸다. 교육을 통해 씨를 뿌렸으니 위원회 회원들이 정책의 중요성을 깨닫고 각자의 자리로 돌아가 이를 홍보하는 열매를 맺게 될 것이다. 홍콩기독교위원회는 성희롱이 무엇인지 설명하고 성희롱에 대한 흔한 오해를 바로잡기 위해 '침묵이 폭력을 키운다'라는 제목으로 팸플릿을 제작했다. 이 팸플릿은 교회 내 성희롱 근절의 중요성을 강조하면서 목회에 가이드라인을 제시한다. 성희롱 반대 정책을 알리는 전단도 홍콩기독교위원회 행사 참여자들에게 배포되었다. 이 밖에도 홍콩기독교위원회는 비회원 교회에도 성희롱의 정의와 법적 처벌, 정책의 중요성에 대해 설명하고 '어떻게 성희롱을 근절하고 예방할 것인가? 성평등을 존중하는 교회를 만들자'라는 취지의 교육을 제공했다. 성희롱에 반대하는 홍콩기독교위원회의 정책에 대한 교회의 반응은 아주 뜨뜻미지근했다. 극히 일부 교파만이 우리가 이 메시지를 나눌 수 있게 허락을 했다. 우리는 교회의 뿌리 깊은 젠더 편견과 위계적 권력 구조가 쉽게 변하지 않으리라고 본다. 그래도 우리는 홍콩 교회에서 발생한 성희롱 실태를 파악하고자 했다.

교회 내 성희롱 현황에 대한 설문 조사

홍콩의 교회들에서 성희롱 사건이 때때로 발생하지만 현 상황을 반영하는 구체적인 자료는 없다. 성희롱과 젠더 의식에 대한 교회의 상황을 파악하기 위해 2014년 10월부터 12월까지 홍콩기독교위원회 산하 젠더 정의 그룹은 설문지를 만들어 1,230개의 홍콩 교회에 보냈다. 추가로

324개의 비회원 교회에 전화해서 설문지에 대해 소개하고 참여를 권했다. 12개의 교회가 조사에 참여했고, 315개의 설문지가 돌아왔으며 그 가운데 304개만 유효했다. 참여한 교파로는 중국기독교회의 홍콩위원회, 구세군, 홍콩감리교회, 홍콩복음주의루터교회, 그 외 독립 교회들이다.

응답자 중 10%가 자신 또는 자신이 아는 사람이 교회 안에서 성희롱을 경험했다고 답했다. 다중 선택이 가능한 응답 가운데 피해자가 가장 많이 겪은 성희롱은 '원치 않은 신체 접촉(포옹, 키스, 만지기)'(81%)이었으며, 그다음이 '외설적인 언급이나 농담'(38%), '지속적인 데이트 요청'(34%), '성적으로 모욕적이거나 정형화된 발언'(31%), '빤히 쳐다보거나 곁눈질하기(몸 훑어보기)'(28%), '성적으로 노골적인 그림이나 포스터 보여주기'(13%) 등이었다. 가해자의 15%가 목사 또는 교회 지도자들이었고, 가해자의 30%는 피해자보다 높은 지위에 있었다. 설문 조사 결과는 가해자가 성희롱을 하면서 피해자를 협박하거나 폭행할 때 자신의 권위를 이용했고, 피해자는 혼란스러운 딜레마에 빠졌음을 보여준다. 더구나 교회라는 공간에서 가해자가 성직자라면 성희롱은 신체적·정신적인 피해는 물론 공동체에 대한 믿음까지도 흔들어놓는다. 70%가 넘는 가해자들이 교회 공동체의 형제와 자매들이었고, 그들 가운데 절반 정도는 동등한 지위에 있는 사람들이었다. 이는 다른 공동체나 외부에서는 쉽게 이해하기 어려운 기독교 공동체의 모호한 관계를 반영하는 것이다. 따라서 이 집단 내에서 성희롱이 발생하면 곧바로 신뢰가 깨진다.

우리는 전화나 온라인을 통해서가 아닌 설문지를 직접 배포해서 조사하는 방법을 택했다. 먼저, 우리는 설문지를 작성한 이들이 모두 교인임을 확인해서 조사의 대표성을 확보했다. 그리고 교회에 설문지를 배포하면서 우리가 이 문제에 관심을 가지고 있다는 것을 보여주고, 교회들 간 의사소통의 중요성을 강조하며 교회에서 이 주제에 대해 공개적으로 토론할 수 있기를 바랐다. 그러나 그런 기대와는 달리 1,230개의 교회 가운데 오직 12개의 교회만이 기꺼이 설문에 참여하겠다고 응답했다. 이는 교회가 여전히 섹스와 젠더를 금기시한다는 것을 보여준다. 우리가 설문에 참여하지 않는 교회에 전화를 해서 설문지에 관해 부연 설명을 하려고 할 때, 어떤 목사들은 섹스라는 말을 듣자마자 아주 예민해졌고 자신은 동성애를 지지하지 않는다고 선언했다. 이 설문지는 동성애를 전혀 언급하지 않았는데도 말이다. 교회 지도자들은 젠더 문제에 과민하게 반응했고 두려워했다. 심지어 이 설문지를 만들어 "교회를 파괴한다"고 우리를 고발하는 익명의 투서도 있었다. 그들은 아직도 교회가 성희롱 따위는 결코 일어날 수 없는 신성한 곳이라고 믿는 것이다. 이는 '가족의 수치'를 당하지 않으려고 성희롱을 입에 올리는 것조차 꺼리는 사고방식을 보여주는 것이기도 하다. 보고서에 따르면 오직 1%의 홍콩 교회만이 성희롱 문제에 관심을 두었고 나머지 99%는 이를 무시했다.

이후에도 우리에게 교회 내 성희롱 사건에 대한 불만 신고가 접수되고 있다. 그러나 신고된 교회와 단체들 대부분은 성희롱 문제를 다루기를 거부했고 가해자들에 대해 관대하게 처리했다. 반면 피해자들은 말 한마디 못 하고 고통스럽게 교회를 떠났다. 우리는 요즘 기독교인들이 한 교회에 묶여 있기보다는 온라인 서비스를 통해 다른 선교 단체에도 참여하고 다른 사람들과 접촉하는 것을 보았다. 그래서 우리는 2017년 8월부터 10월까지 '침묵을 깨라: 교회 내 성희롱 사례 수집' 프로젝트를 진행했다. 이에 따라 성폭력 트라우마로 교회를 떠난 이들에게 접근하기 위해 온라인으로 질적 연구를 진행했으며, 피해자가 사건에 대해 자유롭게 쓸 수 있도록 질문은 모두 개방형으로 했다. 우리는 가해자의 공통된 수법을 파악하기 위해 이러한 질적 연구를 수행함으로써 감시 데이터베이스를 구축하고 생존자 역량 강화를 위한 자원을 개발할 수 있었다. 우리가 수

집한 50건의 사례에서 응답자들은 한결같이 '2차 트라우마'에 대해 언급했다. 즉, 피해자가 도움을 구할 때 상처에 소금을 뿌리는 일이 벌어졌던 것이다. 2차 피해는 '공동체의 서비스 제공자들이 피해자를 비난하는 태도, 행동, 관행으로 성폭력 생존자에게 주는 추가적인 트라우마'라고 할 수 있다(Campbell & Raja, 2005).

다양한 매체를 통한 교회의 성평등 교육

성희롱 방지와 직접적으로 연관된 사업과는 별도로 우리는 계속해서 교회의 성평등 정의를 강화하고 위계 체계를 변화시키기 위해 평신도의 의식 향상에 힘쓰고 있다. 또한 교회 공동체와 대중들의 성평등 의식을 고취시키기 위해 다큐멘터리와 비디오 영상을 제작했다. 「여성의 노래가 들리는가Do You Hear the Women Sing?」는 홍콩 우산혁명에 참여한 열 명의 여성에 관한 다큐멘터리로 성희롱과 성폭력을 당한 이들이 어떻게 이에 맞서는지 보여준다(Tso, 2014).

우리는 다양한 성평등 교육 자료들을 제공함으로써 섹스와 성평등 관련 주제를 긍정적으로 논의할 방법을 더 많이 찾을 수 있을 것이라고 보고 있다. 그래서 2016년에 성평등 아카데미를 열어 '내가 그 입장이라면'이라는 제목의 교육을 진행했다. 또한 '젊은 여성들을 위한 성교육 워크숍', '어린이를 위한 영화 상영과 목회적 나눔', '젠더 억압: 상호 역할 연극 워크숍', '기독교 페미니스트 인문학 도서관', '환경친화적인 냅킨 만들기 워크숍' 등 다섯 가지의 활동을 펼쳤다. 이러한 교육의 목적은 여성의 인권을 위해 싸우는 것뿐만 아니라 남녀가 제한된 성 역할에서 벗어나도록 돕는 데 있다.

최근 2017년 11월 24일에는 '다말의 비명: 여성 폭력을 멈춰라'는 제목으로 자선 음악회를 열었다. 사무엘하 13장에 등장하는 다윗왕의 둘째 딸인 다말은 의붓오빠 암논에게 강간당한 여성으로 교회에서는 거의 언급되지 않는다. 유엔이 정한 '세계 여성폭력 추방의 날'을 기념해서 우리는 음악, 춤, 드라마를 통해 다말의 목소리가 잊히지 않기를 바랐다. 이와 함께 매일 성적인 위협 속에 살지만 자신의 삶을 변화시키려 노력하는 여성들에게 힘을 주고 싶었다. 이 음악회에는 150명이 넘는 사람들이 왔는데 우리가 한 이벤트 중에 가장 인기가 많았다.

홍콩의 교회에서 발생한 성희롱 실태를 조사하고 성폭력을 방지하기 위한 활동을 하면서 우리가 얻은 결론을 요약하면 다음과 같다. 1) 교회의 특성과 문화는 성희롱이 확대될 수 있는 최적의 온상이다. 2) 피해자들은 교회 네트워크에서 2차 트라우마를 겪는다. 3) 대다수의 가해자는 지속적으로 남성이다.

성희롱은 쉽게 사라지지 않을 것이다. 성희롱 실태 조사는 범죄의 증가를 보여주기보다는 성희롱에 대한 사람들의 인식이 증가한 것을 보여준다. 성희롱에 대한 이러한 예방과 정책은 홍콩기독교위원회로만 국한될 것이 아니라 다른 교단과 교회에도 널리 퍼져야 한다. 앞으로 우리는 피해자를 비난하지 않고 지지하는 세상을 만들기 위해 기독교인들을 대상으로 한 교육을 더 많이 할 것이다.

7

인도네시아 대학 내 성폭력 문제 해결을 위한 연대*

이카 아유 크리스티아닌그룸

인도네시아에서 여성 인권은 다른 인권 문제들과 비교해 중요하게 다루어지지 않는다. 특히 여성 인권 관련 사건에 대한 법의 집행은 제대로 이루어지고 있지 않다. 경찰에 신고된 성폭력 사건은 외부 압력으로 처리가 지연되거나 취하되기도 한다. 법을 위반해도 고위층의 압력이나 정치적 압력이 있으면 쉽게 풀려난다. 최근 신고가 증가하는 성폭력 사건들도 예외는 아니다.

문제는 외부 압력뿐만이 아니다. 가해자들은 사건이 신고되어도 경찰이 피해자에게 주는 모욕감 때문에 피해자가 소송을 계속 진행할 수 없다는 것을 너무 잘 알고 있다. 경찰은 흔히 신고한 여성들이 폭력을 당한

---

* 이 글은 13기 EGEP(2018)에서 발표되었던 논문 "Building Solidarity and Collaboration to Stop Sexual Violence in Universities"를 수정·보완해 우리말로 옮긴 것이다.

피해 경험을 과장한다고 의심하거나 피해 여성에게 성차별적이고 여성 혐오적인 비난을 하기도 한다. 이러한 상황 때문에 많은 성폭력 사건이 법정으로까지 가지 못하고 소송이 취하되거나 심지어 피해자와 합의를 시도하면서 끝난다.[1]

성폭력을 불명예나 터부로 여기는 문화도 정당한 법 집행을 가로막는다. 성폭력은 생존자 가족에게 수치로 여겨지며 폭력이 일어났던 곳에 사는 사람들은 명예가 실추되었다고 인식한다. 성폭력이 생존자 가족에게 부정적인 영향을 준 대표적 사례로 벵쿨루 지방에서 16세 소녀가 강간당하고 자살한 사건을 들 수 있다. 이후 피해자 가족은 더 이상 안전하지도 않은 데다가 가해자 가족에게 받는 압력 때문에 불편해서 마을을 떠날 수밖에 없었다. 이러한 테러는 가해자 가족이 아니라 피해자 가족에게 더 많이 발생한다.

성폭력 사건 발생 시 사회적 압력이 개입되면서 경찰 조사나 재판에 영향을 미치기도 한다. 사회적 압력은 많은 경우 경찰이 조사를 중단하는 핑곗거리가 된다. 반대로 재판 때마다 수백 명의 사람들이 생존자를 지지하면 사회적 압력을 받은 경찰은 가해자를 즉각 처벌하기도 한다. 이런 상황은 인도네시아에서 성폭력 문제를 해결하는 것이 얼마나 복잡한지를 잘 보여준다. 최근 정부는 성폭력을 위기 상황으로 받아들이기 시작했지만 시대에 역행하는 대응책을 내놓았다. 그 가운데 하나가 2016년에 시행된 거세에 관한 「페르푸 제1호Perpu No.1」(대통령이 공포한 법적 조치)이다.[2] 또한 정부는 성폭력 문제의 해결 방안으로 「아동보호법」

---

1 http://www.viva.co.id/berita/metro/641239-mayoritas-kasus-kekerasan-seksual-atas-anak-berakhir-damai, accessed on October 1, 2017.

2 http://nasional.kompas.com/read/2016/05/25/20464201/ini.isi.lengkap.perppu.kebiri, accessed on October 1, 2017.

의 개정을 고려했다. 그러나 이 역시 정부가 성폭력 문제를 제대로 파악하지 못하고 있음을 확인시켜줄 뿐이다. 4년 동안 성폭력 법안을 놓고 논의 중이지만 아직도 법안이 통과되지 못했다.

인도네시아의 여성 폭력 발생 추이

인도네시아 전국여성위원회KOMNAS Perempuan는 매년 인도네시아에서 발생한 폭력 사건의 종류와 발생 건수를 지역별로 정리해 보고서로 발표한다. 전국여성위원회에 따르면, 2016년에 인도네시아에서는 3,495건의 성폭력이 사적인 공간에서 일어났으며, 이 중 강간이 1,389건으로 가장 많았다. 한편 아동 강간을 포함한 학대는 총 1,266건이었다. 이 자료에 의하면, 대부분의 가해자는 남자친구 또는 배우자였다. 공동체 영역에서 발생한 성폭력 수는 2,290건에 달하며 역시 강간이 제일 많았다. 공동체 영역이란 가해자와 피해자가 친족이나 혈연, 혼인 관계가 아니라는 뜻이다. 가해자는 고용주, 이웃, 교사, 동료, 유명 인사 또는 잘 모르는 사람인 경우이다.[3]

성폭력 발생과 관련해 우리는 사적인 영역과 공동체 영역 모두에 주목해야 한다. 연차 보고서에 수집된 사건의 발생 건수는 빙산의 일각일 뿐이다. 두 영역에서 일어난 사건들을 보면 처음에는 성폭력으로 신고되지 않은 경우도 많다. 가정 폭력이 강간으로 이어지기도 한다. 즉, 사적인 공간에서의 성폭력은 가정 폭력 사건을 조사하면서 밝혀지기도 한다. 또

---

3 https://www.komnasperempuan.go.id/lembar-fakta-catatan-tahunan-catahu-komnas-perempuan-tahun-2017-labirin-kekerasan-terhadap-perempuan-dari-gang-rape-hingga-femicide-alarm-bagi-negara-untuk-bertindak-tepat-jakarta-7-maret-2017/

아내가 제기한 이혼 소송을 자세히 조사해보면 남편이 딸을 성적으로 학대했기 때문에 이혼을 요구하는 경우가 있다. 공동체 영역에서 성폭력이 늘어나면서 성폭력 신고도 증가하고 있다.

인도네시아 전국여성위원회는 자료를 매년 지역별로 분류한다. 여성 문제에서 선도적 역할을 하는 지역 기관인 '족자카르타 여성과 사회역량 강화기관BPPM D.I.Yogyakarta'은 2016년 『여성 폭력의 지역별 현황 *Mapping the Territory of Violence against Women*』이라는 제목의 책을 발간했다. 이 책에 따르면 성폭력 신고가 높은 지역은 교육 기관이 집결된 곳이다. 이러한 지역의 경우 여성들의 의식이 높아 상대적으로 성폭력 신고율도 높다는 것을 감안하더라도 이는 분명 성폭력 발생 상황이 심각하다는 것을 반영한다.

또한 이 자료는 2014년에서 2015년 사이에 성폭력 신고 수가 증가했음을 보여준다. 2015년 족자카르타에서 가장 인구가 많은 슬레만 지역에서는 학대가 90건, 강간이 21건, 성희롱이 30건 발생했다. 여성 피해자들은 대부분 19-25세였고, 가해자는 주로 커플 관계에 있던 사람이었다. 성폭력 생존자들이 참여한 표적 집단 토론을 토대로 쓴 이 책에서 밝혀진 문제점 중의 하나는 슬레만 지역에 고등 교육 기관이 36개가 있는데 이는 족자카르타에서 가장 많은 수이다.

대학 내 성폭력에 대한 대학 측의 대응

나는 공동체, 특히 대학에서 많이 발생하는 성폭력에 관심을 가지고 이 글을 쓰게 되었다. 이 글에서는 내가 반反성폭력 옹호와 연대 활동을 했던 캠퍼스에서 일어난 사건들을 토대로 대학 내 성폭력 상황을 살펴보려고 한다. 앞에서 언급한 분석 내용을 참조해 결론부터 내리자면 족자카르타에서 발생한 성폭력에서 가장 큰 비중을 차지하는 것은 대학에서 일어나는 성폭력이다. 우리는 이 상황을 심각하게 받아들이고 막아야 한다. 제프 헌Jeff Hearn과 웬디 파킨Wendy Parkin에 따르면, "성희롱, 집단 괴롭힘, 신체적 폭력은 그냥 일어나지 않는다. 이것은 인식과 대응의 복잡한 유기적 과정 안에서 형성된다. 그렇게 더 큰 정치의 일부가 되고, 현대 정치 운동의 핵심이라고 할 수 있는 인정을 위한 투쟁이 된다" (Hearn & Perkin, 2001).

사례 1

2016년 인도네시아 대중 신문인 『자카르타 포스트*Jakarta Post*』는 족자카르타에 위치한 가자마다대학교Gadjah Mada University의 한 학생이 겪은 성희롱에 관한 기사를 실었다. 가해자인 EH는 학교 강사였다. 성희롱 사건은 2015년 4월에 일어났는데 피해자인 여학생은 여러 가지 이유로 신고하지 않았다. 2016년 1월에 이 사건은 미디어에 보도가 되었고, EH는 학교에서 가르치거나 다른 학문적 활동을 할 수 없게 되었다. 이것은 대학에서 발생한 첫 번째 성희롱 사건도 아니고 이제껏 밝혀지지 않은 많은 사건들 가운데 하나일 뿐이다. 학생들 사이에 떠도는 이야기에 따르면, 이 밖에도 교수들이 저지른 성희롱은 무수히 많다.[4]

이 사건이 터지자 대학 내 성폭력 피해자를 지원하는 시스템이 중요하다는 담론이 커져갔다. 특히 EH가 가르쳤던 단대에서는 대학과 관련된 불만 사항을 말할 수 있는 공식 홈페이지를 만들어 모든 학생들이 볼 수 있도록 문서를 공개했다. 대학 측은 처음에는 성폭력을 방지하고 성폭력

---

4 https://medium.com/@evimariani/bukan-soal-korban-yang-sial-dan-pelaku-yang-khilaf-70341f16095a

사건을 해결하기 위해 노력하겠다고 약속을 하며 긍정적으로 반응했다. 그러나 현재까지 이 약속을 지키기 위한 어떤 후속 조치도 없었으며 앞으로의 활동 계획도 전혀 없다.

사례 2

2013년 SS가 자카르타에 소재한 주립대학교의 학생을 성폭행한 사실이 경찰에 신고되었지만 아직까지 재판에 회부되지 않고 있다. 학생 단체와 여성 활동가들은 지금도 이 사건이 재판에 회부될 수 있게 연합 투쟁을 벌이고 있다. 용의자로 지목된 SS는 여전히 예술 담론에 지배적인 영향을 주고 예술 작품으로 자신을 표현하고 있으며, 수많은 예술 단체의 지지를 받고 있다.

이 성폭행 사건은 SS가 대학 강사는 아니지만 학계에서의 권력 남용을 보여주는 사례이다. 왜냐하면 SS가 멘토로서 캠퍼스 이벤트에 참여하고 있었으며 작가로서 대학에 초빙되었을 때 사건이 일어났기 때문이다. 이 사건은 SS가 저지른 첫 번째 성폭력은 아니지만 최초로 공개된 것이다. 이 사건이 터지자 많은 피해 여성들이 과거에 자신들이 당한 폭력에 대해 증언했으나 경찰이 보다 많은 증거를 요구하자 더 이상 진척되지 않았다.

처음에 대학은 이 사건을 해결하려는 의지가 불분명했으나 대중의 압력을 받게 되자 필요한 지원을 하는 등 전폭적으로 지지했다. 그 예로 교수들은 지지 입장을 표명하며 경찰에게 이 사건을 즉각 해결하고 SS를 재판에 회부할 것을 요구했다. 그 밖에도 대학은 이 사건에서 SS의 유죄를 밝혀낼 전문가들을 초청했다. LGBT 문제에 대해 매우 비생산적인 성명서를 발표한 전적이 있던 이 대학이 취한 이러한 조치는 사건 해결을 위한 노력에 큰 도움이 되었다.

사례 3

종교에 기반한 교육 기관이라고 해서 여성에 대한 성폭력이 일어나지 않는 것은 아니다. 최근 성폭력 관련 토론과 인터뷰에서 족자카르타의 종교에 기반한 대학에서 학생과 강사가 성폭행을 했다는 사실이 드러났다. 이 대학에서 성폭력을 당한 학생들은 사건을 토로할 곳이 없어 더 힘들어했다. 특히 학생회에서 성폭력이 일어나면 생존자의 부담은 두 배가 된다. 피해 학생은 학생회 회원이었는데, 자신이 당한 성폭력을 공개하면 학교 정책을 어긴 반항적인 여성으로 낙인이 찍히기 때문에 상황이 더욱 힘들어질 뿐이다. 결국 피해 학생은 대학에 사건을 알리기를 꺼리다가 결국 스스로 자구책을 모색하게 된다. 생존자가 폭력 사건을 해결할 수 있는 여지가 조금도 없는 남성적인 조직 문화를 겪게 되면 더 비참해진다.

이 세 사례는 피해자와 가해자 간의 권력관계가 유형별로 차이가 존재함을 보여준다. 빌리 드자이쉬Billie Dziech와 린다 와이너Linda Weiner는 폭력 사건에서 나타나는 권력관계를 13가지 유형으로 나누었다(Dziech & Weiner, 1990). 앞서 소개한 사례들은 두 가지 유형의 권력관계에 해당한다. 먼저 하나는 '대가성quid pro quo 권력관계'로 가해자는 학계 내 자신의 지위를 이용해 좋은 학점과 진급, 그 밖의 다른 기회를 제공하는 등의 혜택을 대가로 성희롱을 한다. 다른 하나는 '그룹 멤버group-members 권력관계'로 입회 절차처럼 작동한다. 즉, 후배는 선배의 성희롱을 받아들여야 특정 그룹의 멤버가 되는 것이다.

나는 이 사례들을 통해 대학이 각 사건에 어떻게 대응했는지 살펴보았다. 대학은 각 사건을 무시하려고 했는데, 이는 폭력과 억압을 만들어내는 구조의 문제를 사람과 사람 사이에 빚어지는 일로 떠넘기는 데서 비못된 것이다. 그리고 이는 대학이 '폭력은 권력 구조의 차이와 밀접하게 연관되어 있다'는 사실을 간과하는 것이다. 특히 젠더와 섹슈얼리티 문제에서는 더욱 그러하다. 헌과 파킨에 따르면, 폭력적인 상황들은 거시적, 중간적, 미시적 수준 모두에서 연결 지어서 보아야 한다(Hearn & Parkin, 2001). 여기서 가부장제적 관계, 자본주의 시스템은 착취를 허용하는 거시 권력 구조와 연결되어 있다.

앞에서 언급한 세 가지 사례에서 대학이 보여준 다양한 대응은 서로 다른 특성을 지녔다. 이 특성은 사건을 이끌어가는 주체와 대응이 일어나는 공간과 밀접한 연관성이 있다. 첫 번째 사례에서 대학은 조직화된 대응을 보여주었고 학문적으로 접근하려 했다. 이것은 단대에서 학장과 총장에게 사건에 대응하도록 압력을 넣은 결과이다. 그 결과 학장은 성희롱 사건에 대한 언급뿐만 아니라 가해자를 처벌하고 여성위기센터에서 치료받을 것을 명시하는 성명서를 발표했다.[5]

이때 총장도 성폭력 사건을 해결하는 데 최선을 다하겠다는 다짐을 했다. 그러나 이 입장 표명 후 총장은 아직까지 아무런 후속 조치도 취하고 있지 않다.[6] 학장의 성명이 발표된 후에 단대는 일련의 성폭력 반대 운동을 주관함으로써 성폭력 반대 캠페인을 지지했다. 그 가운데 하나로 성폭력 예방과 처벌의 중요성을 주제로 한 티셔츠 디자인 공모전을 개최하고 공모전 당선작을 단대 캠페인의 슬로건으로 썼다. "싫다고 하면 싫은 거다, 존중하라, 소리쳐라, 용감해져라No Means No, Respect, Speak Up, and

---

5 http://regional.kompas.com/read/2016/06/03/22364621/dosen.fisipol.ugm.dinonaktifkan.atas.dugaan.pelecehan.seksual.kepada.mahasiswi, accessed on November 10, 2017.

6 http://jurnaljogja.com/ugm-susun-aturan-pencegahan-pelecehan-dan-kekerasan-seksual/, accessed on November 10, 2017.

Be Brave!" 이 캠페인의 일환으로 성폭력에 대한 영화 상영회와 토론회도 마련되었다. 또한 단대는 소속 학과 학생들이 접근할 수 있도록 온라인에 '불만 사항 처리 포털 사이트'(bit.ly/mpkdihi)를 열었다.[7]

두 번째 사례에서 강사, 졸업생, 학생 운동가들이 보여준 대응은 다양하다. 인도네시아 대학의 학생들이 겪은 사건들을 분석하기 위해 학계는 토론회와 세미나를 정기적으로 가졌다. 이 사건의 대응을 통해 얻은 성과는 피해자의 심리적 상황을 고려해 경찰서가 아닌 다른 곳에서 증언하게 해달라는 제안이 수락된 것이다. 학생 조직은 캠페인 비용을 모금하기 위해 계좌를 만들었고, 트위터에 계정을 만들어 소셜 미디어를 통한 지지를 이끌어냈다. 이 밖에도 학생 연합은 가해자가 경찰서에 출두했을 때 항의 시위를 주도한 것을 비롯해 다양한 시위를 조직했다.[8]

대학 내 성폭력에 대한 여성 운동의 대응

성폭력 사건을 다루는 데 있어 다양한 경험을 쌓아온 NGO 및 활동가들은 여성 운동을 통해 외부에서 지원을 하면서 대학 내 성폭력 사건들에 대응하기 위한 홍보 운동에 참여했다. 즉 토론회를 개최하고, 여전히 대중적인 영향력을 지닌 가해자에 대한 항의 시위를 조직하고, 청원을 하거나 항의서를 써서 성폭력 사건 해결의 중요성을 알리는 캠페인을 벌였다. 또한 성폭력에 대한 올바른 지식을 전파하기 위해 워크숍을 여는 등 전폭적인 지지 활동을 전개했다.

---

7 http://hi.fisipol.ugm.ac.id/berita/the-hunting-ground-penanganan-kekerasan-seksual-tanggung-jawab-bersama/, accessed on November 10, 2017.

8 http://www.viva.co.id/berita/metro/486442-video-mahasiswa-ui-ricuh-usai-polisi-periksa-penyair-sitok-srengenge, accessed on November 10, 2017.

이 가운데 직접적인 토론을 통해 사람들의 인식을 바꾸는 워크숍을 연속적으로 연 것이 큰 영향을 주었다. 학생들은 워크숍에서 지식을 얻고 대학에서 일어난 문제를 분석할 능력을 키웠다. 워크숍을 통해 대학이 성폭력을 포함한 섹슈얼리티에 대한 통합적 지식을 제공하지 않는다면 여성에 대한 폭력은 지속될 것이라는 분석을 제기하기도 했다. 왜냐하면 학생들은 고등학교에서 섹슈얼리티와 재생산 건강에 대한 통합적인 교육을 받지 못하기 때문이다. 이런 노력은 국가와 다른 지배 조직에 대한 도전으로 이어졌다. 일례로 올바른 지식을 확산시키지 않는 대학에 그 책임을 물었다.

족자카르타의 대학들과 학생들, 청소년 공동체를 대상으로 '10억 여성의 봉기One Billion Rising'(2012년 시작된 반여성폭력 운동으로 10억은 전 세계 인구 중 폭력을 경험한 여성의 수를 의미함—역주) 워크숍을 비롯해 다양한 워크숍을 진행한 결과, 나는 운동 단체는 더 큰 목표를 가지고 활동할 필요가 있다는 것을 깨닫게 되었다. 돌이켜보면 나는 워크숍을 그저 겉불만 끄거나 일시적인 대응으로만 여겼다. 그러나 더 많은 성폭력을 방지하려면 워크숍을 계속 진행해야 한다. 이와 같은 워크숍을 자기 대학에도 열고 싶어 하는 학생들을 보면 워크숍은 전염성이 있는 듯하다. 워크숍에서 학생들은 성폭력에 대한 부족한 지식을 채울 수 있다.

대학 내 성폭력 사건에 대응하는 여성 운동의 전술 전략은 크게 네 가지로 정리할 수 있다. 첫째, 지식의 전파이다. 성폭력에 대한 올바른 지식과 대학 내 성폭력과 맞서는 방법을 퍼뜨리는 것이다. 둘째, 공공장소에서 대중 시위를 해서 저항을 강화하는 것이다. 시위는 다수의 침묵을 깨고 사회의 고정 관념을 흔드는 긍정적인 영향을 미치므로 지속해야 한다. 앞서 언급했던 족자카르타에서 강간 사건의 용의자로 지목된 가해자가 전시회를 열자 그 앞에서 시위가 벌어졌다. 그 가해자는 여전히 세간의 뜨거운 관심을 받고 있었으며, 예술 공동체는 그가 저지른 강간 사건에 대해 신경도 쓰지 않았다. 그래서 가해자를 지지하는 예술 공동체에 항의하기 위해 시위를 한 것이다.[9] 셋째, 항의를 표출하는 것이다. 다방면에서 관계 당국에 공개 서한을 보내 가해자를 처벌하라고 요구하고 압력을 가하는 방법은 효과가 있다. 항의를 할 때는 서한을 전달할 가장 중요한 기관을 파악하고 집중적으로 압력을 가하는 고도의 인내심이 요구된다. 넷째, 소셜 미디어를 활용하는 것이다. 소셜 미디어는 옹호와 연대에 활용할 수 있는 강력한 도구이다.

공동 대응을 위한 제언

피해자를 위한 재판이 열리도록 법 개정을 하려면 보다 강력한 전략이 필요하다. 대학의 어느 부서가 성폭력 문제에 대한 책임을 담당하며, 외부의 어느 여성 단체들이 지지를 해주는지 알아내 새로운 접근 방식을 차곡차곡 쌓아가는 것도 필요하다.

여성 운동 단체 및 대학들의 대응과 노력을 분석해보면, 영역 분담이 대학 내 성폭력 문제를 해결하기 위한 공동 대응의 시작점이 될 수 있다. 이를 위해서 세 가지 어려움을 극복해야만 한다. 먼저 대학이 개별 사례이자 고립된 경험인 성폭력 사건에 어떤 대응을 했는지 잘 살펴보아야 한다(Osborne, 1992). 또 다른 어려움은 피해자 편에 서기보다는 도덕적 판단부터 하는 것이다. 마지막으로 '성폭력으로부터 자유로운 대학'에 서로 다른 의미를 부여하는 것도 난관이 될 수 있다. 나는 대학이 마땅히

9 https://medium.com/merah-muda-memudar/press-release-aliansi-tolak-pelaku-kekerasan-seksual-sitok-srengenge-83a9133a8c73-2017

취해야 할 조치를 꺼리는 것을 보면 '성폭력으로부터 자유롭다'는 의미가 다르게 해석될 수 있으리라 생각한다. 즉, 학계와 여성 운동이 성폭력에서 자유로운 대학에 대한 해석을 어떻게 일치시키냐가 관건이다. 대학 측이 학교 밖에서 많은 서비스가 제공되니 굳이 교내에 학생위기센터를 만들 필요는 없다고 생각할까 봐 몹시 우려된다.

학내 성폭력 대응 시 첫걸음은 대학과 운동 단체가 함께 논의하고 의견을 교환하는 것이다. 최근 대학은 사건이 발생하면 운동 단체에 특정 활동만 요청했다. 이때 교육 기관들은 제한된 노력밖에 하지 않았다. 마찬가지로 여성 운동 단체들도 옹호 활동은 하지만 실제로 대학이 할 수 있는 일까지 다 하지는 않았다. 그다음 중요한 단계는 각 기관의 특성에 관한 정보를 교환하는 것이다. 그럼으로써 대학과 여성 운동 단체는 전략을 세우는 데 역할을 분담할 수 있다. 즉, 기관의 특성에 따라 각 기관이 각자 할 수 있는 영역을 결정할 수 있다. 대학이 성폭력에 대한 지식을 확산시키기 위해 학계의 담론을 맡는다면, 여성 운동 단체는 멘토링이나 방법론적인 돌파구를 개발하는 등 보다 실용적인 면에서 일할 수 있다. 또한, 반성폭력법 초안을 지지하는 데에도 공동 대응을 할 수 있다. 정책을 통해 대학에서 일어나는 성폭력을 방지하고 해결하기 위한 노력을 제도화하는 것은 여성 운동 단체와 대학이 함께 성취해야 할 가장 중요한 일이다. 성적 권리의 실현을 위한 대학 내 학생위기센터의 건립도 함께해야 할 중요한 사업이다. 학계는 이러한 지식을 제도화시켜야 한다. 이미 다른 나라 대학들에서는 교내에서 관련 서비스를 제공하고 있다는 사실을 비추어볼 때 인도네시아 대학들도 하루빨리 공식적인 학생위기센터를 만들어야 한다.

8

세상을 향해 목소리를 내다
뉴페미 활동기*

미현

지난 몇 년간의 '페미니즘 리부트'[1] 흐름은 나의 삶을 뒤흔들었다. 나는 대학 신입생이던 시절 사회과학학회에서 페미니즘 관련 도서들을 읽기 시작했고, 시민 단체와 노동조합에서 사회 운동을 했다. 그러나 2015년부터 시작된 '페미니즘 리부트'의 흐름 속에서 페미니스트 친구와 언니들을 만나 '설쳐대면서' 비로소 지난 경험과 주변의 관계가 재구성되기 시작했다. 그러던 중에 2016년 강남역 인근에서 일어난 비극적인 여성혐오 살인 사건(이하 강남역 사건)을 접하게 되었고, 변화의 흐름은 급물살을 타게 되었다. 당시 새롭게 페미니스트로 각성하고 활동한 사람들은

---

* 이 글은 13기 EGEP(2018)에서 발표되었던 논문 "New-feminism Flow in South Korea from 2015 to 2017"을 수정·보완해 우리말로 옮긴 것이다.

1 '페미니즘 리부트Feminism Reboot'는 2015년을 전후로 한 페미니즘 붐을 설명하기 위해 손희정(평론가)이 고안해낸 개념이다.

뉴페미, 메갈리아페미, 영영페미 등으로 불리기도 했다.

이 글은 바로 '뉴페미'로서 강남역 추모 현장에서 친구들과 시작한 활동이 불꽃페미액션의 결성으로까지 이어지게 된 과정과 이후 '낙태죄 폐지 집회—나의 자궁, 나의 것', '페미존—우리는 여기서 세상을 바꾼다', '2017 페미니스트 캠프', '보라X뮤직페스티벌'에 참여한 경험을 바탕으로 쓰였다. 그렇지만 이 글은 이러한 활동에 참여했던 한 사람의 기록일 뿐 이러한 활동을 대표하지는 않는다는 점을 미리 밝혀둔다.

강남역, 그리고 메갈리아: 무엇이든 해야 한다

2016년 5월 17일 새벽, 한 여성이 강남역 인근의 화장실에서 이른바 '묻지마 살인'을 당했다. 이틀에 한 번 꼴로 친밀한 사람에게 살인을 당하는 현실에서 무수히 많은 여성 살인 사건들이 발생하지만, 이 사건은 화장실에서 피해자를 물색하는 동안 몇 명의 남성들을 그냥 지나치고 일면식도 없는 피해자를 단지 '여성'이라는 이유로 죽였다는 점에서 사회적인 파장이 매우 컸다. 그리고 그 장면이 고스란히 CCTV에 찍혀 살인 현장을 직접 확인할 수 있어서 더욱 큰 충격을 주었다.

사건의 잔혹함과 단순히 여성이기 때문에 살해당했다는 사건의 동기에 분노한 사람들이 강남역에 포스트잇을 붙이기 시작한 것이 도화선이 되어 추모 집회가 매일 열렸다. 어느 누군가가 붙여놓은 "나는 우연히 살아남았다"라는 문구가 크게 공감을 얻었다. 강남역 사건은 다른 사람의 비참한 죽음을 애도하는 선을 넘어서 그 시간, 그 장소에 있었던 누구라도 '여성'이라는 이유만으로 당했을지 모른다는 공감과 동일시를 불러일으켰다.

사람들이 하나 둘 "무엇이든 해야 한다"라고 목소리를 내면서 사건이 일어났던 주 토요일 강남역에서는 큰 규모의 추모 집회가 열렸다. 집회에 참석한 페미니스트 친구들과 카페에서 만나 가만히 있어서는 안 된다고 입을 모아 이야기했다. 모두가 무엇이든 해야 한다는 강한 의지를 내비쳤다. 급하게 지인들과 만나서 무엇을 할지 구상하기 시작했다. 다음 날 십여 명의 사람들이 모여서 머리를 맞대고 무엇을 할지 이야기했다.

마침 이 사건이 '여성 혐오 살인 사건'인지 '묻지마 살인 사건'인지에 대한 공방이 한창이었다. 우리는 이 사건이 '묻지마 범죄'로 묻히게 하지 않으려고 퍼포먼스를 하기로 결정했다. 지난 '묻지마 범죄'들을 찾아보니 역시나 대다수의 피해자가 여성이었던 것을 확인했다. 사건을 담당하는 서초경찰서 앞에서 지금까지 있었던 여성들을 대상으로 한 '묻지마 범죄' 사건들을 재연하는 '다이인Die-in' 퍼포먼스를 하고 "여성 혐오가 죽였다"라고 적힌 플래카드를 들었다.

'왜 그렇게 밤늦게까지 돌아다녀서……'라는 피해자 유발론에 맞서기 위해 '밤길 걷기' 집회도 열었다. 예전에 한국성폭력상담소에서 진행했던 '달빛 시위'를 본떠 밤늦게 강남역 일대를 걸으면서 구호를 외치는 방식이었다. 제대로 된 네트워크도 없이 SNS로만 집회를 알렸는데도 200여 명이 훌쩍 넘는 사람들이 모였다. 행진을 진행하면서 참가자들의 발언이 이어졌다. 몇 번의 퍼포먼스와 집회를 하고 나서 "이런 일들을 하는 당신들은 누구냐?"는 질문에 대답하기 위해, 그리고 우리 자신을 알리기 위해 불꽃페미액션이라고 이름을 정하고 활동을 이어나갔다.

사실 강남역 사건 이전에 이미 새로운 세계가 열리고 있었다. 추모 집회 당일 카페에서 만났던, 무엇이든 해야 한다며 입을 모았던 불꽃페미액션의 주요 구성원들은 2016년 초부터 페미·여성 농구 모임인 '불꽃여자농구단'에서 일요일마다 농구를 하던 사이였다. 농구를 좋아하는 한 친구가 SNS에 모임을 제안했는데 일주일 만에 20여 명이 넘는 사람들이 모였다. 매주 일요일 한 대학 농구장에 모여서 농구를 했고, 농구를 마친 뒤에는 자장면을 먹으며 대화를 나누었다. 어설픈 운동 신경이었지만 일요일 오전 농구장에서 마음껏 뛰어논다는 것만으로도 신이 났다.

우리는 농구를 하는 것도 좋았지만 그곳에서 사람들을 만난다는 것 자체가 더 즐거웠다. 20-30대 여성들이 처한 현실은 어디나 비슷했다. 우리는 학교에서, 아르바이트를 하는 곳에서, 애인에게서, 가족에게서 듣거나 겪은 성차별 발언, 성희롱 경험, 데이트 폭력 등을 이야기하면서 쉽게 친해졌다. 이미 메갈리아의 영향을 듬뿍 받았던지라 다들 '메갈'의 언어들을 사용했던 것이 하나의 공통점이 되었다. '나는 우연히 살아남았다'라는 말이 그토록 큰 파장을 일으켰던 것은 그것이 우리가 매일 경험하고 나누는 현실이었기 때문이다. 불꽃페미액션에 모인 사람들은 그저 2015년 '#나는_페미니스트입니다' 해시태그 운동에서부터 시작된 이러한 흐름 속에서 새로운 세계에 눈뜬 한 명, 한 명이었을 뿐이었다.

당시 만들어진 불꽃페미액션을 비롯한 다양한 페미니즘 그룹[2]들은 강남역 사건을 넘어서 여성 혐오와 성차별에 맞서 더 다양한 활동들을 전개해나갔다. 불꽃페미액션은 여성의 겨드랑이 털에 대한 금기를 깨자는 취지로 퀴어 퍼레이드에서 각자의 겨드랑이 털을 뽐내는 '천하제일 겨털대회'를 열기도 했다. 겨드랑이 털을 자랑스럽게 내보이는 참가자들의 사진을 찍어 보드판에 붙이고 돌아다니면서 누구의 겨드랑이 털이 멋있는지 스티커를 받거나 겨드랑이 털이 없는 사람들을 위해 제기로 만든 '인조 겨털'을 빌려주었다. 제모의 계절인 한여름에 겨드랑이 털을 밀지 않은 참가자들이 "안녕, 반가워. 내 겨털하고 인사해", "내 안의 열대 우

2 당시 결성된 페미니즘 그룹은 강남역10번출구(현 페미몬스터즈), 페미당당, 나쁜페미니스트 feat.대구(현 나쁜페미니스트) 등이 있다.

림"과 같은 피켓들을 들고 함박웃음을 지었다. '메갈리아'가 페미니즘인지 아닌지 논쟁이 되면서 온라인에서 '진짜 페미'와 '가짜 페미'를 구분하는 논쟁이 일자 '가짜 페미니스트 파티'를 열기도 했다(마침 같은 날 '페미당당'에서 정말로 페미 클럽 파티를 열어서 '가짜 페미니스트 파티'를 마친 후에 우리는 진짜 '페미 클럽'에서 신나게 춤을 췄다).

이 시기에 결성된 페미니즘 그룹들은 점점 함께 모이기 시작했다. 2016년 가을, 가임기 여성 지도가 만들어지고 인공 임신 중절 수술이 '비도덕적인 의료 행위'로 규정되자 여러 페미니즘 그룹들은 여성 단체들과 함께 낙태죄 폐지를 위한 '나의 자궁, 나의 것' 집회를 열었다. 그리고 집회에서 자가 낙태의 상징인 옷걸이를 들고 찬송가의 가사를 개사해서 노래를 불렀다.

박근혜 전 대통령 탄핵 당시에는 '페미존—우리는 여기서 세상을 바꾼다' 집회가 열리기도 했다. 페미존은 집회 현장에서 들려오는 박근혜 전 대통령의 성별에 기반한 성차별 발언, 젊은 여성이라는 이유만으로 품평을 듣는 것을 서로서로 막아보자는 취지로 시작되었다. 집회 현장에서 독자적인 간이 집회를 열고 행진을 진행했다.

매주 탄핵 집회가 계속될수록 페미존에 참여하는 그룹들이 많아졌다. 자체적인 '페미 자경단'을 두었으며 별도의 미니 집회를 진행한 뒤 본 대회에 합류하되, 페미존을 유지했다. 페미존 주최 단위들은 사람들이 무대에서 부당한 발언이나 공연을 하면 그에 대한 문제 제기를 하고 대응책을 함께 논의하면서 용기를 얻었다. 촛불 집회 당시 발언자가 무대에서 혐오 발언을 하면 "혐오 발언하지 마세요"라고 외치거나 주최 측에 단체 메시지를 보냈다.

왜 나는, 그리고 우리는, 지금, 페미니스트가 되었을까?

왜 '메갈리아'와 '강남역'은 많은 사람들에게 파장을 일으키고 우리의 일상을 뒤흔들었을까? 쉽고 정확한 대답은 일상의 성차별이 '도를 넘었기 때문'이라고 말할 수도 있다. 여성은 나이와 사회적 위치를 불문하고 특정한 여성들로 낙인찍혔다. 교복을 입은 청소년들의 단체 사진들이 '여고생'이라는 이유만으로 불법 음란물 사이트에서 '은꼴'(은근 꼴린다는 말의 약자) 사진으로 게시되었다. 여고생들은 '은꼴'에서 '김치녀'로 낙인찍히거나 '김치녀'를 거쳐 아이를 낳지 않으면 이기적인 여성으로, 아이를 낳으면 '맘충'으로 비난을 받는다.

당시 여성들은 둘 이상 모이면 각자의 공간에서 '여성'으로 살아가는 것이 얼마나 힘든지 토로하기 바빴다. '리벤지 포르노'(사이버 성폭력)[3]를 막는 팁(한 친구는 남성과 섹스 중에 파트너의 이름과 출신 학교 등을 크게 외치라고 조언했다)을 공유하기도 했고, 온라인의 '빻은 댓글'[4]들에 어떻게 대응해야 하는지에 대해 이야기하기도 했다.

그렇지만 누군가는 성차별이 어디 있느냐며, 여성이 대통령도 되는 시대이지 않느냐며 반문했다. 사실은 그러한 모순이 우리를 더욱 '페미니스트'로 만들었다. 나를 비롯한 불꽃페미액션의 초기 구성원들은 모두 1990년대 초·중반 사이에 출생한 여성들이었다. 1990년대는 남아 선호

---

3 리벤지 포르노는 연인과 헤어진 후, 혹은 성관계를 가진 후 보복 심리로 온라인에 유포하는 성관계 영상 등을 의미한다. 사이버 성폭력의 일종이기 때문에 '포르노'라고 불리는 것은 옳지 않지만 특별한 성격을 설명하기 위해 병치해 적었다.

4 '빻다'는 신체적 매력이 부족하다고 느껴지는 사람의 외모를 비하하는 데에만 쓰이다가, 인권 감수성이 부족한 사람을 두고 '머리(또는 생각)가 빻았다'라고 표현하면서 인권·젠더 감수성이 부족한 말이나 행동을 '빻은 행동' 등으로 묘사하기 시작했다(출처: 페미위키).

사상이 가장 극심해졌다가 서서히 사라져가는 시기였다. 1980년대를 거쳐 상승하던 출생 성비 격차는 1990년에 116.5(여아 100명당 남아 116.5명)로 최고점에 도달했으며, 이후 서서히 감소했다. 2016년 통계청의 자료에 따르면, 오늘날의 출생 성비 격차는 105.3으로 자연 상태에 거의 근접한다.

출생 성비 격차가 감소했다는 것 자체가 우리 세대가 자라나면서 성차별이 줄어들었다는 것을 의미하지는 않는다. "대학 가면 살 빠지고 예뻐진다"는 말을 믿으면서 좋은 대학에 가서 살도 빼고 예뻐질 것이라고 생각했지만 현실은 학교에서, 취업 현장에서, 아르바이트하는 곳에서 온갖 외모 품평과 차별에 시달렸다. "대학 가면 살 빠지고 예뻐진다"는 말은 그렇게 될 것이라는 미래형 문장이 아니라 대학도 가야 하고 예뻐져야 한다는 (거기에 외모 품평과 성폭력도 감당해야 한다는) 뜻이었던 것이다. 내가 경험한 사회는 '성공'이 기다리고 있다고 말하면서, 여성에게 더 많은 차별을 감당하라고 말하는 곳이었다.

더불어 우리는(혹은 나는) 88만원 세대, N포 세대 등으로 불리던 세대의 불안을 마찬가지로 경험했다. 그렇지만 다른 점은 이런 불안이 성별화된 불안으로 다가왔다는 것이었다. 많은 젊은 여성들이 불안을 경험하는 것이 단순히 '가난'하기 때문에 그렇다는 것으로는 설명되지 않았다. 매일 아침 회사에 갈 때 화장을 하는 것이 의무일 때, 콜센터에서 아르바이트를 하는 도중 고객의 성희롱 전화에 친절하게 응대해야 할 때, 형사 사건으로 처리가 불확실한 성폭력 사건 이후 변호사 선임 비용을 확인하고 소송을 포기할 때, 교환 학생이나 봉사 활동으로 해외에 나갈 때, 높은 토익 점수에도 불구하고 "남자가 최고의 스펙"이라는 유행어를 체감할 때 우리들은 불안했다. 페미니즘은 기존의 세대 담론이 말해주지 않는 이런 성별화된 불안을 이야기해줄 수 있는 언어를 알려주었다.

웰컴 투 페미월드: 2017 페미니스트 캠프 • 보라X뮤직페스티벌

2016년 말, 강남역 사건에서부터 시작된 일련의 액션들을 모두 경험하고 나서 우리는 지쳐 있었다. 그래서 다사다난했던 한 해를 마무리하고 2017년으로 도약할 힘을 기르기 위해, 더 많은 '우리'를 만나기 위해 '2017 페미니스트 캠프'를 기획했다. 1년간의 길고 지난한 페미니즘 활동과 뒤따르는 공격에 맞서왔던 구성원들은 첫 번째 회의에서 "안전하고 편안하게 서로를 만나고 싶다"는 심정을 토로했다.

그래서 '2017 페미니스트 캠프'는 참가 대상자부터 프로그램의 세부 기획과 규칙의 기준이 전부 '안전'과 '편안'에 맞춰졌다. 초기 참가 대상자는 성별을 불문한 페미니스트였으나 나중에는 '2030 여성 페미니스트 캠프'와 남성 페미니스트를 대상으로 한 '케빈 인더 캠프'를 따로 구성했다. 그러면서 '2030 여성 페미니스트 캠프'의 참가 대상자를 여성으로 정체화하는 사람들로 축소했다. 우리는 각 프로그램별로 배제되는 사람이 있는지 세심하게 고려하고, 아웃팅의 위협을 최소화하면서 혼자 오는 사람들이 겉돌지 않게 하기 위해 많은 노력을 기울였다.

캠프를 준비할 무렵 초기 재정은 노동당 여성위원회에서 우선 끌어다 쓴 100만 원이 전부였다. 여기에 모인 단체들이 조금씩 분담금을 내고, 캠프 참가자들에게 참가비를 받기로 했지만 재정은 턱없이 부족했다. 후원을 받기 위해 후드티와 머그컵, 라이터를 제작해 판매했으며 온라인 펀딩 사이트에서 후원을 받았다. 그리고 여성 단체들과 여성학자들을 찾아 후원을 요청하는 메일을 보냈다. 많은 분들이 무례했을지도 모르는 후원 요청에 응원의 메시지와 함께 통장을 차곡차곡 채워주었고, 몇몇 분들은 일면식도 없는 우리에게 전화를 걸어 지지의 말을 전하기도 했다. 온라인 펀딩 사이트의 후원을 통해 목표 금액의 300%를 달성했다.

준비 과정에서 가장 중요하게 다루어진 것은 '접근성'이었다. 캠프의 가장 큰 목표는 안전한 공간에서 즐겁게 노는 것이었지만, '안전'하다는 것은 성폭력이나 성차별로부터의 안전만을 의미하는 것은 아니다. 우리는 캠프에서 배제되거나 소외되지 않도록 배려하는 것이 참가자들에게 안전함과 편안함을 제공하는 것이라고 생각했다. 채식을 하는 참가자, 휠체어를 이용하는 참가자, 자녀를 동반하는 참가자, 큰 소리가 불편한 참가자, 신체 접촉이 불편한 참가자 등 모인 사람들이 페미니스트들이라 할지라도 각자의 조건이나 특성은 다르기 때문에 한 사람 한 사람 배제되거나 소외되지 않도록 신경을 썼다. 비건 참가자들을 고려해서 반찬을 정하기 위해 수련원과 몇 번이나 식단표를 주고받았다. "자녀를 동반해도 되느냐?"는 한 신청자의 질문에 얼떨결에 "네"라고 대답한 후 아이 돌봄을 기획하고, 아이들을 위해 페미니스트 동화책을 준비했다. 여러 사람의 도움과 기획단의 밤낮 없는 노력 끝에 2박 3일간의 캠프는 마치 '페미니스트 월드'의 체험판 같은 추억을 만들어낼 수 있었다.

2017년 가을에는 페미니스트 캠프의 연장선 위에서 '보라X뮤직페스티벌'이 개최되었다. 페미니스트 캠프에서 만났던 참가자들이 기획단이 되어 다시 만났다. 여성이 만들고, 여성 뮤지션이 노래하고, 여성 관객들이 함께하는 음악 축제였다. '보라X뮤직페스티벌'이라는 이름에는 페스티벌 내에서 몰래카메라나 관음증적인 시선을 막는다는 뜻(보라X=보지 마)과, 성평등의 상징색인 보라색과 음악의 콜라보레이션(보라X뮤직)이라는 뜻이 담겨 있다. 이 페스티벌은 '2017 페미니스트 캠프—2030 여성 페미니스트 캠프'의 마지막 밤 프로그램이었던 '지옥에서 온 페미니스트 파티'의 확장이었다. 슬릭, 최삼 등 페미니즘을 이야기하는 여성 래퍼들과 오지은, 시와 같은 싱어송라이터, 페미니즘 풍물패인 페악질, 펑크 씬 내 성차별에 반대하며 결성되었던 여성 펑크 밴드 데드가카스 등이 뮤지션으로 참여했다.

나의 주관적인 의견을 이야기하자면, 불꽃여자농구단에서 출발해 강남역 사건을 거쳐 낙태죄 폐지 집회까지의 활동에서 주안점은 세상을 향해 목소리를 내는 것이었다. 우리는 세상을 향해 마음껏 설쳐댔다. 한편 2017년의 활동들은 이렇게 만난 페미니스트들이 모이고 모여 네트워크를 만드는 과정이었다. 2017년 초반에는 2016년에 새롭게 생겨난 신생 단체들의 페미니즘 네트워크인 '범페미네트워크'가 꾸려졌다. 각 단체들은 서로의 활동을 공유했으며, 공동으로 '3·8 세계 여성의 날' 행사와 강연회를 열기도 했다.

"내 인생을 망치러 온 나의 구원자": 반격과 분열

지금까지 약 2년간에 걸쳐 진행된 '페미니즘 활동기'를 요약했다. 그렇지만 내가 정말로 하고 싶은 이야기는 그 이면에 있는 반격과 분열에 관한 이야기이다. 농구장에서 만난 페미니스트 친구들은 페미니즘 활동가가 되었고, 안전한 공간에서 즐겁게 놀기 위해 캠프와 음악 페스티벌을 열었다. 이러한 시간은 그렇지만 동시에 굉장히 치열하면서 힘들었던 시간이기도 했다. 영화 「아가씨」의 대사 중에 "내 인생을 망치러 온 나의 구원자"처럼 페미니즘과 페미니즘 활동은 우리를 구원하는 동시에 상처 입혔다.

불꽃페미액션이 퍼포먼스를 하고 행진을 하는 사진들이 온라인에 올라갔을 때, 우리의 활동이 실린 온라인 기사만큼 활발하게 공유되던 곳이 이른바 '일간베스트'였다. 우리의 활동 사진들과 함께 '메갈년'과 같은 욕설이 올라왔고, 온갖 음담패설과 외모에 대한 품평이 댓글로 달렸다. 얼굴을 자주 내보이던 친구들은 이른바 신상 털림을 당하거나, SNS 및 카카오톡으로 모르는 사람들에게 욕설이 섞인 메시지를 받기도 했다.

불의 무서움에 대한 감각이 없는 사람들은 건물의 화재경보기가 울리면 오작동이려니 하겠지만 일상적인 성차별과 성폭력의 경험을 지닌 몇몇 지인들에게 온라인의 악성 공격은 실제적인 공포감을 불러일으켰고 과거의 상처를 환기시켰다. 악플을 같이 보면서 "이 정도 신상 털이를 할 정도의 정성이면 애정이 아니냐!"며 낄낄거리기도 했지만 어떤 친구는 집으로 돌아가는 길에 공황을 경험하기도 했고, 몇몇 친구들은 얼굴을 내밀고 활동하는 것을 꺼렸다. 여성 단체들의 법률 지원을 통해 악플러들을 찾아내서 고소했지만 지금까지 한 건도 제대로 된 처벌이 이루어지지 않았다.

나는 '메갈리아'의 탄생 전후로 비슷한 장면들을 여러 번 목격했다. 미러링 사이트인 메갈리아의 콘텐츠들을 퍼다 나르거나 여성 혐오를 지적하는 페이스북 페이지들이 삭제되는 일들이 종종 있었다. 페이스북의 윤리 규정을 어겼다는 이유에서였다. 반면 당시에 여성 혐오적인 콘텐츠를 올리는 '김치녀' 페이지는 여전히 활발하게 운영되고 있었다. 사실 메갈리아라는 페이지가 탄생한 것부터가 '김치녀'라는 말이 활발하게 쓰이던 한 온라인 웹사이트에서 '김치남'의 사용을 금지했기 때문이 아니었던가.

법이나 규제가 성적으로 평등하게 작동하는 공간이 있을까? 세상이 기울어져 있다는 의심은 단순히 법이나 잘 모르는 바깥 세계만을 향해 있지 않았다. 나는 당시 노동조합에서 상근자로 일을 하고 있었고, 대학 졸업 이후 사회 운동을 하면서 만난 네트워크들에 속해 있었다. 내 주변 사람들 중에는 비록 페미니스트가 아니더라도 지지와 응원을 보내주는 이들이 있는가 하면, 페미니스트들을 문제 제기자로 보는 사람들도 있었다. "이런 말 하면 너희(페미니스트)들은 좋아하지 않겠지만……"이라고 하며 내 앞에서 말을 아끼는 사람들도 많았다. 사실 내가 알고 지내던 남성이 성/폭력의 가해자라는 사실을 알게 된 순간도 있었다. 돌이켜보니 내가 예전에 존경하고 친밀하게 느낀 사람들에게 들었던 말들이 사실은 페미니즘을 폄하하는 발언이라는 것을 깨닫기도 했다. 그러다 보니 지난 2년간의 시간은 기존의 관계들과 살아온 경험을 재구성하는 과정이었고, 그것은 과거의 나를 부정하거나 반성하는 과정이기도 했다.

나는 그동안 듣고 겪었던 차별적인 발언들, 주변 친구들과 불편했던 경험, 성/폭력의 경험을 모아서 주변의 남성들에게 문제 제기를 했다. 문제를 제기하고 사과를 듣는 과정은 자존감을 회복하고 인정받는 경험인 동시에 주변 사람들과의 관계가 흐트러지거나 모든 것을 의심하는 과정이기도 했다. 왜 그렇게 민감하냐며 불쾌감을 표하는 시선을 받기도 했으며, 그런 시선을 받지 않더라도 누군가 나를 그렇게 바라보고 있지는 않을까 먼저 의심하고 자기를 검열하는 정신적 스트레스에 시달리기도 했다. 페미니즘을 만난다는 것은 '빨간 약'을 먹는 것에 비유되곤 한다. 영화 「매트릭스」에서 주인공이 자신이 살고 있던 세계가 거짓이라는 것을 깨닫게 되는 계기가 '빨간 약'인 것처럼 나도 페미니즘이라는 '빨간 약'을 먹고 난 뒤에 기존의 세상이 얼마나 불평등한지, 여성주의에 대한 세상의 시각이 얼마나 편향적이고 편견에 가득한지를 알게 되었다.

그렇지만 더욱 힘든 문제는 페미니스트들 사이의 크고 작은 갈등과 분열이었다. 불꽃페미액션이 처음 만들어질 당시부터 지금에 이르기까지 모든 기획과 사업들은 내외부를 막론하고 갈등의 연속이었다. 여러 갈등 중에 가장 큰 줄기는 '운동권'을 둘러싼 대립각과 성/폭력 사건들이었다. '낙태죄 폐지'를 위한 검은 시위를 진행하던 당시, 온라인 커뮤니티를 중심으로 한 다른 '임신 중절 합법화' 시위가 진행되었는데 집회 장소를 둘러싸고 갈등이 발생했다.[5] 그리고 '2017 페미니스트 캠프'를 공동 주최하는 단체들 중에 당시 성폭력 사건으로 공론화된 진보 정당의 여성 모임이 함께 참여하고 있어서 내외부적으로 논란이 되었다.

'2017 페미니스트 캠프' 이후 벌어진 성/폭력 사건과 '보라X뮤직페스티벌'의 참가 자격은 가장 격렬한 논쟁을 일으켰다. 캠프 당시 성/폭력 문제가 벌어졌을 때 신고를 받고 이러한 문제에 대응하고 이를 해결하기 위해 핫라인을 만들었다. 그리고 성폭력 상담원 교육을 받은 (나를 포함한) 몇 명의 기획단원들이 핫라인을 맡았다. 이후 캠프에서 별다른 문제가 접수되지 않아서 안전하게 잘 끝마쳤다고 안심했지만 캠프가 끝난 후 계속 만남을 이어가던 참가자들 사이에서 문제가 제기되어 핫라인이 가동되어야 했다. 안타깝게도 가해자로 지목된 사람이 사건 해결 도중에 그 과정을 거부했고, 사건은 익명으로 온라인에 공개되었다. 본래 핫라인의 목표는 사건의 '해결'이었는데, 의도와는 달리 사건이 공개되자 파장은 일파만파 확대되었다.

이어서 진행된 '보라X뮤직페스티벌'에서 참가자를 자발적/비자발적 여성으로 정하자 앞선 사건과 연관해 많은 항의와 질타를 받았다. '2017 페미니스트 캠프 — 2030 여성 페미니스트 캠프'와 '보라X뮤직페스티벌' 모두 참가자를 자발적/비자발적 여성으로 정했는데, 이는 주어진 성별로 자신을 규정하지 않는 다양한 스펙트럼의 '여성'들과 함께하고자 하는 취지였다. 그렇지만 당시 온라인은 트랜스젠더를 비롯한 젠더 정체성을 둘러싼 논란이 굉장히 첨예했다. 페스티벌의 참가자 범위가 '안전'하지 않을 것이라며 SNS에서 공방과 질타가 이어지고 비판과 비난의 대상이 되

---

5 '낙태죄 폐지 집회 — 나의 자궁, 나의 것'의 1차 집회를 마치고, 사회자가 다음주에도 다른 단체(현재의 비웨이브)에서 주관하는 집회가 열릴 것이라고 안내를 했는데, 이를 들은 집회 관리를 하는 경찰 측에서 본 주최 측이 집회를 다시 여는 것으로 착각해 집회 장소가 선점되어 있다며 비웨이브 측의 집회 신고를 받아주지 않았다. 그로 인해 집회 장소 선점을 둘러싼 오해와 갈등이 벌어졌다.

어야 했다. 그런 와중에 지난 캠프에서의 성/폭력 사건이 '보라X뮤직페스티벌'이 안전하지 않다는 증거라고 말하는 사람들도 있었다.

한 공간이 안전하다는 것은 그 공간이 성/폭력으로부터 무균 상태임을 의미하는 것일까? 무균 상태의 공간이 존재할 수 있을까? 갈등과 폭력은 어느 공간에서나 발생할 수 있다. 중요한 것은 사건이 발생했을 때 그것을 해결할 수 있다는 믿음이고, 피해자가 공간을 떠나지 않아도 된다는 믿음이 아닐까? 아이러니한 사실은 당시 성/폭력 사건을 제보했던 많은 '피해자'들이 '보라X뮤직페스티벌'의 기획단으로 활동했다는 것이다. 피해를 제보했던 사람들이 공간에서 활동을 이어나가고 있었음에도 불구하고 성/폭력 사건은 이전 사업의 실패처럼 온라인에서 회자되었다. '보라X뮤직페스티벌'의 참가 자격을 '시스젠더'[6]로 국한하지 않는다는 것이 알려지자 몇몇 구매자들은 환불을 요구했다. 한편, 기획단에 참가했던 당시 성/폭력 사건의 한 피해 제보자는 자신의 피해가 온라인에서 다른 방식으로 곡해되고 있다고 성토하기도 했다.

물론 갈등과 논란은 피할 수 없고 필요한 것이기도 하다. 낙태죄 폐지를 요구하는 집회의 제목을 '나의 자궁, 나의 것'으로 정했지만 정말 '재생산권'을 지닌 사람들만 이와 같이 말할 수 있는 것인지 계속 의구심이 남았다. 여러 사업들을 준비하고 접근성을 고려하는 과정과 '2017 페미니스트 캠프'의 강연 후 이루어진 성매매에 관련된 토론은 '여성'을 둘러싼 이해관계가 단일하지 않고 단일할 수도 없다는 사실을 확인시켜주었다. '보라X뮤직페스티벌' 당시에 '시스젠더'가 아닌 여성들에게만 별도의 참가 신청서를 받는 것이 문제가 되어 긴급회의를 열고 사과문을 내기도

---

6 시스젠더Cisgender란 자신이 사회에서 지정받은 '신체적 성별sex'과 본인이 정체화하고 있는 성별 정체성gender identity이 '동일하다' 혹은 '일치한다'고 느끼는 사람을 뜻하는 단어이다(출처: 페미위키).

했다. 이런 과정들을 통해 여성주의에 대한 고민을 심화시킬 수 있었고 시행착오를 바로잡을 수 있었다.

지속 가능한 '페미질'을 고민하기

지금까지 설명했던 대다수의 기획과 사업들은 사실 안정적인 기반이나 자원 없이 오롯이 참여했던 사람들의 열정과 후원으로 이루어진 것이었다. 불꽃페미액션은 처음에는 사비를 털어서 활동을 시작했다. 이후 후원을 받으면서 지금까지 활동을 이어나가고 있지만 활동가들은 상근 활동비도 받지 못한 채 콜센터 아르바이트 등으로 생계를 유지한다.

'2017 페미니스트 캠프'와 '보라X뮤직페스티벌' 역시 마찬가지였다. 몇 천만 원에 달하는 예산이 들어가는 사업이었지만 초기 자금도 변변치 않았고, 모든 일이 처음 하는 것이었기 때문에 준비 과정에서 공연장을 바꾸는 등 시행착오를 겪기도 했다. 그 과정에서 많은 사람들이 마음을 다쳤다. 너무나 고맙게도 많은 사람들의 후원으로 적자를 면하고 행사도 성공적으로 잘 마쳤지만 그 과정에서 크고 작은 갈등이 생겨나고 책임을 서로 떠넘기기도 했다. 바쁘게 돌아가는 일들 속에서 앞서 말한 여러 가지 반격과 성/폭력 사건, 그리고 일상에서의 개인적 어려움은 개인의 몫으로 남겨진 채 일이 진행되었다.

위계적이지 않은 의사 결정 구조를 만들기 위해 노력했지만 몇몇 사람이 권한도 없이 책임만 떠맡게 되면서 큰 생채기를 남기기도 했다. 나 역시 일련의 사업들을 진행하고 '빨간 약'의 부작용으로 비틀거리는 와중에 극심한 우울증을 경험했고, 다른 한편으로는 우울증을 핑계 삼아 소중한 사람들에게 책임을 떠넘기고 상처를 주었다.

만나는 사람들을 통해 듣는 이야기들 속에서 이런 경험이 특별한 경험이 아니라는 것을 확인하곤 한다. 2015년부터 2017년 사이 페미니즘의 흐름 속에서 만들어진 많은 단체들이 비슷하게 일을 진행했고, 많은 사업들을 하는 과정에서 비슷한 갈등을 겪었다. 경제적 안정성의 부족, 권위적이지도 않고 누군가를 소진시키지도 않는 의사 결정 구조를 만드는 과정의 실패와 재도전 등 많은 일들을 겪는 가운데 페미니스트들 사이의 갈등과 피해-가해 구도를 자주 목격하거나 관련된 이야기들을 많이 듣곤 한다.

새로운 경험 속에서 페미니스트가 된 이들의 최근 고민은 지속 가능한 '페미질'이다. 어떻게 하면 오랫동안 페미니스트 활동을 멈추지 않으면서, 소진되지 않으면서, 서로 상처를 주거나 받지 않으면서 해나갈 수 있을까? 세상은 빠르게 변하기도 하지만 느리게 변하기도 한다. 가임기 여성 지도는 없어졌지만 인공 임신 중절은 여전히 처벌의 대상이다. 변화를 만들어내기 위해 활동을 계속 이어나가야 하지만 싸움은 길고 지난할 것이기 때문에 소진되지 않는 길을 찾아야 한다. 이런 고민 속에서 불꽃페미액션은 최근 비영리 단체로 등록을 마치고 정기 후원자 모집을 시작했다. 이 흐름을 이어나가기 위해, 지치지 않기 위해, 아직도 액션은 이어지고 있다.

9

인도 부족 연구에 가려진 섹슈얼리티 담론 비판*

차크라보티 스리레카

인도 부족tribe[1]들에 대한 기존의 문학 분석은 대부분 정형화된 양식으로 부족의 역사를 이해했다는 것을 보여준다. 식민지 시대 부족들의 역사는 늘 개발을 향한 투쟁과 저항의 관점에서만 묘사되고 쓰였다. 인도 부족의 역사에 대한 탈식민주의 담론들은 주로 경제적 관점에서 읽혔고, 여타 개발 척도에 따른 부족의 토지권과 교육에 초점이 맞춰져 있었다. 조제프 바라Joseph Bara는 “독립 후에도 땅의 아들이라는 의식이 강한 몇

* 이 글은 13기 EGEP(2018)에서 발표되었던 논문 “The Silence of the Words: Locating the Indian Discourse behind Gender and Sexuality in Tribes”를 수정·보완해 우리말로 옮긴 것이다.

1 ‘부족tribe’은 인도에서 역사적으로 불이익을 당한 집단을 공식적으로 지칭하는 말이다. 인도 헌법 16장 342조가 인정하듯이, 아디바시Adivasi는 대개 지정 부족scheduled tribe(카스트 제도에 편입되지 못함으로써 주류 힌두 사회로부터 격리되어 차별받아온 집단—역주)을 일컬을 때 사용된다.

몇 부족들은 그들의 권리를 계속 주장해왔다. 이 투쟁을 놓고 학자들은 재산권을 위해 싸우는 결연한 하위 계층subaltern(서발턴. 지배 계급의 헤게모니에 종속된 이들—역주)으로만 부족을 보고 싶어 했고, 이들의 문화적 정체성에 대해서는 무관심했다"고 주장한다(Bara, 2010).

인류학과 문학은 문화와 관습을 통해 부족 사회를 연구하고 있다. 2011년에 실시된 인구 조사에 따르면, 인도 총인구 1,210,193,422명의 약 8.6%에 해당하는 104,281,034명이 지정 부족scheduled tribe이다. 인도의 소수의 부족 사회에서 여성은 남편을 고를 자유가 있다. 이러한 부족 공동체는 고틀Gothul[2] 관습처럼 섹슈얼리티에 엄격한 규제가 없으며, 이혼과 재혼을 불명예로 여기지도 않는다. 그러나 부족을 분석할 때 성재생산건강권, 몸의 권리, 젠더, 가부장제는 늘 무시되고 자유와 해방의 관점으로만 보아왔다는 것은 분명 문제가 있다.

이 글은 인도 부족을 이야기할 때 젠더와 섹슈얼리티 문제를 등한시한 점에 대해 논하고자 한다. 기존의 학계와 문학계는 부족의 젠더와 섹슈얼리티를 묘사할 때 부족 사회가 침묵시키고자 했던 것을 그대로 받아들였다. 이 글에서 나는 인도 부족의 젠더와 섹슈얼리티 묘사 뒤에 숨은 담론을 보여주기 위해 사회학적 접근법과 문학적 접근법을 모두 사용할 것이다. 또한 최근 자르칸드Jharkhand의 산탈리Santali 부족 청소년들과 함께 연구를 진행하며 얻은 결과물을 함께 나누고자 한다. 더불어 전체론적인 관점에서 부족을 기록할 때 여성의 일상에 관한 구술을 왜 포함시켜야 하는지도 설명할 것이다.

---

2 고틀은 부족 마을에서 사춘기가 지난 소년과 소녀들의 만남의 장소이다. 이들은 함께 노래하고 춤추면서 자신의 파트너를 고른다. 연장자인 젊은이의 엄격한 감독하에 여기서 부족 젊은이들이 섹슈얼리티를 탐험한다. 파트너가 정해지면 자동적으로 고틀 출입은 취소된다.

부족의 젠더와 섹슈얼리티 담론 찾기

방야 부키아Bhangya Bhukya는 인도의 카스트와 부족 그리고 국가의 정체성을 다루는 인류학에서 아디바시Adivasi에 관한 탈식민주의적 이론 분석이 피상적인 지식을 생산하는 데 그쳤음을 인정했다. 즉, 아디바시 이론은 늘 땅과 저항을 우선시했다. 부키아는 식민지 지식의 생산에 대해 다음과 같이 언급했다. "인도 공동체에 관한 문헌 지식의 구성은 식민지에서 매우 중요하다. 왜냐하면 식민지 권력 확장의 수단으로 식민지 지식을 생산하기 때문이다. 이러한 식민지 지식은 거의 모든 공동체를 다룬 방대한 문학 작품을 남겼고 이는 법 집행과 일반 행정의 자료로 쓰였을 뿐만 아니라 식민 통치를 확고히 하는 데도 이용되었다"(Bhukya, 2008).

이들 학자는 인도 부족의 섹슈얼리티를 논할 때 파트너를 선택할 자유, 쉬운 이별, 혼전 성관계가 허용된다고 이야기하면서 낭만화한다. 그러나 인도의 다른 사회들은 이와 완전히 다르다. 즉 카스트에 기반을 둔 다른 사회들은 여성의 섹슈얼리티를 강하게 통제한다. 시간이 지나도 우리는 이러한 부족의 섹슈얼리티를 이상화한 환상에 사로잡혀 그 안에 깊숙이 박혀 있는 가부장제를 무시해왔다.

부족 사회에서 결혼할 때 신부 가족이 지참금을 마련할 필요가 없다는 사실이 그들의 자유로운 세계관을 가늠할 수 있는 증거인 양 제시된다. 지참금은 카스트에 기반한 힌두 사회의 관습으로 결혼하면서 신부 가족이 신랑 측에 목돈과 재산을 주는 것이다. 따라서 신부의 지참금과 같은 힌두 관습을 따르지 않는 부족 사회는 여성의 사회적 지위가 더 좋을 것으로 여겨진다.

그러나 부족 사회가 가부장적이지 않다는 것을 보여준 위의 사례들은 완전히 다른 규범이 작동하는 카스트에 기반한 인도 사회와 비교한 것이지 부족 사회 내 규범들을 비교한 것은 아니다. 니트야 라오Nitya Rao는 『착한 여성은 땅을 상속받지 않는다*Good Women do not Inherit Land*』에서 다음과 같이 주장했다. "실제로 여성도 남성만큼 땅과 농사에 관여한다. 여성의 권리가 부차적인 것으로 여겨질 뿐만 아니라 아예 거부된 것은 바로 사회적이고 상징적인 영역에서이다"(Rao, 2008). 가부장제와 사회 경제적 권력에서 이런 일들은 비일비재하지만 정작 이러한 시스템은 우리가 부족 문화를 찬양하며 이상화한 자유주의 뒤에 가려져 있다. 부족의 역사를 다루면서 여성이 사회를 유지하기 위해 어떤 문화와 관습을 수행했는지에만 집중하고 여성의 경험을 이해하는 데 중요한 부분인 젠더와 섹슈얼리티를 간과하는 것은 전혀 페미니즘적이지 않다.

섹슈얼리티를 간과한 언어

2009년 미어람비카 마하파트로Meerambika Mahapatro와 아바니쉬 쿠마르Avanish Kumar는 인도 모성보호정책Janani Suraksha Yojana(산모 사망률을 줄이기 위해 인도 정부가 2005년부터 실시한 정책—역주)의 결과와 영향을 다룬 논문을 인도 인류학회에 발표했다. 「주변화된 이들의 산모 사망률: 오리사 지정 부족의 사례Maternal Mortality among the Marginalized: A Case Study of a Scheduled Tribe of Orissa」라는 제목의 이 논문은 이 부족 사람들의 하루 임금에서부터 집에서 보건소까지의 거리, 전통적인 출산법, 출산 후 산욕 기간 동안 여성이 해야 하는 일에 이르기까지 폭넓은 정보를 망라하고 있다. 또한 오리사의 높은 산모 사망률과 관련된 현장의 문제점도 담았다. 임신 중 발병률, 가정 분만 사례 수, 유아 사망률을 계산했으며 주변화된 지역의 출산 양식의 부족한 점을 보완할 모든 종류의 통계 자료도 갖추고 있다(Mahapatro & Kumar, 2009). 그러나 통계 자료와 백분율은 시스템의 가시적인 격차만 보여줄 뿐 산모 사망률과 임신에 대한 여성들의 이해와 생각을 반영하지는 못한다.

2011년 비스와지트 고쉬Biswajit Ghosh와 타니마 초우두리Tanima Choudhuri는 트리푸라Tripura 부족 여성들의 사회 경제적 변화에 관한 논문을 썼다. 이 논문은 "문해율, 근대화, 도시화, 시장 경제의 확산, 산스크리트화, 그 외 다른 개발 지표들이 트리푸라 부족 여성의 사회 경제적 지위를 높이는 데 도움이 되는가?"라는 질문을 던지고, 농촌인 트리푸라와 도시에 사는 부족 여성들의 차이를 보여주기 위해 많은 양적 자료를 사용했다. 이 논문은 근대화의 기준을 가지고, 농촌에 사는 부족 여성들이 어떻게 주변화되고 결과적으로 도시에 사는 부족 여성들보다 역량이 약화되는지 살펴보았다(Ghosh & Choudhuri, 2011). 그런데 여기에서 주변화의 지표로 언급된 것이 어려운 생활 경제와 근대화뿐이라는 것이 놀랍다. 이 논문은 농촌과 도시 여성들이 도시화에 대처하는 방식과 도시화 이후에 이들의 일상과 젠더가 어떤 영향을 받았는지는 파악하지 못했다.

여기서 아이러니한 것은 특정 인구 집단(여기서는 부족)이 개발 지표의 대상이 되었을 때, 이들은 숫자와 백분율로 전환되어 주변화된 맥락을 설명하는 데 이용되곤 한다는 점이다. 그러나 남녀 차이 및 여성에 대한 자료와 통계만으로는 여성의 상황을 충분히 고려했다고 할 수 없다. 이 논문들은 노동 분업을 통해서만 가부장제의 문제점을 다루려 했고, 외력外力과 시스템이 어떻게 부족 여성들의 삶을 지배하는지에 대해서만 논했다. 반면, 여성들의 일상은 양적인 백분율에 가려진다.

이 점에서 아메리칸 인디언 선주민 여성의 입장에서 선주민 학자들이 생산한 내용을 비판한 레냐 라미레즈Renya Ramirez의 논문은 새로운 통찰을 준다. 그녀는 "선주민 공동체가 자주 하는 가정은 선주민 여성으로서 우리는 부족의 민족주의를 지켜야만 한다는 것이다. 그 민족주의가 식민 지배로부터의 해방뿐만 아니라 여성으로서 우리 생존의 문제이기도 한 성차별주의를 무시한다고 해도 말이다"라고 했다(Ramirez, 2007). 라미레즈는 사회를 분석할 때 페미니즘을 중심에 두기 어렵기 때문에 선주민 페미니스트의 관점을 유지하기 어렵고, 따라서 선주민 학자들이 성차별을 제대로 다루지 않았다고 지적한다.

우리가 섹슈얼리티를 논할 때 이야기하는 것

사회학적인 관점에서 문학으로 옮겨보면, 39년 전 벵갈리에서 마하스웨타 데비Mahasweta Devi가 전설적인 소설 「드라우파디*Draupadi*」[3]를 출간했다. 작품 속에서 서벵골 출신의 27세 부족 여성인 돕디 메젠Dopdi Mejhen[4]은 혁명과 용기 있는 영혼의 상징으로 지금까지 추앙받고 있는 인물이다. 돕디는 반정부 단체에 가담했다는 이유로 체포된 날, 푸룰리아Purulia의 이름 없는 캠프에서 경찰관들에게 여러 번 강간을 당했다. 이 책을 영어로 번역한 가야트리 스피박Gayatri Spivak은 다음과 같이 옮겼다. "돕디는 피를 흘리고 재갈을 물려도 악착같이 싸웠고, 찢긴 젖꼭지와 젖가슴을 끝까지 응시했다. 다음 날 아침, 돕디는 벌거벗은 채 경찰 대장의 텐트로 갔다. 돕디는 옷 입기를 거부하며 '당신은 나를 발가벗길 수 있었지. 하지만 당신 마음대로 옷을 다시 입힐 수 있을 것 같아? 내가 부끄

3 드라우파디는 마하스웨타 데비의 서사시적 이야기의 주인공으로 아디바시이지만 강인한 여성으로 묘사되어 인도에서 오랫동안 주목을 받고 있다.

4 스피박은 "부족 사람으로서 그녀는 자기의 산스크리트 이름, 드라우파디Draupadi나 부족 사람들이 부르는 돕디Dopdi(드라우파디의 옛 이름)도 말할 수 없었다"고 적고 있다(Spivak, 1981).

러워해야 할 남자는 여기 한 사람도 없어'라고 말한다." 이 이야기는 돕디가 검게 상처 입은 가슴으로 경찰 대장을 밀쳐버리고, 이에 대한 그의 내레이션으로 끝이 난다. "무기도 없는 상대 앞에 서기가 무서웠다. 내 평생 처음 느껴보는 엄청난 두려움이었다"(Spivak, 1981).

「드라우파디」 책 한 줄 한 줄이 부족 여성들의 섹슈얼리티를 힘의 상징으로 찬양한다. 이것은 부족 여성의 강한 이미지에 관해 이야기한다. 즉, 여성의 유순한 몸처럼 침묵 속에 묻어야 했던 구조를 강간당한 육신이 드러내고 있다. 「드라우파디」는 권력에 저항하고 이의를 제기한, 바꿔 말하면 시스템에 저항한 여성의 이야기이다. 부족 착취와 이에 대한 저항의 이야기는 늘 혁명의 도구로 쓰였다. 그러나 부족의 저항이라는 낭만적 사고를 넘어서면 우리는 임신과 유산, 성관계, 외도, 권력과 같은 부족 사회의 일상을 볼 수 있다.

한스다 소벤드라 셰카르Hansda Sowvendra Shekhar의 소설 『루피 바스키의 이상한 병*The Mysterious Ailment of Rupi Baskey: A Novel*』이 그 예이다. 2014년에 나온 이 소설은 자르칸드의 산탈리 부족 여성들의 가족, 가벼운 성관계, 선택의 자유, 합의 같은 생생한 경험을 다루고 있다. 작가는 이 소설에 묘사된 세속적인 섹슈얼리티 때문에 부족 사회를 모욕했다는 비난을 받았다. 2015년에 출간된 셰카르의 단편집 『아디바시는 춤추지 않는다*The Adivasi Will Not Dance: Stories*』가 '사히티아 아카데미 유바 푸라스카르Sahitya Akademi Yuva Puraskar'상을 받자 논란이 일었다. 특히 이 단편집에 수록된 「11월은 이주의 달November Is the Month of Migrations」이라는 3페이지 분량의 단편 소설이 지나치게 선정적이고 여성들을 잘못 묘사해 부족 문화를 모욕했다고 해서 이 책은 자르칸드에서 금서가 되었다(Shekhar, 2015). 「11월은 이주의 달」은 이주가 한창일 때, 탈라마이Talamai라는 21살의 산탈리 여성이 마을 사람들과 함께 다른 주로 떠나는 이야기이다. 기차역 구석에서 탈라마이는 유혹을 받고, 빵 한 덩어리와 50루피를 대가로 철도 보안원과 섹스를 한다. 전체 이야기는 탈라마이가 보안원과 성행위를 하는 10분 동안, 그녀의 머릿속에 떠오르는 생각을 그린 것이다. 보안원의 부름에 탈라마이가 응답한 순간부터 섹스가 끝날 때까지 여러 겹의 폭력이 가난과 배고픔으로 타협하는 모습 속에 그대로 배어 있다. 성행위를 하면서 보안원은 "이봐, 아가씨. 너희 산탈리 여자들은 섹스를 위해 태어났구먼. 너 정말 잘한다"라고 말한다. 이 말은 폭력 그 자체로서 이보다 더 성적인 이야기를 만들 수는 없을 것이다. 성행위를 하는 내내 탈라마이는 아무 말도 하지 않고 어떤 표정도 짓지 않는데 이것은 조용히 뿌리내린 폭력을 나타낸다. 이 외에도 매우 성적인 장면이 또 나오는데, 셰카르는 외설적인 표현을 많이 했다고 비난을 받았다.[5]

캠프에서 경찰관에게 강간당한 돕디가 나오는 「드라우파디」는 칭송받는 이야기가 되고 사회 경제적 이유로 성행위에 동의한 탈라마이의 이야기는 수치스럽게 평가되는 이유를 따져보면 흥미롭다. 탈라마이의 섹슈얼리티 표현은 돕디처럼 저항적이지 않았으며, 그녀의 몸은 분노의 상징도 시스템에 대한 저항도 아니었다고 주장할 수 있다. 오히려 그녀의 몸은 훨씬 더 복종적이었다. 철도 보안원이 어떤 일로 그녀를 불렀을 때 탈라마이는 그가 말하는 그 일이 무엇인지 알았다. 이는 탈라마이가 순종적인 몸으로 살아왔고, 이전에도 유사한 성행위를 했었다는 것을 보여준다. 셰카르의 이야기는 섹슈얼리티의 표현에 왜 차별이 존재하는지 의문

5 "Some Adivasis want to burn a 'pornographic' book. Here's why we Adivasi intellectuals oppose this" (2017), *Scroll. in*. https://scroll.in/article/845596/some-adivasis-want-to-burn-a-writers-pornographic-book-heres-why-we-santal-scholars-oppose-this

을 품게 한다. 부족 사회에서 섹슈얼리티가 분명 가부장적인 개념이 아니고 자유의 표현이라면 왜 부족의 섹슈얼리티를 표현하는 데 순수와 오염이라는 개념이 있으며 어떤 섹슈얼리티는 표현해도 되고 어떤 섹슈얼리티는 침묵해야 하는 것일까? 부족의 역사를 그리는 문학에서 시스템에 대한 저항으로서의 몸과 섹슈얼리티는 받아들여졌다. 그러나 같은 몸이 생존만을 위한 세속적 섹슈얼리티를 그리는 도구가 되었을 때는 수치스러운 것이 되었다. 돕디를 탈라마이와 비교하면서 만약 돕디가 캠프에 있는 경찰관들과 합의된 성관계를 가졌거나, 다음 날 아침에 경찰 대장이 이들이 저항적인 행동을 계속할 수 있게 도왔다면 「드라우파디」가 여전히 칭송받는 이야기로 남아 있을지 궁금하다.

산탈리 부족 소녀들의 사례

2014년부터 나는 자르칸드Jharkhand[6]의 산탈 파르가나Santal Pargana[7]에서 산탈리 부족의 사춘기 소녀들과 가까이 지내며 젠더와 섹슈얼리티에 관해 연구했다. 산탈리는 기본적으로 농업 공동체로서 가족과 소를 키우며 살고, 일과 휴식은 자연의 순환에 따른다. 나는 데오가르 지역에서 일을 시작했는데, 이곳은 다차원적 빈곤 지수에 따르면 매우 가난한 지역 중 하나이다.[8]

---

6 자르칸드는 인도에서 매우 빈곤한 주로서(인도의 기아 지수에서 17개주 가운데 16위) 세계에서도 가장 가난한 지역에 속한다. 자르칸드 소녀들의 52%가 18세 생일이 되기 전에 결혼한다. 2011년 인도 통계청의 발표에 따르면, 인도 전체 문해율은 67.63%인데 자르칸드의 문해율은 56.21%이다. 자르칸드 주민의 26.2%가 부족 출신이다.

7 산탈 파르가나는 고다Godda, 둠카Dumka, 데오가르Deoghar, 사히브간즈Sahibganj, 잼타라Jamtara, 파쿠르Pakur로 구성된다.

8 다차원적 빈곤 지수Multidimensional Poverty Index에 따르면, 데오가르에서 지방 자치

샤샹크 신하Shashank Sinha는 "역사를 거슬러 올라가 여성에 대해 기록한다는 것은 우리로 하여금 역사 연구의 전통적 대상이었던 제도와 사건들을 다시 조사하게 한다"고 주장한다(Sinha, 2005). 앞에서도 언급했듯이 나는 데오가르에서 50명의 16-18세 산탈리 소녀들이 다양한 통과 의례와 의식을 통해 몸, 섹슈얼리티, 여성성을 인지해가는 방식을 조사하고자 했다. 연구의 목적은 부족 사회에서 몸이 어떻게 젠더화되어 사회적으로 구성되는지, 그리고 일상에서 사회적으로 구성된 몸과 어떻게 타협하고 이를 받아들이는지 알아보는 것이다.

산탈리 부족 사회에서 소녀와 여성들은 밭을 갈거나 집 지붕을 수리해서는 안 된다. 이는 협상 불가능한 절대 규범이다. 그러나 아디바시 공동체의 자유로운 다른 규범을 고려해볼 때 이것은 분명 경제적인 의미를 내포하고 있다. 자신의 식량을 마련하고자 밭을 갈고 스스로 지붕을 고칠 수 있는 여성은 독립적이며 공간에 대한 통제권을 갖는다. 생존에 필요한 일은 반드시 남성이 해야 한다는 절대 규범을 만들어서 통제하는 사회 시스템에 내재된 가부장제는 독립적인 여성을 거부한다.

이제 부족 사회의 종교 패러다임과 그 안의 여성들에 관해 살펴보자. 산탈리 부족 마을 모퉁이에 있는 제헤르단Jeherthan[9]이라는 성지에는 여성들이 들어가 예배를 드릴 수 없다. 심지어 각 가정마다 피와 다과를 바쳐 조상을 모시는 방에도 의식을 치를 때는 들어갈 수 없다. 오직 남성만이 이 신성한 의식에서 조상을 모실 권리가 있고 이를 통해 대를 이어간다. 데오가르에서 나의 연구에 참여했던 소녀들은 여성성과 금지된 공간

조직인 판차야트Panchayat의 95.6%가 빈곤하다. 이는 판차야트 조직 밑에 있는 이들도 모두 극심하게 빈곤하다는 의미이다.

9 제헤르단은 마을 구석에 사라수沙羅樹로 덮혀 있는 성지로 종교적 순수성을 유지하기 위해 마을에서 멀리 떨어져 있다.

에 대한 나름의 생각을 갖고 있었다. 이들은 예배는 오직 남성만 할 수 있고 자신들은 할 수 없다는 것을 받아들이고 그 규범에 의문을 제기하지 않았다. 결국 조상을 모시지 않는 날에도 그 방에 들어가지 않았고 마치 그 방이 존재하지 않는 것처럼 일상생활에서 그 공간을 완전히 무시해버렸다. 여성으로 산다는 것에 대한 이해에는 금지된 공간에 들어가면 안 된다는 생각이 스며 있었다.

집을 청소하고 바닥에 진흙을 덧바르는 작업은 부족 문화에서 매우 중요한 일인데, 여성이 이 일을 담당한다. 진흙을 깨끗이 정리하고 물과 섞어 되직하게 반죽한 후 바른다. 그 표면이 고르면 고를수록 이 일을 한 소녀가 숙련되었다는 뜻이다. 진흙을 바르는 일은 마을 소녀들이 하기에는 매우 벅차지만 아주 어려서부터 이 일을 하도록 훈련받는다. 소녀들은 진흙 바르기와 청소를 완벽하게 습득해야만 한다. 바닥에 진흙을 잘 바르고 벽에 칠을 잘할수록 결혼할 확률이 높아진다. 중매쟁이는 마을을 돌아다니며 집을 얼마나 예술적으로 잘 꾸몄는지 살펴본다. 문과 창문이 밝은 노란색과 빨간색으로 아름답게 장식되어 있으면 이런 멋진 작업을 한 소녀가 누구인지 알아내 중매를 선다. 신랑의 가족이 아름답게 장식된 집을 보고 소녀의 집안일 솜씨에 반하고, 자신들의 집도 똑같이 꾸미고 싶어 한다. 나는 데오가르의 산탈리 마을에서 진흙 바르기와 집 청소가 어린 소녀들의 결혼을 판가름하는 상징적 행위임을 알게 되었다. 이러한 사회적 구성을 이해하게 되니 인생 목표를 주제로 한 토론에서 소녀들이 결혼을 인생의 궁극적 목표라고 한 말을 되돌아보게 된다. 아직 사춘기인데도 공부도 하고 직업 훈련도 받아야 하는 이유가 모두 좋은 신부가 되어야 한다는 요구에 갇혀버린다.

청소년들은 하티야Hatiya[10]나 멜라Mela[11]에서 만나 성관계를 하고 심지어 파트너와 함께 달아나는 일도 있지만 정작 피임에 대해 아는 바가 전혀 없었다. 부족에서 섹슈얼리티나 청소년의 취약성에 대해 토론을 할 수 있는 기회도 거의 없었다. 소수의 NGO들이 젊은이, 청소년들과 함께 젠더와 섹슈얼리티를 중점적으로 다루는 프로그램을 개발하기 시작했다. 나는 NGO인 니즈NEEDS[12]와 함께 데오가르에서 일하면서 또래 집단이 매우 중요하다는 사실을 깨달았다. 또래 집단이 공동체에서 어떻게 기능하는지를 세세하게 파악하는 것이 반드시 필요하다. 부족 사회에서 혼전 임신은 금기시된다. 마을에 있는 보건소의 간호사는 분명 그 마을 소녀들의 이웃이거나 친척일 가능성이 높아 결혼도 안 한 소녀가 간호사에게 피임 도구나 임신 진단 키트를 요구하기는 매우 어렵다. 이런 때 또래 집단이 유용하다. 또래 지도자들이 NGO로부터 임신 진단 키트를 구비해놓고 이 키트를 충분히 다룰 수 있으면 어린 소녀들은 또래인 그들로부터 요긴하게 서비스를 받을 수 있다. 또래 지도자들은 공동체의 어린 소녀들에게 서비스를 제공하거나 다른 중요한 문제들을 다루는 데 있어 NGO와의 연결 고리 역할을 한다. 그렇기 때문에 사춘기 청소년 집단을 하나 선택해 지도자로 교육시키면 이들이 마을로 돌아가 다른 이들을 교육시키고 결국 공동체 전체를 교육시킬 수 있다.

나는 부족 여성의 인권 문제에 대한 주류 논의를 비판적으로 분석해야

---

10 하티야는 매주 혹은 격주로 마을에 서는 장으로 지역 사람들에게 매우 중요하다. 아디바시에게 하티야는 경제 교류를 위한 장소일 뿐만 아니라 어린 소년과 소녀가 만나 우정을 키우는 곳이기도 하다. 종종 하티야에서 두 가족이 만나 어른들끼리 혼사를 결정하기도 한다.

11 멜라는 페스티벌이나 행사 이후 열리는 마을 축제이다. 새로운 계절이 시작되면 축제가 열리기도 한다. 소년과 소녀는 마을 축제에서 만나 함께 춤추고 육체관계를 맺거나 야반도주도 하다 보니 어린 소녀가 이 마을 축제에 참석하면 낙인찍힌다.

12 니즈는 비하르와 자르칸드 낙후 지역에 사는 주변화된 이들의 삶의 질을 높이고자 1998년에 설립되었다. 니즈의 사업 부문은 크게 네 가지로 볼 수 있는데 생계와 영양 보장, 위생, 성과 재생산 건강, 아동 보호이다.

한다는 제안으로 이 글을 마치려고 한다. 학자들과 빈곤 지역에서 일하는 활동가들은 평등과 관련된 이슈들 간에 위계가 없다는 것을 생각할 필요가 있다. 특정 공동체에 식량, 교육, 땅을 강조하고 이 문제가 다 해결되면 그다음 단계로 성평등을 추구하고 섹슈얼리티에 접근해야 한다는 개발에 대한 주류 생각은 실제 현실과 다르다. 성적 파트너를 선택할 수 있다는 것이 모든 면에서 자유롭다는 것을 의미하지 않으며 몸에 대한 권리의 폭이 넓다는 것을 의미하지도 않는다. 부족의 젠더, 섹슈얼리티, 성재생산건강권을 다룬 연구가 더욱더 활발히 이루어져야 한다. 사회적 존재로서 체화된 정체성을 이해하기 위해서는 문화와 의례에서 여성들이 수행하는 역할뿐만 아니라 그들이 일상과 문화와 어떻게 타협하는지에 대해서도 연구해야 한다.

10

성폭력의 침묵을 깬 베트남의 에듀테인먼트*

팜 티 탄 지앙

베트남에서 성폭력을 포함한 여성에 대한 폭력 문제는 이해하기에 아주 복잡하다. 또한 이는 문화에 깊이 배어 있는 태도와 행동에서 비롯된 것이기에 변화시키기도 어렵다. 성폭력 생존자들 대부분은 스트레스, 공포, 무력감 속에서 살아간다. 더 나아가 이들은 신체적인 상해를 입고 반복적으로 낙태를 하며, 성과 재생산 건강에 영향을 미치는 다양한 성병에 걸리기도 한다. 2012년 165명의 생존자를 대상으로 한 연구에 의하면 자살을 생각한 여성은 49.5%에 이르렀으며, 40%는 이미 자살을 시도한 경험이 있는 것으로 드러났다(Nguyen & Pham, 2012).

모든 성폭력 피해 여성들이 자신의 경험을 범죄를 당한 것으로 여기거

---

* 이 글은 *Asian Journal of Women's Studies*, 21(4)에 게재된 논문 "Using Education-entertainment in Breaking the Silence about Sexual Violence against Women in Vietnam"을 우리말로 옮긴 것이다.

나 성재생산건강권을 침해당한 것으로 인식하지는 않는다. 그들은 그저 지치고 비참하게 느낄 뿐이다. 여성들은 거절하기도 하지만 여전히 남편이나 친밀한 파트너의 성적 요구를 의무적으로 충족시키려 한다. 피해자들은 침묵 속에 이것을 자신의 운명으로 받아들이고 남편이나 파트너, 고객, 상사, 동료, 낯선 사람에게 당하는 성폭력을 큰일이 아닌 것으로 여긴다. 그들은 외부의 도움을 구하지도 못한 채 침묵 속에서 고통받고 있다. 심각한 상해를 입거나 이혼하기 위해 법률 상담을 받을 때에서야 비로소 자신을 피해자로 인식하게 된다.

왜 성폭력 생존자들은 침묵할까

베트남 정부가 「성평등법」(2006)과 「가정폭력 예방과 방지법」(2007)을 만들어 성폭력을 근절하겠다는 의지를 보여주고 있지만 성폭력은 여전히 만연해 있을 뿐 아니라 시간이 갈수록 점점 더 심각해지고 있다. 대부분의 생존자들은 그저 침묵할 뿐 도움을 구하지 않는다. 다음의 두 사례를 보면 한 생존자는 남편과 이혼하는 데 성공했지만 다른 생존자는 그렇지 못했다. 두 번째 사례는 내가 일하고 있는 베트남의 젠더가족청소년연구센터CSAGA: Center for Studies and Applied Sciences in Gender, Family, Women and Adolescents에서 가정 폭력 예방을 위한 긴급 전화 상담에서 다룬 내용이다.

사례 1

L은 대학에서 경제학을 전공했으며 정부 기관에서 일하고 있다. 박사인 남편은 하노이에 있는 명문 대학의 학과장이다. 그는 매우 가부장적이며 집안일을 전혀 돕지 않는다. L은 매일 아침 일찍 일어나 아이들에

게 식사를 차려주고 학교에 데려다준다. 그런 다음 다시 집으로 돌아와 남편의 아침을 따로 차린다. 포르노 중독자인 남편은 아이들이 함께 있는데도 포르노를 보곤 했다. 포르노를 보고 나면 남편은 L에게 포르노처럼 하라고 강요했고, L이 원치 않아도 매일 섹스를 요구했다. 또한 남편은 집에서 일하는 젊은 가정부를 여러 차례 추행해서 여섯 명이나 일을 그만두었다. L은 남편이 사회에서 성공하고 존경받는 인물이라 다른 이들에게 이런 이야기를 할 수 없었다. 최근 L은 성격 차를 이유로 남편과 이혼했다. 법정에서 법관은 이 부부에게 직업과 지위를 물어본 후에 행동을 단정히 하라고 권고했다.[1]

사례 2

T는 32세로 호아빈에서 농사를 짓고 있다. 그녀보다 두 살 많은 남편도 농부이다. 남편은 항상 술을 마시고 친구들과 어울려 밖으로만 돌았지 가족을 챙기지 않았다. 그는 술에 취하면 아내를 때리고 집 밖으로 내쫓았다. 지리로 온 가족을 죽이겠다고 수차례 협박도 했다. 질투심이 많아 아내가 다른 남자와 말도 섞지 못하게 했다. 육아와 농사일을 비롯해 집안일은 모두 아내의 몫이다. 남편은 아내가 아프거나 생리 중일 때도 매일 섹스를 요구했다. 남편이 피임을 거부해 그녀는 이미 세 번이나 낙태를 했다. 심지어 남편은 아이들 앞에서도 섹스를 강요했으며, 아이들에게 지켜보라고까지 했다. T는 경찰, 지방 자치 단체, 여성 단체 그리고 남편의 가족들에게 전화해 이러한 학대 사실을 알렸다. 그 이후 남편의 폭력은 줄었지만 그래도 여전히 폭발하곤 한다. T는 이 이야기를 다른

1 젠더가족청소년연구센터CSAGA의 페이스북 팬페이지 https://www.facebook.com/YeuThuongVaTuDo 참조.

사람에게 하면 남편의 체면이 깎이거나 남편이 자기를 죽일지도 모른다는 두려움에 이야기하기를 원치 않았다.

이 이야기들은 여성들이 남편, 친밀한 파트너, 고객, 낯선 사람에게 당한 수천 건의 성폭력 사례들 중 겨우 두 건일 뿐이다. 이들은 사회에서 그 어떤 도움도 받지 못했다. 2010년에 전국적으로 실시한 베트남 성폭력 연구에 의하면, 기혼 여성 가운데 10%가 결혼 생활 중 성폭력을 경험했다(General Statistics Office of Vietnam, 2010). 또 다른 연구에서는 베트남에서 가정 폭력을 경험한 여성들 가운데 성폭력이 훨씬 더 빈번하다는 것을 보여준다. 젠더가족청소년연구센터에서 165명의 가정 폭력 피해자를 조사한 결과, 58.2%가 남편에게 성폭력을 당했음이 드러났다(Nguyen & Pham, 2012).

베트남 여성들은 성관계에서 좀 더 수동적인 편이므로 가족 내에서 그리고 공적 영역에서 성폭력의 대상이 되곤 한다. 게다가 처녀성을 중시하다 보니 성폭력 희생자들에게는 사회적 편견과 낙인이 따라다닌다. 따라서 이들은 자신의 이야기를 다른 사람들과 나눌 엄두조차 내지 못한다. 수많은 여성 노동자들이 지금도 남성 고용주나 남성 동료들에게 통제되거나 착취당하고 있다. 또한 이들은 남편과 친밀한 파트너에게 성적으로 유린당하기도 한다. 성 노동자들은 집단 강간을 당하거나 성 구매자, 매니저, 공무원들에게 성적으로 착취를 당하고 있다. 그렇지만 생존자 대다수가 이에 대해 말하지도 않고 도움을 청하지도 않으며 신고를 하지도 않는다. 이것은 섹슈얼리티를 개인의 사적인 문제나 집안의 가족 문제로 보는 베트남 사회의 사고방식과 편견에서 비롯된 것이다. 정부 또한 성재생산건강권을 의제로 설정하거나 시행해야 할 시급한 문제로 인식하지 못하고 있다.

성폭력 생존자 지원 활동

젠더가족청소년연구센터는 가정 폭력에 대응하기 위한 긴급 전화를 개설하고 페이스북에 '사랑과 자유Love and Freedom'라는 지원 페이지를 만들어 전국의 젠더 폭력 생존자들을 돕고 있다. 이 센터는 가정 폭력, 인신매매, 성희롱, 성적 학대를 포함해 1년에 500건이 넘는 성폭력 사건들을 다룬다. 모든 생존자들에게 심리 상담과 위기 관리 기술을 제공하고 통합적인 지원 서비스와 연결해준다. 또한 성폭력 생존자들을 위한 쉼터, 법률지원센터, 고용지원센터 등을 위탁 운영하기도 한다. 생존자들을 위해 성폭력 내용은 비밀로 한다.

가정 폭력 생존자들의 자조 모임인 '함께 나누기Sharing Together'는 맨 처음에 하노이에서 시범적으로 만들어졌으며 그 후 호아빈, 하남, 흥옌, 박닌에도 생겼다. '함께 나누기'는 지역 여성 단체와 협력해 회원 20-25명 정도의 월례 모임을 여러 개 조직했다. 이 모임에서 회원들은 자신의 폭력 경험을 함께 나누며 성평등, 여성 폭력 예방, 여성 인권에 관한 정보를 얻고 폭력에서 벗어날 수 있는 안전 대책을 논의한다.

'함께 나누기' 모임에 참여하면서 여성들은 힘을 얻고 자신감을 회복했다. 지난 3년 동안 이 모임은 약 5천 명의 가정 폭력 생존자들을 지원했다. 이들 가운데 절반 정도가 결혼 생활에서 성폭력을 경험했다. 이들은 집단 토론에서 육체적·정신적 폭력을 겪을 때 친척이나 친구에게, 그리고 공동체에서 도움을 구했다고 이야기했다. 이 소모임을 통해 성폭력 생존자들을 찾아내고 지원하는 가장 효과적인 방법은 긴급 전화와 자조 모임이라는 것을 알 수 있었다. 의료와 법률 구조 같은 지원 서비스에 접근하는 것은 여전히 제한적이다.

성폭력 생존자들을 지원하고 그들과 함께 일하면서 젠더가족청소년연구센터가 제기한 문제들은 다음과 같다. 피해자들로 하여금 어떻게 성폭력에 대해 말할 수 있게 할까? 다른 폭력 사건처럼 성폭력 사건을 인정하고 해결할 방법은 무엇일까? 어떻게 하면 성폭력 생존자들의 역량을 강화할 수 있을까? 그래서 어떻게 이들이 자신에게 필요한 지원 프로그램을 정부와 정책 입안자들에게 요구하도록 할 수 있을까?

침묵을 깨는 에듀테인먼트

사회적 관행에 도전하고 공동체를 위한 새로운 신념과 가치 체계를 만들기 위해 대중에게 접근할 수 있는 가장 효과적인 방법은 소통과 미디어를 통해서이다. 행동을 변화시킬 수 있는 소통 중에서도 에듀테인먼트edutainment는 현재 전 세계적으로 사회 규범과 관행을 바꾸는 데 가장 많이 사용되는 새로운 접근 방법이다. 에듀테인먼트는 교육education과 오락entertainment을 접목한 것으로 사회적 편견을 깨고 진보적인 관점을 세우겠다는 메시지를 전달한다. 인도의 '브레이크스루Breakthrough'나 남아프리카의 '소울 시티Soul City'와 같은 유명한 단체에서도 이 접근법을 폭넓게 사용하고 있다.

에듀테인먼트는 유엔 사무총장과 전 미국 대통령이 후원했던 '벨을 울려라Ring the Bell'(2008년 인도에서 시작된 가정 폭력 반대 캠페인—역주)처럼 영향력이 막강한 운동에도 사용되었다. 여러 해 동안 젠더가족청소년연구센터는 성평등 구현과 가정 폭력 방지 등의 문제를 다루기 위해서 핵심 전략으로 에듀테인먼트를 활용했다. 우리는 성폭력과 같은 예민한 문제의 침묵을 깨는 데 에듀테인먼트가 적절하고 효과적인 방법이라고 생각했다. 따라서 영화, 다큐멘터리, 전시회 등 다양한 미디어를 이용했다.

가정 폭력 생존자 여성들은 청년극장 전문 예술가들의 감독하에 자기의 삶에 대해 이야기한 내용의 드라마를 처음으로 무대에 올렸다. 이들은 무대 위에서 신체적, 심리적, 성적인 폭력을 겪으면서 느꼈던 고통과 수치심뿐만 아니라 자신들의 소망, 꿈, 그리고 파란만장한 삶을 앞으로 어떻게 극복해나갈지에 대해서도 이야기했다. 관객은 다양한 장면들을 보면서 12명의 가정 폭력 생존자들의 감동적인 이야기에 귀 기울이며 공감했다. 이 생존자들은 용감하게 자신의 이야기를 하고 다른 사람들이 같은 상황에 놓였을 때도 그렇게 할 수 있도록 용기를 북돋아주었다 (Nguyen, 2013). 이 드라마는 청년극장에서 6회 공연되었는데 생존자들의 친척들을 비롯해 NGO의 대표, 유엔 대표, 정부 관계자, 대학생, 저널리스트, 미디어 전문가들을 포함한 3천여 명의 관객이 관람했다. 워크숍이나 중요한 행사가 진행될 때 이 드라마의 중요 장면들이 베트남 국영 텔레비전에 방영되었고, 대중 매체를 통해 많은 사람이 볼 수 있도록 했다. 가정 폭력 생존자들이 고난과 역경을 극복한 이야기는 사람들에게 강한 인상을 주었다.

성폭력의 침묵을 깨고 그 실체를 인정하려면 성폭력을 신체적 폭력이나 심리적 폭력과 분리시켜야 한다. 이것을 통합하는 것은 대중 매체와 정책 옹호에 영향을 주지 못한다. 따라서 성폭력 생존자들과 함께 일하는 것은 필수적이다. 지지와 상담을 통해 이들은 강해지고 용감해졌으며 자신감을 갖게 되었다. 이들은 「혼자 울지 마Don't Cry Alone」라는 다큐멘터리에서 자신들의 이야기를 들려주었다(Nguyen, 2015). 이 다큐멘터리에는 성폭력과 상해, 여성 인권 유린의 정황 증거들이 담겨 있었고, 각각의 인물들의 감정도 풍부하게 표현되었다. 이 다큐멘터리가 대중, 정책 입안자, 법 집행관들에게 전달하고자 하는 메시지는 베트남 사회에도 수치스러운 인권 침해인 성폭력이 존재하며, 이는 사회가 발전하고 진보하며 평등하게 나아가는 데 걸림돌이 된다는 것이다. 이와 함께 성폭력에 대해 말할 수 있어야 하며, 성폭력을 남녀 간 권력 불균형이 초래한 여러 현상 중 하나로 인정하고 그 해결을 우선시하는 분위기를 조성해야 한다는 것이다.

성 노동자들은 성매매에 대한 사회적 편견과 낙인으로 인해 구타와 집단 강간, 심지어 죽음에 이르는 다양한 형태의 폭력을 경험한다. 성 노동자들은 자신이 성폭력을 당한다고 생각하지 않으므로 이 문제를 해결하려고도 하지 않는다. 말하지 못했던 이들의 삶, 성폭력 경험, 꿈에 대한 이야기는 새로운 예술 형태인 샌드페인팅으로 묘사되기도 했다. 베트남에서 성매매는 불법이다. 따라서 성 구매자와 매니저의 폭력, 고문, 성폭력으로부터 보호받을 기본권이 지켜져야 한다. 이들 역시 사랑받고 존중받고 싶은 꿈이 있다(CSAGA, 2015).

성폭력 관련 문제를 다룬 드라마, 공연, 다큐멘터리, 샌드페인팅은 사회 연결망이나 대중 매체를 통해 효과적으로 퍼져나갔고, 여성과 어린이의 성재생산건강권에 대한 대중의 인식을 향상시키는 데 기여했다. 이러한 예술 작품과 미디어물은 성폭력의 침묵을 깨고 정책 입안자들의 관심을 끌어내기 위한 수많은 이벤트, 정책 옹호 워크숍에 사용되었다. 그리고 2016년부터 2020년까지 젠더에 기반한 폭력을 다루는 국가 프로그램에서 성폭력을 우선시하도록 정부와 유엔, 시민 단체에 압력을 가하는 데에도 이용되었다.

전국 캠페인: 16일간의 여성 폭력 근절 운동

2015년 '세계 여성폭력 추방의 날'을 기념하기 위해 전국 합동 캠페인 '당신은 혼자가 아니야You Are Not Alone'가 16일 동안 진행되었다. 이 캠페인은 베트남 여성과 소녀들에 대한 성폭력 근절을 요구하는 것이다.

젠더가족청소년연구센터는 벌써 3년째 유엔, 정부 기관, 국내외 시민 단체와 함께 전국적인 합동 캠페인을 벌이는 데 앞장섰으며 기술적인 지원도 하고 있다.

현재 노동보훈사회부MOLISA는 2016년부터 2020년까지 전국적인 차원에서 젠더 폭력 방지 프로그램과 성평등 프로그램을 만들고 있다. 젠더가족청소년연구센터는 젠더 폭력 네트워크, 가정 폭력 방지 네트워크, 성평등 네트워크를 시작할 것이며 이러한 프로그램들이 잘 시행되도록 노력할 것이다. 또한 정부와 유엔 기관들과 협의해서 성폭력 문제를 시급히 해결해야 할 현안으로 정하고 성 노동자들, 인신매매를 당한 이들, 소수 민족 여성들이 겪는 성폭력에 대해 알릴 것이다. 여기에서 대중의 관심을 이끌어내고 의식을 향상시키기 위해 다양한 예술과 오락 프로그램 등을 활용하는 에듀테인먼트는 캠페인의 중요한 전략이 되고 있다.

베트남에서 성폭력 생존자들은 긴급 상담 전화와 자조 모임을 통해서만 지원을 받는다. 지역 차원에서의 지원 서비스도 없고 정부나 시민 단체의 투자 자원도 없다. 베트남에서 에듀테인먼트는 성폭력과 같이 민감하고 말하기 어려운 문제에 대한 사회적 태도와 편견을 바꾸는 데 가장 적절하고 효과적인 접근법이다. 생존자들의 용기를 보여주는 드라마, 다큐멘터리, 샌드페인팅, 전시회 등 새로운 형태의 에듀테인먼트는 대중들에게 메시지를 강하고 인상적으로 전달할 수 있다. 이는 하루빨리 성폭력에 대한 침묵을 깨야 할 필요가 있음을 강조하며, 여성과 소녀들에 대한 성폭력을 방지하고 근절시킬 구체적인 행동을 요구한다. 성폭력 생존자들과 그들이 속한 공동체에 대한 낙인, 편견, 차별 없이 성폭력에 관해 공개적으로 말할 수 있는 사회적 환경이 조성되어야 한다. 또한 성폭력 생존자들이 접근하고 이용할 수 있는 지원 서비스의 양을 늘리고 질을 향상시켜야 한다. 그 밖에도 성폭력 생존자를 포함해 취약 집단에게 서비스를 지원할 수 있는 경찰, 의료인, 법조인 등의 책임자들을 동원하고 이들의 의무와 책임을 강화하는 것도 필요하다. 이와 함께 사법 제도는 가정, 노동 현장, 공적 영역에서 성폭력을 방지하고 해결해야 한다.

제3부

젠더 폭력과 여성 인권

11

네팔 마녀 주술의 역사와 여성에 대한 비난*

라즈 쿠마리 구룽

여성은 종종 인류를 창조한 어머니로 상징되며 그들의 모성적 특성 때문에 존경받는다. 또한 생명을 창조하고 기르며 강하게 하는 존재로 여겨진다. 안전한 환경 속에서 잘 자란 여성이 베푸는 사랑은 모든 인류에게 선물이 된다. 그러나 여성이 공포와 학대 속에서 자라면 그 고통은 다음 세대로 고스란히 전달된다. 여성은 이등 시민이나 상품으로 취급을 당하는 등 사회의 거의 모든 영역에서 학대를 받아왔다. 또한 여성을 대상으로 한 다양한 폭력이 전 세계에 퍼져 있다. 여성에 대한 폭력은 네팔에서, 특히 농촌 지역에서 매우 심각한 인권 문제이다. 여성을 대상으로 한 다양한 폭력 중에서 마녀 주술에 대한 비난은 여성을 학대로부터

* 이 글은 *Asian Journal of Women's Studies*, 22(1)에 게재된 논문 "Accusations of Witchcraft In Nepal: Problems and Impact on Women"을 우리말로 옮긴 것이다.

더 취약하게 만드는 주요 원인으로 네팔 사회의 골칫거리 중 하나이다.

마녀 주술은 매우 영적인 행위로 누구나 하고 싶다고 할 수 있는 것이 아니다. 네팔 사회에서 마녀 주술은 달갑지 않은 해로운 현상으로 받아들여지고 있다. 아무 죄 없는 늙고 가난한 과부나 결혼하지 않은 여성들을 근거 없이 마녀라고 부르며 비난하고 학대한다. 사람들은 마녀 주술이 사람의 건강, 수명, 질병, 익사나 죽음 등에 영향을 줄 수 있다고 믿는다. 또한 가뭄, 지진, 홍수, 농작물 피해, 전염병과 같은 재난도 일으킨다고 생각한다. 실업, 이혼, 자동차 사고, 조기 사망 같은 일들도 여성이 주술적 힘을 사용해 다른 사람에게 해를 가하는 마녀 주술의 탓이라고 여긴다(Adinkrah & Adhikari, 2014). 네팔에는 아직도 전국 곳곳에서, 특히 외곽에 있는 농촌 지역에서 마녀 주술을 흔하게 볼 수 있다.

네팔어로 마녀를 '복시boksi'라고 한다. 네팔 사람들은 마녀 주술이 한 사람에서 다른 사람으로, 즉 어머니에게서 딸이나 며느리에게로, 또 그들의 딸들에게로 전수되어 끊임없이 이어진다고 믿는다(Sah, 2007). 마녀 주술은 네팔에 널리 퍼져 있는 전통적인 관습으로 무고한 여성을 마녀라고 비난하며 괴롭히는 것은 여성의 인권을 부정하는 여성에 대한 폭력이다. 그러나 마녀 주술에 대한 믿을 만한 정보를 얻기란 매우 어렵다. 대도시에서는 암암리에 행해지고, 농촌에서는 늘 있었던 일로 조용하게 받아들이기 때문이다.

마녀라는 비난은 심한 정신적·신체적 고통을 수반한다. 따라서 피해 여성들은 큰 상처를 입은 채 트라우마에서 쉽게 벗어나지 못한다. 이 여성들은 사회적으로 배척당할 뿐 아니라 심리적·정서적으로 불안해지며 심지어 죽기까지 하는 심각한 상태에 이른다. 아직도 여성들은 마법을 쓰는 시대에나 있음 직한 죄를 뒤집어쓰고 가족과 집을 떠나야만 한다. 일단 마녀 주술을 쓴다는 혐의가 제기되면 피해자는 이동권, 발언권, 교육권 등 다양한 권리를 누릴 수 없게 된다. 따라서 마녀 주술에 대한 비난은 여성의 빈곤을 더욱 악화시킨다. 이 여성들은 마녀 주술에 대한 전통적이고 미신적인 믿음 때문에 평생 인간답게 살지 못한다. 이들은 사는 내내 사회에서 자신의 자리를 찾지 못한 채 트라우마에서 벗어나지 못한다.

마녀 주술 전통과 폭력

전 세계적으로 마녀 주술은 인간이 집단으로 모여 살기 시작할 때부터 있었다. 로마법은 선한 주술과 악한 주술을 구분해 악한 주술은 법으로 처벌했다. 기독교가 퍼지자 이 구분은 사라지고 마녀 주술은 악마 숭배와 연결되었다(Sah, 2007). 아주 오래전부터 마녀 주술에 대한 비난은 네팔에서 흔한 일이었다. 이 관습은 언덕 지대와 테라이Terai 지대(네팔 남부의 대평원 지대—역주)에서 다르게 나타난다. 네팔 동부의 언덕 지대인 테르하툼Terhathum에는 '복시마라boksimara'(마녀를 죽이는 돌)라고 불리는 바위가 있었다. 테르하툼 출신의 단 프라사드 카풍Dhan Prasad Khapung은 "200여 년 전 테낭Tenang이라는 왕이 집권했을 때, 주술사들이 마녀를 지목하면 바위에 난 구멍에 그 여성을 쇠사슬로 묶어 목을 매달아 죽였다고 전해진다"라고 말했다. 이런 관습과 전통은 여러 카스트와 부족에서 횡행하고 있다. 사람들은 마녀 주술을 쓰는 사람이 다른 이에게 해를 가한다고 믿었다. 잔혹한 유산이 된 이 믿음은 한 세대에서 다음 세대로 전해졌다. 마녀 주술을 쓴다는 이유로 여성을 죽인 이야기는 네팔뿐 아니라 이웃 나라인 인도에도 숱하게 많다.

사람들은 물질적 손실을 비롯해 어려운 일을 당하면 주술을 찾는다. 네팔 사회에서는 질병이나 경제적인 문제, 이런저런 불행한 일들이 생기면 마녀 주술과 연관 짓는다. 만약 반얀나무나 무화과나무가 휘면 마녀가 밤새도록 춤을 추어서 생긴 일이라고 생각하며 얼른 다시 심는다. 남편이 결혼하자마자 죽거나 아내보다 먼저 죽으면 남겨진 아내는 남편을 죽였다고 비난받는다. 누군가 정신병, 뇌전증, 편두통이 있거나 아이에게 먹일 젖이 돌지 않아도 다 마녀의 소행이라고 생각한다. 또한 마을에서 머리카락을 가리지 않거나 묶고 다니지 않으면 마녀라고 비난을 받는다. 네팔에서 마녀라고 비난받는 여성은 다양한 폭력을 겪게 된다. 테르하툼의 쉬리정Shrijung에 사는 락스미 마야Laxmi Maya는 마을개발위원회 회원이자 이러한 폭력의 피해자이기도 하다. 그녀는 마녀로 고발당했을 때의 고통을 다음과 같이 표현했다.

> "나는 낡은 집에 혼자 있어야 했어요. 사람들이 나를 마녀라 부르니 돌아다니기도 힘들었죠. 친척들조차 내가 마녀라며 집에 오지도 못하게 했어요. 친척이 아이를 사산하니까 내가 주술로 아이를 죽였다고 비난했어요. 내 아들까지 조카에게 심하게 맞았답니다."

네팔에서 마녀로 지목된 여성들은 다양한 형태의 폭력에 방치되어 있다. 예를 들어, 얼굴에 검댕이를 묻히거나 화환처럼 신발을 엮어 이를 목에 걸어서 마녀 표시를 하고 사람의 오줌과 배설물 등을 강제로 먹이기도 한다. 이들은 종종 습격을 당해 꼬챙이나 몽둥이로 맞기도 하고 발길질을 당하기도 한다(Adhikari, 2014).

마녀 주술에 대한 네팔의 법적 규제

네팔 정부는 소위 마녀 주술과 관련된 구체적인 법안을 제정하지 않았다. 네팔의 사법 제도에는 마녀 사냥을 한 이들을 제대로 처벌할 수 있는 규정이 없다. 피해자가 고소를 하거나 범죄자가 체포되어도 잠시 수감되거나 벌금만 내면 된다. 네팔 민법 10조는 '마녀 주술 비난'과 관련된 처벌에 대한 것이다. 이에 따르면 마녀라고 비난하는 것, 그들을 거주지에서 내쫓는 것, 그들을 배척하거나 비인간적으로 함부로 대하는 것, 그들을 고문하는 것, 병에 걸린 사람을 비인간적으로 함부로 대하거나 배척할 경우에 가해자는 3개월에서 최고 2년 동안 수감되거나 5,000루피에서 25,000루피의 벌금을 내거나 또는 이 두 가지 벌을 모두 받아야 한다. 이 조항 외에는 이 문제를 다룬 법이 없다. 이러한 조항이 법에 추가된 것도 2005년 여성 변호사인 레쉬마 타파Reshma Thapa가 대법원에 소송을 제기한 후의 일이었다. 마녀 주술 비난 사건이 몇 건 제기되었지만 모욕과 명예 훼손, 구타와 밀치기 등으로 처리되었고 여성에 대한 폭력으로는 다루어지지 않았다.

여성아동복지부와 네팔여성위원회NWC는 이제 겨우 법적인 공백을 깨닫고 이러한 관행을 막는 법률 초안을 만들었다. 그러나 이 문제를 철저하게 다루는 법이 실제로 시행되려면 아직도 갈 길이 멀었다. 내가 속해 있는 여성인권포럼Women's Rights Forum은 협력 단체들과 함께 전국적인 차원에서 지역 주민들의 의식을 향상하기 위한 캠페인을 벌이고 있다. 또한 '액션에이드 인터내셔널 네팔ActionAid International Nepal'의 지원을 받는 여성인권포럼과 여성 변호사들은 네팔여성위원회와 공동으로 이른바 마녀에 대한 범죄 관련 법안 초안을 작성했다. 이 법안 초안은 지위가 낮은 여성들, 피해자와 그 가족들, 여성 단체들, 인권 단체들, 전문가 네트워크 등으로부터 폭넓은 자문을 받은 후에 만든 것이다. 네팔여성위원회 회원들과 전직 여성 제헌국회의원들도 이 과정에 참여했다. 2012년 법안 초안을 정부에 공식적으로 제출했지만 아직 통과되지 않았다. 정부는 미디어를 통해, 그리고 여성 단체들에게 이미 이 문제에 대한 긍정적인 입장을 밝혔으며, 법안을 통과시키자는 캠페인은 계속 진행되고 있다.

긍정적인 변화를 일으키는 여성들

네팔의 여성인권포럼은 마녀 주술에 대한 비난을 막는 일을 하고 있다. 여기에는 지역 사회단체, 인권 단체, 네트워크 연합, 사회 운동 단체, 미디어 등이 참여하고 있으며 전국적으로 연합해서 활동한다. 이 단체들은 거리 공연, 벽화 작업, 뉴스 보도, 전통 치유자 활용, 마이틸리와 보즈푸리, 림부 지역의 방언으로 노래 부르기 등과 같은 다양한 접근 방식을 사용했다. 미디어를 활용해 현행법의 효과적인 시행을 지지하고 있으며, 사람들과 정당, 이해 관계자들과 함께 워크숍 및 회의를 열어 여성 폭력 문제의 심각성에 대한 인식도 높였다.

특히 농촌 지역의 여성 단체들은 마녀 낙인과 마녀 주술을 썼다고 여성을 비난하는 범죄에 항의하는 대중 집회를 열었다. 네팔인권위원회 NHRC, 네팔여성위원회, 액션에이드 인터내셔널 네팔, 여성재활센터 WOREC 등의 단체들과 여러 NGO들이 '리플렉트 모임Reflect Circle'을 통해 이 문제에 대해 토론하고 거리 공연, 노래, 시, 대화로 관련 정보를 널리 퍼뜨렸다.[1] 브라질의 교육자이자 진보 사상가인 파울루 프레이리 Paulo Freire의 정치 철학과 참여 방법론을 접목한 리플렉트 모임은 성인

1 '리플렉트 모임'에서 각 멤버는 앞서 계획했던 일의 진척 상황과 성과를 서로 공유한다. 그리고 공동체에서 발생한 문제들을 논의하고 해결 방안을 모색한다. 끝으로 앞으로의 계획을 상의하면서 모임을 정리하는 순서로 진행된다. 지도자가 주도하는 다른 모임들과는 달리 '리플렉트 모임'은 모든 멤버가 다 발언할 수 있다.

문해 교육과 사회적 변화를 위한 혁신적인 방법이다. 리플렉트 모임은 인권, 권력 그리고 젠더 정의 담론에 큰 영향을 주었다.

사람들은 회의, 교육, 리플렉트 모임 등에 참여하면서 의식 수준이 높아졌으며, 마녀라고 비난받던 소외되고 빈곤한 여성들은 자유로워졌다. 이제 그들은 존엄성을 지키고 자유를 누리며 살 수 있게 되었다. 의식이 향상된 시골 여성들은 마녀 주술을 멀리하고 마을에서 마녀를 지목했던 전통 치유자들을 설득하기 시작했다. 다음의 이야기는 마녀로 몰렸던 한 여성이 리플렉트 모임과 캠페인에 참여한 이후 변화한 성공적 사례이다.

"나는 존중받아 마땅한 여성이지 마녀가 아니다"

인드라마야 록카Indramaya Rokka는 67세로 네팔 동부 테라툼 지역인 파야크Fayak 하마르중Hamarjung 4지구에서 10명의 가족과 함께 살고 있다. 그녀는 자녀들에게 학교 교육을 시키지 못했다. 장남과 차녀는 지적 장애를 가졌다. 가족들이 일하러 나가거나 집안일을 할 때면 딸을 외양간에 묶어두었다. 하루 두 끼도 겨우 먹는 이들에게 두 자녀의 병원 치료는 요원한 꿈이었다.

사람들은 인드라마야를 나쁘게만 보았고, 마녀라고 비난하며 그녀를 비롯한 가족들의 삶을 더욱 어렵게 했다. 공동체에 나쁜 일이 생길 때마다 그녀를 비난하며 괴롭혔다. 그녀가 마을길로 다니면 아이들이 떼로 몰려와 마녀라고 놀려댔고 그녀는 이런 모욕을 참아야만 했다. 2년 전, 달리트 소사이어티Dalit Awareness Society와 액션에이드 인터내셔널 네팔이 마녀 주술 비난 범죄를 반대하는 캠페인을 함께 진행하면서 우리는 인권에 기반한 접근법에 따른 리플렉트 모임을 파야크에 조직했다.

이 캠페인은 "어느 누구도 마녀라는 비난을 받아서는 안 된다", "사람에게 오물을 던지면 안 된다", "여성의 권리가 인권이다", "시골 여성들의 외침" 등의 표어를 사용했다. 리플렉트 모임의 지도 아래 온 마을의 벽에 이 표어들을 썼다. 의식 확산 프로그램과 함께 소송이 진행되니 사람들의 시각도 서서히 바뀌었다. 인드라마야는 다음과 같이 말했다. "캠페인이 있고 나서 편안해졌어요. 이제 아무도 나를 마녀라고 부르지 않아요. 나는 다시 일할 기회를 얻었고 사회 활동과 모임에도 초대받았어요. 정말 다행이죠." 이제 인드라마야는 '좋은 소식 저축 모임Shubha Shandesh Saving Group'의 회원이다. 그녀는 매달 10루피를 저축하고 있으며 가축을 길러 생계를 유지하기 시작했다.

인드라마야는 리플렉트 모임이 주관하는 모든 토론에 참여하고 있다. 고통을 나누고 서로 지지하는 이 모임은 그녀에게 또 하나의 가족이 되었다. 그녀는 웃으며 "리플렉트 모임에서 몇 번 토론한 후에 우리는 마녀 주술의 정치학에 대해, 그리고 마녀 주술 따위는 없다는 것을 이해할 수 있었어요. 이제 아무도 나를 마녀라고 부르거나 못된 짓을 하지 않아요. 그 지긋지긋한 비난에서 벗어났어요"라고 말했다.

앞으로 나아가야 할 길

우리는 경험과 분석을 통해 마녀라고 낙인찍는 관습이 여성에 대한 폭력의 주요인 중 하나로서 네팔에서 심각한 문제임을 보여주었다. 그리고 구타, 화상, 고문, 과로, 살해와 같은 신체적 학대와 강제로 집에서 내쫓기와 같은 심리적 폭력 등 마녀 주술과 관련해서 여성에게 가해지는 다양한 폭력 사례들을 살펴보았다. 정부와 사회는 이러한 폭력을 지속적으로 방관함으로써 차별적 관습에 기여하고 있다. 이는 부당한 사회적 가치나 풍습, 불공정하고 부적절한 법규, 불공평한 자원 분배, 불평등한 권력관계, 불평등한 임금률, 이중 노동, 단체 간 조율 부족, 재산에 대한 접근과 통제 부족 등을 포함한다. 이 모든 것들이 여성으로 하여금 자기 권리에 대한 인식 부족과 함께 이러한 관습을 운명으로 받아들이게 만든다. 결국 이 문제는 제대로 해결되지 않았다.

네팔 공동체에 마녀 주술에 대한 미신적인 믿음을 영속시키는 근본 원인은 다음과 같다. 즉, 뿌리 깊은 가부장적 사고, 미신과 그에 따른 가치와 풍습, 교육 기회의 부족과 실업, 성 불평등과 차별, 이 문제를 다루기에는 불충분한 정책, 현행법의 비효율적인 시행, 피해자에 대한 보상 규정 부재, 여성을 위한 정부 규정에 대한 대중 인식의 부족, 여성 인권을 보장해야 하는 정부의 책임감과 의무감 결여, 여성 인권을 위해 일하는 단체 간 협력 부재, 법 절차에 대한 인식 또는 이해 부족, 취약한 여성을 위한 안전장치 부재, 여성 운동가들에 대한 협박 등을 들 수 있다. 다른 인권 단체들도 마녀 주술 문제를 다루지만 대부분 특정 지역에 몰려 있고, 지역 활동을 하더라도 프로젝트 지향적인 방식으로 진행되어 표면적인 수준에 그쳤다. 사전 맥락 연구와 분석도 없었다. 마녀 주술 비난이라는 악을 제거하는 데 정부는 그리 유능하지 못했다. 마녀 주술 비난은 네팔 여성들의 이동성, 교육, 자원을 통제하고 존엄성을 거부하는 범죄라고 말할 수 있다.

마녀 주술 비난은 여성뿐 아니라 사회 전체에 악영향을 주므로 인권과 발전의 문제라는 인식이 늘어나고 있다. 네팔에서는 여성들이 이 문제를 공론화할 용기가 없거나 문화의 일부로 자연스럽게 여겼기 때문에 실제로 크게 드러나지는 않는다. 반면 이 관습에 중요한 역할을 담당하는 전통 치유자들의 권력은 매우 강하다. 마녀 주술 비난을 막으려는 다양한 노력과 시도에도 불구하고 이 사회악은 점점 더 강해지고 전보다 더 넓게 확산되고 있다. 그러므로 우리는 이를 근절할 수 있는 조치를 취해야 한다. 다음은 마녀 주술 관련 문제를 줄여나가기 위해 고려해야 할 사항들이다.

성평등

아들과 딸의 차별을 없애면 현재 네팔이 직면하고 있는 많은 문제들을 해결할 수 있다. 이를 위해 정부는 성평등에 기반한 대규모의 직업 교육을 소녀들에게 제공해야 한다. 아동과 청소년의 의식을 개선하기 위해 마녀 주술이 사회에 미치는 영향을 교과 과정에 넣어야 한다. 또한 여성이 교육 기관, 사법부, 행정부, 입법부를 포함한 정부와 비정부 기관에서 다양한 직업을 가질 수 있도록 보장해야 한다.

대중 인식 개선 캠페인

일반 대중과 공동체 성원들이 마녀 주술의 부정적인 측면을 깨닫는 것이 필요하다. 영향력 있는 모든 기관들은 이를 위한 캠페인에 동참해야 한다. 그러기 위해서 정부는 이 문제만을 집중적으로 다루는 대중 인식 개선 캠페인을 전국적으로 펼쳐야 한다. 더불어 종교 지도자와 전통 치유자들은 마녀 주술 관습을 언급한 종교 문헌의 모호한 내용에 대해 타당한 근거를 가지고 설명해야 한다. 이러한 관습이 번창하는 데 중요한 역할을 한 전통 치유자들이 마녀 주술 반대 캠페인에 참여해야 한다. 전통 치유자 대신 사람들이 아플 때마다 쉽게 찾을 수 있는 좋은 의료 시설과 의사가 마을마다 있어야 한다. 그리고 지역 라디오와 텔레비전 방송국에 미신에 대한 인식 향상 프로그램을 제작하도록 권장해야 한다.

교육

교육은 사람을 독립적인 사회 성원으로 만드는 중요한 도구이다. 아이들이 적절한 교육을 받게 되면 마녀 주술 비난은 시대에 뒤처진 것이 되고 더 이상 존재하지 않게 될 것이다. 아이들이 학교에서 마녀 주술의 부정적인 영향에 대해 배운다면 이 관습에 맞설 수 있다. 이를 위해서 정부는 마녀 주술에 관한 내용을 공립 학교의 교과 과정에 넣어야 한다. 또한 빈곤 지역 소녀들의 교육을 보장하는 특별 규정을 만들어 모두가 양질의 공교육을 받을 수 있게 해야 한다.

관련법

신고를 했는데도 재판으로 가지 않는 마녀 사냥 사례가 많이 있다. 현재 마녀 주술과 관련된 제대로 된 규정도 없고 시행을 보장하는 기제도 없다. 마녀 주술 비난을 범죄로 규정하고 처벌하는 법을 통과시키고 즉각 시행해야 한다. 또한 피해자들을 위한 재활 센터가 필요하며, 지역마다 여성 폭력 사례를 다루는 분리된 법정이 필요하다.

NGO의 역할

공적 분야에서 NGO의 활약은 전 세계적으로 잘 알려져 있다. 그런데 네팔 정부는 정책을 만드는 데 NGO를 참여시키거나 NGO로부터 자문을 구하지 않으며, NGO가 사회 개혁 프로그램을 효과적으로 실행하도록 지원하지도 않는다. 연대 의식, 조율할 수 있는 메커니즘, 책임감의 부재 등이 개발 기구들 간의 비효율성을 초래했다. 이를 염두에 두면서 우리는 주 정부 시스템의 정확한 상황을 파악하고 후속 조치를 취할 수 있도록 조사할 것을 정부에 제안하는 바이다. NGO들은 서로 일이 중복되지 않게 잘 계획해야 한다. 지역 NGO는 정부 기관과 협업할 수 있는 효과적인 조율 메커니즘을 개발하고, 마녀 주술 반대 캠페인을 통해 대중의 인식을 향상시켜야 한다. NGO는 각 정당으로부터 관련법 이행에 대한 약속을 받아내고 정부 기관이 책임지게 만들어야 한다. 지방 공무원과 법 집행관들은 능력을 키우고 마녀 주술 관련 현행법과 정책을 잘 파악해야 하며 마녀 주술 관련 범죄와 폭력을 줄이기 위해 지역 당국과 협조해야 한다. 이 밖에도 지역 단위로 사회 변혁가, 운동가들에게 안전망을 제공할 수 있도록 지역 NGO를 활성화하고 그들의 능력을 키워서 뜻이 같은 조직들과 연합하고 정부와 협력하게 해야 한다.

여성의 정책 개발 참여

일반적으로 정책 개발은 문제 파악, 필요성 인식, 쟁점의 구성과 서열화, 정보 수집, 사안 분석, 초안 작성, 초안 검토, 쟁점 토론 그리고 마지막으로 정책 승인의 과정을 거친다. 그러나 여성 관련 정책은 풀뿌리 단계에서부터 어떤 의견도 잘 수렴하지 못했다. 여성들이 자신의 의지에 반하고 자신의 권리를 침해하는 관습이 있다는 것을 깨닫지 못하면 직접 나서서 관여하지 않을 것이다.

NGO는 여성의 정책 개발 참여를 보장하기 위해서 왜, 그리고 어떻게 마녀 주술에 대한 비난이 아직도 존재하는지 여성들이 질문할 수 있게 도와야 한다. 여성들은 이 상황을 비판적으로 생각하고 필요한 부분을 인식하고 정책 변화를 위한 행동을 취해야 한다. 그리고 풀뿌리 단계에서부터 여성의 권익을 옹호하는 운동에 참여해야 하며 관련 문제를 파악해 정책을 변화시키고 스스로 동기를 부여해서 이러한 일을 할 수 있다는 확신을 가져야 한다. 이 모든 일을 열심히 수행하면 마녀 주술 관습은 사라지고 여성들은 인간답게 살 수 있을 것이다. 이러한 관습에 맞서 우리 모두가 연대하면 폭력 없는 사회를 만들 수 있을 것이다.

12

라오스 여성에 대한 폭력과 아동 결혼 철폐*

비엥다봉 루앙시티데스

라오스 인민민주주의공화국은 총인구가 668만 9천 명(2014년 기준)으로 인구의 80%가 농촌 지역에 살고 있으며 60%는 25세 이하이다. 라오스의 인간개발지수는 169개국 중 122위이다(2011년 기준). 인구의 70%가 하루 미화 2달러 미만으로 생활하고 있다. 라오스는 사방이 육지로 둘러싸여 있어 대부분의 무역이 태국을 통해야 한다는 것이 큰 취약점이다. 태국은 라오스와 이웃하고 있고 문화와 언어가 비슷하며 경제 상황이 더 낫기 때문에 라오스의 태국 이민 역사는 길다.

라오스 여성의 문맹률은 높은 편인데, 특히 소수 민족 여성의 문맹률

* 이 글은 *KACP Collaborative Research Report: Gender, Justice and Democracy in Asia* (Asian Association of Women's Studies, 2017)에 게재된 논문 "Reducing Violence against Women and Children on Ending Child Marriage in Lao PDR"을 수정·보완해 우리말로 옮긴 것이다.

이 높다. 15-24세 남성의 문해율은 89%이고 여성의 경우는 78%로 현격한 차이가 난다. 농사나 집안일을 거들기 위해 여성은 학교를 그만두게 된다. 교육 시설이 부족한 데다가 여성들을 위한 교육을 가로막는 문화적 관습과 인식 때문에 이러한 현상은 더욱 악화되고 있다. 여성들의 낮은 교육 수준은 비농업 분야에 취업하거나 의사 결정에 참여할 능력을 제한하는 원인이 되고 있다. 예를 들어, 소수 민족 출신 소년과 소녀의 취학률이 똑같이 나아지고 있지는 않다. 교육에서 여성의 진전이 제일 더디다. 이런 여러 가지 이유로 농촌에 사는 많은 여성들이 생계 수단을 마련하고자 도시로 떠나고 있다.

최근 몇십 년 사이 라오스 여성의 교육과 건강 수준은 점점 나아지고 있다. 하지만 여성들은 여전히 아이를 낳다 죽어가고 있으며, 가난한 시골 소녀들은 꾸준히 학교를 그만두고 있다. 가정에서 여성은 의사 결정 권한이 없다. 여성이 경제적인 활동을 할 수 있는 기회가 늘어난다고 해도 여전히 제한적이다. 교육은 여성의 지위를 나타내는 지표이자 보다 중요하게는 여성의 역량을 강화시킬 수 있는 동기가 되기도 한다.

라오스에는 가정 폭력이나 부부 강간 관련 법에서 폭력의 정의와 구분이 명확하지 않거나 아예 없다. 게다가 범죄를 묵인하고 처벌하지 않는 문화가 만연해 있고, 농촌 지역 및 소수 민족 공동체 여성들의 경우 사법 접근성이 떨어지며, 폭력 사건의 생존자가 이용할 수 있는 서비스 자료와 정보가 거의 없다. 특히 피해자의 60%가 12-18세 연령의 소녀들일 만큼 여성에게 가해지는 가정 폭력과 젠더 폭력이 널리 퍼져 있는데도 잘 드러나지 않고 있다(UNDP, 2009).

2005년 라오스 젠더정보개발센터GRID가 실시한 조사에 따르면, 친밀한 남성 파트너에 의한 성폭력 등 신체적 폭력이 모든 지역에서 발생하고 있다. 보고서에 의하면 여성에 대한 폭력을 일으키는 네 가지 요인이

1) 남편을 존경하지 않거나 성적 요구에 응하지 않는 등 여성에게 기대되는 젠더 역할을 수행하지 않음, 2) 남편의 질투, 불신, 정부를 두는 것을 포함한 부정, 3) 술과 마약, 4) 실업, 경제적 스트레스, 돈이라고 밝히고 있다. 정리하자면 여성에 대한 신체적 폭력이 발생하는 원인은 술, 마약, 돈, 아내의 직장 관련 문제 등이었다(GRID, 2009). 2006년에 실시한 복수지표집단조사Multiple Indicator Cluster Survey에 따르면 15-49세 여성의 81%가 남편에게 알리지 않고 외출할 때, 아이들을 돌보지 않을 때, 남편과 말다툼할 때, 성관계를 거부할 때, 음식을 태웠을 때 남성이 아내나 파트너를 때려도 된다고 응답했다.

질적 연구를 하면서 만난 여성 폭력 피해자들 가운데 대학 교육이나 직업 전문 교육을 받았거나 정부 기술직에서 일하는 이도 있었던 반면, 초등학교 2학년까지만 다닌 이도 있었다. 결혼 생활에서의 폭력 경험은 여성의 교육 수준에 따라 달라지지 않았고 남편의 교육 수준과 사회적 성공이 보다 중요한 요소로 작용했다. 교육을 받았다고 해도 대부분의 여성들은 부분적으로나마 남편이나 파트너의 지원이 없으면 경제적 어려움을 겪는다. 표적 집단 토론에서 성인 남성들은 아내의 교육 수준이 낮아 함께 대화를 하지 못한다고 불만을 토로했는데, 이는 가정의 화목을 유지하는 데 여자의 능력이 중요하다는 뜻이었다. 여성 생존자들은 이 의견에 반대했다. 폭력은 여성의 학력에 상관없이 여성의 특정 행동이나 게으름으로 인해, 또는 남편과 싸우거나 남편에게 대들었다고 해서 일어났기 때문이다.

2004년 「여성발전보호법LDPW」이 제정되면서 라오스의 법은 점차 여성의 인권을 인식하게 되었다. 그러나 아직도 많은 요소들이 여성에 대한 폭력을 어떻게 정의할지, 심지어 폭력으로 고려할 만한 것인지의 판단에 영향을 미치고 있다. 특히 여성 성 노동자들은 손님, 매니저, 담당

공무원에게 성폭력을 비롯한 폭력을 당할 위험이 상당히 높은데도 법적 보호나 지원을 받지 못하고 있다. 한편, 라오스에서 이혼의 주원인은 가정 문제와 배우자 폭력이다. 가정 폭력은 두 번째 이혼 사유이다. 부부 강간에 대한 법은 없지만 가정 폭력은 불법이다. 강간은 3-5년 징역형의 처벌을 받는 범죄이다. 피해자가 18세 미만이거나 심각한 상해를 입었거나 죽었을 경우, 5년 이상의 징역형 또는 사형 선고가 내려진다. 라오스의 법에는 아동 성매매에 대한 구체적인 처벌 조항이 없지만 15세를 성관계 승낙 연령으로 본다. 따라서 15세 미만의 아동과 성관계를 했을 때는 1년에서 5년의 징역형과 벌금형을 부과한다.

농촌 여성의 혼인 연령은 보통 15-18세이다. 농촌 여성의 조혼은 거의 대부분 마을법과 관습법을 따른다. 라오족은 상당히 자유롭게 배우자를 선택할 수 있고 조혼 또한 흔하다. 하지만 많은 소녀들이 금세 이혼하거나 과부가 되는데, 이것이 라오스의 고질적인 문제이다. 농촌의 소수 민족들은 마을을 떠나 여행하기도 어려운 데다가 대개 문맹이고 라오어를 잘하지 못한다. 따라서 제대로 교육을 받지 못하고, 조혼 문제나 권리에 대한 지식도 부족하기 십상이다. 관습법에 대한 지식도 상당히 제한적이다. 소수 민족들의 관습은 매우 다양하고 대부분 구전으로 전해지며 전통적인 젠더 역할을 재생산하고 있다.

여성과 아동에 대한 폭력

여성 폭력과 젠더 폭력은 심각한 사회 문제이며 여성 인권 침해라는 인식이 전 세계적으로 퍼지고 있다. 세계보건기구의 최근 보고에 따르면, 전 세계 여성의 35%가 친밀한 파트너 혹은 파트너가 아닌 사람에게 신체적 폭력과 성폭력을 당하는 것으로 나타난다(WHO, 2013). 친밀한 파트너란 커플로서 신체적 접촉을 하고, 감정적으로 연결되어 있으며, 성관계를 갖고, 서로의 생활에 대해 알고 있는 가까운 관계에 있는 사람을 말한다. 대부분의 폭력은 친밀한 파트너에 의한 것으로 나타났다. 젠더 폭력과 여성 폭력을 종종 혼동하는 경우가 있는데, 젠더 폭력은 특정한 사회적 맥락에서 남녀 간의 불평등한 권력관계에 따라 각각의 젠더와 연결된 규범적인 역할 기대에 대한 결과로 일어나는 것이다.

행동 통제나 경제적 학대 같은 폭력은 폭력의 수위뿐만 아니라 여성이 활동과 의사 결정에 참여할 수 있는 자유의 정도를 가늠하는 데도 중요하다. 행동 통제에 대한 조사에 따르면 파트너가 있는 여성의 1/3이 최소한 가지 방식의 행동 통제를 당했다. 약 20%는 남편이나 파트너에게 어디에 있는지 계속 감시당하거나 추궁당했으며, 15.4%는 파트너에게 부정하다는 의심을 받았다고 보고되었다. 이것은 신체적 폭력 또는 성폭력보다 높은 수치이다. 몇몇 다른 연구에 따르면, 남성에 의한 행동 통제는 신체적 폭력(Heise et al., 1999)이나 성폭력(Jenkin, 2000)이 병행될 가능성이 아주 높으며, 이러한 행동 통제는 남성의 여성 지배와 통제로 표현되는 권력의 동기 그리고 남성성을 장려하는 문화적 억압에 종속된 시스템과 밀접하게 연관되어 있다. 질적 연구에서 한 여성은 남편의 행동 통제가 질투와 의심에서 비롯된 신체적 폭력으로 더욱 악화되었다고 말했다. 특히 집 밖이나 직장에 있을 때 더 심해졌다. 경제적 학대를 보면, 6.8%의 여성이 남편에게 번 돈을 빼앗기거나 필요한 돈을 요구할 때 거절당했다. 이런 현상은 특히 도시에 편중되었다. 라오스는 전통적으로 아내가 가정 경제를 관리하지만 경제적 학대를 경험한 여성들은 남편에게 돈을 어떻게 썼는지 추궁받으며 사생활에 관한 의심을 받았다고 강조했다. 정작 남편들은 술과 친구, 술집이나 나이트클럽에서 만난 여자들에게 돈을 펑펑 쓴다. 경제적 학대는 부부간의 신뢰 부족과 밀접하게 연관되어 있으며, 술과 부정으로 심해지기도 한다.

2014년 라오스에서 전국적으로 실시한 생애 경험에 따른 여성 건강 조사는 여성에 대한 폭력이 널리 퍼져 있고 사회에 깊이 뿌리박혀 있으며 여성, 아동, 가족의 건강과 복지에 심각한 영향을 준다는 것을 분명하게 보여주었다. 라오스는 초기 예방, 보호, 대응을 강조했다. 이 원칙에 따라 여성 폭력을 방지하고, 해결하고, 대응하려면 다양한 분야와 기관에서 주도하는 구체적인 사업 계획이 필요하다. 정책 입안자, 중앙 정부와 지방 정부, 기부자, NGO, 시민 사회단체들은 폭력을 당한 여성과 아동을 지원하는 정책을 만들고 관련 프로그램과 프로젝트를 시행할 때 이 권고를 참조해야 한다. 법과 정책은 젠더 불평등을 일으키는 태도와 행동을 변화시키고, 범죄자에 대한 엄중한 처벌과 함께 생존자를 보호·지원하는 서비스를 제공하는 포괄적 전략을 개발하는 데에도 결정적인 역할을 해야 한다.

여성 폭력을 다룬 기존의 라오스 형법을 보면, 일반적인 신체적, 정서적, 성적 폭력 사건을 다루지만 폭력의 형태들에 대한 정의는 모호하다. 형법 90조(구타), 95조(폭행), 128조(강간)가 명시한 폭력에 대한 처벌로는, 폭력의 심각성에 따라 징역형과 벌금형, 재교육이 있다. 라오스에서는 여성 폭력 금지와 관련된 두 개의 중요한 법이 여성 보호, 폭력 방지와 대응의 관점에서 명문화되었다. 첫 번째는 2004년에 제정된 「여성발전보호법」으로 가정 폭력과 인신매매에 관한 라오스 최초의 포괄적인 법이다. 이 역사적인 법은 다양한 형태의 학대로부터 여성과 아동을 보호하는 데서 진일보한 것이다. 두 번째는 여성과 아동 폭력 방지에 관한 새로운 법이다. 이 법은 폭력에 대해 정의를 내리고 폭력을 방지하고 금지할 뿐만 아니라 사법 절차에 따라 폭력으로부터 시민을 보호하는 방법들을 모두 망라한다. 이는 결혼하지 않은 커플 사이의 폭력과 부부 강간을 배제한 「여성발전보호법」의 결함을 보완하기 위한 것이다.

라오스에는 형법이나 「여성발전보호법」과 같은 관련 법들이 있지만 여성 폭력에 대한 좁은 의미의 정의에는 폭력 가해자가 처벌을 피할 수 있는 허점이 많다. 이 문제를 해결하고 여성차별철폐협약CEDAW의 권고 24호를 따르고자 라오스 정부는 「여성과 아동에 대한 폭력방지법VAWC」을 만들고 국회의 승인을 받아 통과시켰다. 새로운 「여성과 아동에 대한 폭력방지법」은 남녀가 상호 존중하고 평등한 관계가 될 수 있도록 남성성을 강화하는 현재의 사회 규범을 바꿈과 동시에 효과적인 서비스를 제공해 여성의 요구에 더 잘 대응하고자 하는 길고 복잡한 과정의 시작에 불과하다.

법은 행동 계획이나 전략이 수반된 정책 프레임워크가 있어야 더 효과적으로 시행될 수 있다. 2014년에 '여성과 아동 폭력 방지와 철폐에 대한 국가행동계획NPAVAW'(이하 국가행동계획)이 승인되었다. 국가행동계획(2014-2020)은 성평등을 이루기 위한 적절한 교육과 지지와 함께 건강 서비스, 경찰과 사법 체계의 질적·양적 향상 등을 통해 폭력으로부터 여성을 보호하고 폭력을 방지하는 구체적인 조치와 행동을 명시한 것이다. 폭력 방지, 피해자 보호, 관련 기관 협력, 법률 상담 등 통합 지원을 통해 새롭게 제정된 「여성과 아동에 대한 폭력방지법」의 기본 사항 시행을 지원한다.

「여성과 아동에 대한 폭력방지법」과 국가행동계획이 효과적으로 시행되어 사회가 변화하고 체계적인 개혁이 이루어지기 위해서는 대중들의 의식 고취와 대중들로부터의 옹호가 절대적으로 필요하다. 이것은 폭력에 대한 태도, 행동, 정책, 관행의 변화와도 연결되어 있다. 즉, 여성과 아동에 대한 폭력을 근본적으로 예방하기 위해 성평등을 촉진해야 한다. 이때 저널리스트나 미디어의 지지를 촉구하고 동원하는 전략이 요구된다. 이 문제에 대한 대중의 의식을 향상시키고 이 문제가 많이 회자되게 하려면 전자 출판과 인쇄물 출판을 활용하는 것도 하나의 방법이다. 전국에 배포할 TV 프로그램, 캠페인 DVD, 학교 교재 등을 이용한 의식 향상 자료의 개발도 필요하다. 공문서 출판이나 방송을 할 때 라오스 사회의 민족 다양성을 고려해 지역 방언으로 번역해 소개하는 등 포괄적인 홍보 전략도 요구된다. 법 제정과 국가행동계획의 발전을 전파하는 정책을 적극적으로 옹호하고, 의식 향상 캠페인을 지지해야 한다. 그리고 새롭게 제정된 「여성과 아동에 대한 폭력방지법」과 국가행동계획의 시행을 위해 자원 분배를 적절히 하고 있는지, 국가 프로젝트나 프로그램이 효과적으로 개입하고 있는지 평가해야 한다.

여성 폭력과 가정 폭력에 대한 의식을 향상하는 것은 폭력을 방지하는 데 중요하다. 이러한 의식 향상이 다양한 폭력을 지속시키고 용납하는 태도와 행동을 바꾸는 첫 번째 단계이다. 비디오 영상과 포스터를 통한 전국적인 캠페인은 의식 향상과 사회적·정치적 변화를 이끌어내는 중요한 도구이다. 아동 폭력은 사적인 문제가 아니며 사회적 관심을 요한다. 유니세프와 다른 협력 단체들의 지원을 받은 정부는 지난 수십 년간 보건 및 교육 시스템을 발전시켜왔으며, 이러한 노력을 지원하는 시스템도 개발 중이다. 이는 법, 정책, 규정, 서비스, 수용 능력을 개발하고 강화하는 것이다. 구체적으로 사회 복지와 아동법 분야, 건강, 교육, 안전에서 중요 역할과 책임을 정하고, 아동을 보호하는 다양한 기관들의 협업을 증진시키는 것이다. 유니세프는 아동 폭력 문제 관련 정책 입안자, 일반 대중, 미디어계 종사자의 의식 향상을 위해 정부, 시민 사회, 개발 파트너들과 함께 커뮤니케이션 캠페인을 시작했다. 즉, 다양한 커뮤니케이션 채널을 통해 중요한 메시지를 개발하고 유포하고 있다. 정부도 성평등을 실천하고 있는데 가정 폭력, 특히 여성과 아동에 대한 폭력이 없는 가정,

마을, 지역으로 발전시키고자 애국심 및 발전 관련 캠페인을 전국적으로 펼치고 있다.

그러나 라오스 농촌 지역의 대중 의식은 여전히 낮고 옹호 캠페인은 외면당하고 있다. 이 현상은 정부가 지원금을 제한했기 때문에 나타나며, 결국 법이 비효율적으로 실행되는 결과를 낳는다. 자원 확보, 특히 충분한 재정의 확보는 성공적인 법 시행과 그 유지에 필수적이다. 아동은 여러 위험에 직면할 수 있으며 이러한 위험은 상호 연결되어 있다. 한 영역에서의 취약성은 다른 영역에서의 취약성을 가중시키기도 한다. 결과적으로 빈곤, 가족 붕괴, 폭력, 장애, 소수 민족처럼 서로 복잡하게 얽힌 요소들을 다루려면 위기에 빠진 가족을 찾아내 이들의 요구를 파악하고 이런 일들이 일어나는 것을 방지하는 종합적이고 체계적인 대응이 필요하다.

지금까지 이룬 성과를 정리해보면 다음과 같다. 공동체 아동 보호 네트워크의 개발, 전국 청소년 상담 전화 구축, 중앙 법원과 지방 법원에 아동 법원 설립, '라오스 여성연합 상담과 보호 단체'를 통한 지방의 상담 서비스 강화, 청소년 형사소송법 개발, 아동과 가족 복지 시스템 및 아동 관련 사법 시스템 평가, 라오스 사회 복지사 직무 개시에 대한 토론 등이 있다. 아동 보호 시스템을 구축하는 것은 아동 문제를 다루는 데 있어서 보다 일관되고 지속 가능하며 비용 효율적인 방법으로, 장기적으로는 모든 어린이들에게 영향을 주게 될 것이다.

여성 발전과 성평등 증진

라오스 헌법에 명시된바, 여성 발전과 성평등 증진은 정치, 경제, 교육, 사회, 문화, 가사, 국가 방위와 안보, 외교에서 남녀가 동등한 가치와 기회를 가지게끔 보장하는 국가 정책의 하나이다. 국가는 여성이 자신의 권리를 자각하고 행사할 수 있게 해야 하며, 여성이 일할 기회와 좋은 생활 조건을 가질 수 있도록 교육, 직업 훈련, 노동 기술 개발, 필요한 재정 자원을 통해 여성의 경제 상황을 개선시켜야 한다. 라오스는 성평등이라는 목표를 향해 꾸준히 나아가고 있으며, 2015년까지 남녀 초등학생들의 균형을 잘 맞춰나갔다. 그러나 고등 교육까지 평등이 확산되지는 않았다. 제3차 교육 과정(고등학교에서 이어지는 대학 및 직업 교육 과정)에는 소년 100명당 소녀 77명이 진학했다. 노동 인구에서 남녀는 같은 비율을 차지하나 임금에는 격차가 있다. 2012년 국회의 1/4이 여성으로 구성되었고, 동남아 지역에서 라오스는 여성의 국회 참여율이 가장 높은 나라가 되었다. 한편, 라오스는 인신매매의 피해자가 많은 나라이기도 하다. 저소득 지역의 어린 소녀들이 태국의 상업적 성매매나 가사 노동, 의류 공장, 농산업 등에 투입된다. 인신매매된 아동의 약 72%가 18세 미만의 어린 소녀들이다(MOES, 2016). 정부는 인신매매를 없애기 위한 법과 규제, 방안을 채택했고, 인신매매를 방지하고 피해자를 지원하는 지역 단체들과 MOU를 체결했다.

빈곤 감소를 목표로 한 젠더 전략은 라오족 여성이 사회에서 중요한 역할을 할 수 있는 기반이 되었다. 특히 가난한 소수 민족 여성의 참여는 빈곤 감소와 생활 수준 향상이라는 목표를 성취하는 데 필수적이다. 이것은 인권의 문제일 뿐만 아니라 성평등이 인류 발전의 토대라는 믿음에서 비롯된 것이다. 또한 새천년개발목표MDGs를 이루고 환경을 해치지 않는 개발을 보장하는 길이기도 하다. 효과적인 통치, 빈곤 감소, 환경과 지속 가능한 개발, 위기 예방과 복구는 성평등 없이는 이룰 수 없다. 라오스 여성의 괄목할 만한 성장에도 불구하고 소녀들의 낮은 진학률, 높은 모성 사망률, 정부 고위직과 공무원, 사법부로의 저조한 여성 진출은 젠더 불평등을 반영하고 있다. 남녀 평등과 여성의 역량 강화는 경제 발전과 인적 자원 개발을 몇 배로 증가시키는 상승 효과를 낼 수 있다.

아동의 교육권 증진과 아동 결혼 철폐

라오스는 초등학교 등록률의 남녀 차를 없애기 위해 노력하고 있다. 최근 전국 초등학교 등록률은 꾸준히 올라가고 있으며 남녀 차는 줄어들고 있다. 2007/2008년 이후 초등학교 및 중학교 등록률의 남녀 차가 약 2%로 줄었다(MOES, 2016). 반면, 중학교 여학생들의 자퇴는 증가했다. 초등학교 등록에서 지역 간의 불평등은 여전했다. 북쪽과 남쪽 그리고 농촌 지역의 등록률이 더 낮았으며, 도시 지역의 6-10세 사이의 아동들을 제외하면 전체 그룹에서 소녀들의 등록률이 꾸준히 낮았다. 길이 없는 농촌 지역의 등록률이 가장 낮았는데, 그 지역 아동의 절반만 학교에 다녔다. 하지만 유엔개발계획에 따르면, 전반적으로 학교 교육을 받은 적이 없는 학령(6-20세) 인구 중 소녀 17%, 소년 11%로 여전히 소녀들이 많은 것으로 나타났다(UNDP, 2009). 중학교 등록에서 남녀 차는 줄어들고 있지만 지역별로 도시와 농촌 간에 상당히 차이가 있다. 도시에서는 소년보다 더 많은 소녀들이 중학교에 다니는데, 길이 없는 농촌에서는 소년 수의 반 정도에 해당하는 소녀들만 학교에 다닌다.

교육은 인권일 뿐만 아니라 여성 역량 강화의 강력한 도구이자 전략적 개발 투자이기도 하다. 소녀들을 교육시키면 몇 배의 상승 효과를 낼 수 있다. 교육받은 여성들은 교육받지 못한 여성들보다 더 건강하고, 공식 노동 시장에 더 많이 참여하며, 더 많은 돈을 벌고, 아이는 더 적게 갖고, 자녀에게 더 나은 건강 관리와 교육을 제공한다. 교육의 혜택은 다음 세대뿐 아니라 크게는 공동체에도 전달된다. 소녀들에게 더 많은 교육과 경제 활동 기회가 주어지면 십 대에 아이를 갖기보다는 이런 기회를 선택할 가능성이 높아진다. 그러나 수많은 구조적, 사회적, 경제적 장애물이 소녀들이 초등학교와 중학교에 다니고 졸업하는 것을 가로막는다.

유엔개발계획은 아동 결혼이 가장 넓게 퍼진 심각한 인권 침해 중 하나라고 지적한 바 있다(UNDP, 2015). 특히 남아시아 아동의 46%가 18세가 되기 전에 공식적으로 결혼하거나 비공식적으로 동거하므로 이 사안은 시급한 관심을 요한다. 소녀는 소년보다 어릴 때 결혼할 확률이 훨씬 높다. 남아시아에서 15-19세 소녀의 30%가 결혼했거나 동거하고 있다. 이에 비해 같은 연령대의 소년은 겨우 5%에 불과하다. 사회적, 경제적, 인적 비용이 이렇게 높은데도 왜 아동 결혼이 존재하는 것일까? 그 답은 사회 전반에 아동 결혼이 사회 규범으로 깊이 뿌리내렸고 전통, 종교, 빈곤이 이를 더 부추긴다는 사실에서 찾을 수 있다. 세계 대부분의 나라에서 아동 결혼을 금하고 있다. 관습법, 사회 규범, 빈곤으로 인한 경제적 어려움이 국가 정책과 법을 압도하기 때문에 아동 결혼의 불법화에 거의 영향을 미치지 못한다. 아동 결혼은 결혼을 한 아동의 삶뿐 아니라 그 주변 사람들의 삶에도 영향을 미친다는 점에서 영향력이 지대한 사안이다. 소녀의 몸과 마음이 다 성장하기도 전에 결혼하게 되면 준비되지 않은 상태에서 임신을 하게 된다. 전 세계적으로 임신은 15-19세 소녀 사망의 첫 번째 이유이다. 아동 결혼은 젠더화된 빈곤의 특성을 더욱 강화한다. 어릴 때 결혼을 함으로써 교육을 받지 못하고 기술을 배우지 못하면 소녀와 소녀의 가족, 소녀가 속한 공동체와 나라의 잠재력은 침식된다. 이것은 성인이 된 소녀의 삶을 거쳐 그다음 세대로까지 영향을 미친다.

20-24세 여성의 24%가 18세가 되기도 전에 결혼하는 아동 결혼은 동남아시아에서 흔한 일이다. 베트남에서는 20-24세 여성의 12%가, 캄보디아에서는 23%가 18세 생일을 맞이하기 전에 결혼한다. 2005년 유엔 자료에 따르면, 법적 혼인 연령이 15세인 라오스에서는 15-19세 여성의

20%가 결혼, 이혼, 또는 사별했다. 이에 반해 남성은 6%에 불과했다 (MOES, 2014).

하위 20%에 해당하는 빈곤 가정 출신 소녀들은 아동 결혼에 취약하며 이런 취약성을 더욱 악화시키는 다양한 요인들이 있다. 첫 번째 요인은 재학 기간이 짧다는 것이다. 빈곤 가정 출신 소녀들은 대부분 교육비를 감당할 수 없어 학교에 다니지 못한다. 라오스의 각 정권은 모두를 위한 무료 교육 프로그램을 만들었고, 이로 인해 소녀들의 재학 기간이 늘어났다는 보고가 있다. 그러나 대학까지 갈 수 있는 장학금을 받기란 요원한 일이다. 이 밖에도 통학비와 과외비 같은 간접적인 교육비 때문에 딸을 계속 학교에 보내기 힘들어하는 가정도 있다. 교육비는 극빈 가정의 소녀들이 교육받는 데 지속적인 걸림돌이 된다. 이 가정들의 제한된 자원은 딸보다는 아들의 교육비로 쓰인다. 아들의 교육비를 대는 것은 부모의 입장에서는 투자이다. 그러나 딸은 결혼하면 결국 다른 가정으로 떠날 거라고 여기며 딸에게 지출하는 것은 투자로 보지 않는다. 딸이 학교에 다니지 않으면 그 부모는 더 빨리 딸을 결혼시키는 경향이 있다.

따라서 조혼이 소녀들의 삶에 미치는 영향에 대한 지식과 경험을 나눔으로써 사람들의 의식을 높이고, 아동 결혼 철폐를 위해 규범이 바뀌어야 한다고 알리는 것이 필요하다. 이를 위해 미디어를 폭넓게 활용하고 아동 결혼의 위험을 방지하고 완화시킬 수 있는 프로그래머의 부단한 노력이 요구된다. 또한 아동 결혼의 위험성이 있는 소녀에게 교육적, 경제적, 사회적 기회를 확대해주어야 한다. 이럴 때 정부가 부처에 적절히 자원을 분배해 지원하는 정책 프레임워크를 개발하는 것도 도움이 될 것이다. 여성과 아동은 폭력과 학대, 방치로부터 보호되어야 하며, 정부는 이들을 보호하기 위한 메커니즘을 실행해야 한다. 라오스 정부는 최근에 법, 규제, 사회 복지 제도를 강화하기 위해 노력하고 있다.

성평등은 여성과 아동의 권리

라오스에서 공식적인 사법 체계에의 접근은 실질적으로 남녀 모두에게 제한적이다. 공식적인 사법 체계의 영향권이 좁기 때문에 관행으로 마을 차원에서의 문제 해결을 선호한다. 전국적으로 중앙 정부의 법과 규제는 일관되게 적용되거나 집행되지 않는다. 지방 법원으로 소송을 의뢰하지 않게 만드는 '범죄 없는 마을'과 '문화 마을'에 대한 보상 관행은 마을 차원에서 분쟁을 무마시키게 한다. 대부분의 여성 관련 분쟁이 이렇게 마을 차원에서 해결된다.

앞에서도 언급했듯이 농촌 여성은 문맹이 많고, 라오어도 능숙하지 않으며, 교육받을 기회가 적기 때문에 마을법과 관습법에 훨씬 더 의존한다. 그런데 이 마을법이 강력한 가부장적인 성향에서 벗어나 여성을 잘 보호할 수 있는지 의문이다. 특정 전통과 믿음이 변화를 가로막고 있으며 여성을 약한 젠더라고 여기는 곳에서는 여성이 기회와 정책에 접근하기 어렵다. 대다수의 농촌 사람들은 여성은 가족을 위해 늘 헌신해야 한다는 전통 문화를 굳게 믿고 따른다.

라오스는 많은 어려움과 장애에도 불구하고 성평등을 위해 한 걸음씩 나아가고 있다. 성평등을 촉진하기 위해서는 첫째, 여성과 아동 폭력에 대한 대중 의식과 함께 법 시행에 대한 의식과 민감성을 향상시켜야 한다. 정부는 아동 결혼을 포함한 젠더 폭력 문제를 방지하고, 폭력 피해자에게 다양한 지원을 제공해야 한다. 또한 모든 형태의 여성과 아동 폭력 철폐를 목표로 여성과 아동의 권리와 합법적인 이익을 보호하면서 폭력 문제를 다루어야 한다. 정부는 여성과 아동의 역할 및 존엄성을 인정하고, 성평등을 이루기 위해 노력하며, 국가 보호와 발전뿐 아니라 평화, 공공질서, 연대, 정의, 문화 생활을 유지하기 위한 사회 발전에도 기여해야 할 것이다.

둘째, 여성 발전과 성평등을 장려하는 것은 성평등에 대한 이해를 넓히고 더 많은 여성들이 의사 결정을 할 수 있는 자리에 오를 수 있게 한다. 이는 여성과 소녀들에게 교육, 훈련, 고용, 건강 관리, 소득 창출 등의 기회를 비롯해, 사회 기반 시설을 이용하고 사회적 보호를 받을 수 있는 기회도 제공한다. 여성 발전과 성평등을 증진하려면 경제 활동과 사회 서비스에 모든 민족 집단 여성들의 참여를 확대해야 한다. 또한 라오스 정부 기관 내 젠더 관련 조직을 강화하고, 특히 '여성 발전을 위한 국가 전략National Strategy for the Advancement of Women'을 강력히 추진해나가야 한다. 농촌 지역의 여성들이 농사 외에 직업을 가질 수 있는 기회가 늘어날수록 여성들의 취약성은 줄어들 것이며, 새로운 경제의 창출은 특정 지역을 빈곤에서 벗어나게 하는 데에도 도움이 될 것이다. 농촌 남성들은 특히 젠더에 대해 더 많이 이해해야 하며, 남녀가 동등한 권리를 누려야 한다.

셋째, 교육에서 아동의 권리를 증진시켜야 한다. 앞서 언급한 문제들과 라오스 청소년들의 관련 위험성에 대한 인식이 높아지면 교육 패턴이 변할 것이며 결혼을 늦출 수 있는 효과를 가져올 것이다. 아동 결혼을 금지하는 법을 비롯해 아동 결혼이 개인, 가족, 공동체에 미치는 악영향에 대한 의식을 향상시켜야 한다. 아동 결혼을 종식시키기 위해 미디어를 활용해야 한다. 아동 결혼의 위험을 방지하고 완화시킬 수 있게 프로그래머들이 더욱 노력해야 한다. 정부는 일찍 결혼을 할 위험이 있는 소녀들에게 교육적, 경제적, 사회적 기회를 더 많이 줄 수 있도록 각 부처를 지원하는 정책 프레임워크를 개발해야 한다.

넷째, 사회단체의 역량과 책임을 강화하는 것이 매우 중요하다. 모든 사회단체는 외딴 지역 여성들의 이익을 대변할 수 있어야 하며 젠더 문제에 대해 깊이 있게 이해하고 효과적인 업무 능력을 갖추어야 한다. 지방 행정과 중앙 행정 수준에 맞춰 관련 일상 업무를 진행함으로써 젠더 문제를 집중적으로 다루는 폭넓은 네트워크를 구축할 수 있다. 이는 남녀 차를 줄일 수 있는 정책을 만들고, 여성과 아동을 위한 법, 규제, 사회복지 시스템 개발을 강화하고, 정부가 폭력과 학대로부터 여성과 아동을 보호할 수 있도록 보장하며, 충분한 자원으로 여성 폭력에 대한 기존의 핵심적인 법과 정책을 충실히 시행하는 데 도움이 된다. 사회단체들은 성평등을 촉진하기 위해 남성들 및 공동체와 더불어 더 많은 일을 해야 한다. 학교 역시 도전과 변화가 필요하다.

13 가정 폭력에 대항하는 미얀마 여성과 법적 보호*

수 인 튠

가정 폭력의 정의와 미얀마의 국제적 약속

가정 폭력은 보통 가족 구성원이나 친밀한 파트너가 범하는 '모든 종류의 신체적, 성적, 심리적, 경제적 폭력 행위'를 일컫는다.[1] 여성에 대한 폭력은 유엔 여성차별철폐협약CEDAW 2조에 따르면 "가족 안에서 또는 일반적인 공동체 안에서 일어나는 신체적, 성적, 심리적 폭력과 가정 내 구타와 여아에 대한 성적 학대, 직장에서의 강간, 성폭력, 성희롱, 협박을

* 이 글은 *KACP Collaborative Research Report: Gender, Justice and Democracy in Asia* (Asian Association of Women's Studies, 2017)에 게재된 논문 "Legal Protection Afforded to Women against Domestic Violence in Myanmar"를 수정·보완해 우리말로 옮긴 것이다.

1 https://en.wikipedia.org/wiki/Domesticviolence

포함해 정부가 영속시키거나 묵인하는 폭력”[2]을 말한다. 또한 여성차별철폐협약 일반 권고 19호에서는 젠더 폭력을 “여성이라는 이유로 폭력의 대상이 되거나 여성에게 편중된 영향을 주는 폭력”으로 정의하고 있다. 젠더 폭력은 신체적, 정신적, 성적인 손상 및 고통을 주거나 그렇게 하겠다는 협박, 강제, 자유를 박탈하는 행위를 포함한다.[3]

1993년 유엔 총회가 채택한 여성폭력철폐선언은 여성에 대한 폭력을 “신체적, 성적, 심리적 손상이나 고통을 주거나 그럴 가능성이 있는 젠더에 기반한 여성에 대한 폭력”으로 재규정했다. 여기에는 사적 생활이나 공적 생활에서 발생하는 위협, 강제, 자유의 박탈도 포함된다.[4] 즉 여성에 대한 신체적, 심리적 가해를 모두 아울러 폭력의 정의를 확대했고, 개인적인 삶과 공적인 삶 전반에 걸쳐 일어나는 행동도 포함했다. 여성폭력철폐선언은 여성에 대한 폭력을 가정 내 폭력, 일반 공동체 내 폭력, 국가가 영속시키거나 묵인하는 폭력을 전부 포괄하지만, 이 세 영역으로만 제한하지는 않았다. 유니세프가 2000년에 발표한 연구에 따르면, 가정폭력은 신체적, 정서적, 성적 폭력, 미디어를 이용한 폭력, 분쟁 지역에서의 폭력 등 그 형태가 매우 다양하다(UNICEF, 2000).

다시 말해 여성에 대한 폭력은 여성에게 신체적, 성적, 심리적 손상이나 고통을 주거나 그럴 가능성이 있는 모든 젠더 폭력을 말한다.[5] 젠더 폭력은 여성이 남성과 동등한 권리와 자유를 온전히 누리지 못하게 하므로 곧 여성에 대한 차별이 된다. 이러한 정의들은 남성에 비해 여성을 낮

---

2 Article 2 of the UN Convention on the Elimination of All Forms of Discrimination against Women (CEDAW), 1979.

3 General Recommendation No. 19 of CEDAW, 1992.

4 Article 1 of UN General Assembly Resolution 48/104 Declaration on the Elimination of Violence against Women, 1993.

5 The Beijing Declaration and Platform for Action, 1995.

은 위치로 강제하는 결정적인 사회의 메커니즘을 인식하면서 젠더에 기반한 폭력의 원인을 언급한 것이며, 여성에 대한 신체적, 심리적 가해를 모두 아울러 폭력의 정의를 확대하고 사생활과 공적인 삶 전반에 걸쳐 일어나는 행동도 포함했다.

미얀마는 1997년에 여성차별철폐협약에 조인했으며, 새천년개발목표MDGs, '베이징 선언과 행동강령BPfA'을 포함해 여성의 상황을 향상시키기 위한 국제 정책에 참여하고 있다. 최근 동남아시아국가연합ASEAN은 동남아시아국가연합 여성과아동위원회ACWC를 창립했으며 미얀마도 적극적인 참여를 약속했다.

여성차별철폐협약 2조(e)는 조인국들에게 개인이나 기관 또는 회사에 의한 여성 차별을 없애기 위해 모든 적절한 조치를 취할 것을 요구한다.[6] 즉, 여성차별철폐위원회는 개인이 저지른 여성 폭력을 방지, 조사, 처벌하는 데 실패할 경우 정부에게 그 책임을 묻는 것으로 해석했다. 더 나아가 여성차별철폐협약 3조에는 "조인국은 여성이 남성과 동등하게 인권과 기본적 자유를 행사하고 향유하는 것을 보장할 수 있도록 모든 분야, 특히 정치, 사회, 경제, 문화 분야에서 여성의 완전한 발전 및 진보를 확보해줄 수 있는 법률을 제정하고 적절한 조치를 취해야 한다"[7]고 명시되어 있으며, 4조(c)에는 조인국들에게 국가나 개인이 여성에게 가한 폭력행위를 방지, 조사해야 하며 국법에 따라 처벌할 의무를 성실히 수행할 것을 요구했다.[8]

여성차별철폐협약 선택의정서는 협약의 시행 여부를 조사하고 민원을

6 Article 2(e) of the UN Convention on the Elimination of All Forms of Discrimination against Women, 1979.

7 Ibid., Article 3.

8 Ibid., Article 4(c).

접수하는 메커니즘을 만들었다. 선택의정서는 협약을 보완하는 것으로, 새로운 권리를 세우는 것이 아니라 협약이 보장하는 권리가 집행되게 하는 것이다. 선택의정서 8조부터 10조까지는 조사 메커니즘에 관한 것이다. 11조는 조인국이 선택의정서에 따라 민원을 제대로 처리하고 민원을 제기한 사람이 위협받지 않도록 보장할 것을 요구한다. 13조에 의하면 조인국은 시민에게 여성차별철폐협약 선택의정서를 비롯해 여성차별철폐위원회의 결정을 알려 민원을 제기할 수 있게 해야 한다. 12조와 14조는 민원을 다루는 절차와 위원회의 보고에 관한 것이다. 1999년 10월 6일 유엔 총회는 선택의정서를 채택했고 2000년 12월부터 시행했다. 2016년 10월 현재, 80개 국가와 108개의 관련 단체가 의정서에 서명했지만 미얀마는 아직 조인하지 않았다.[9]

미얀마는 1995년 베이징에서 개최된 제4차 세계여성대회에 참가한 189개국 중 하나이다. 이 대회는 여성과 소녀들에 대한 모든 형태의 폭력을 방지하고 철폐해 여성의 인권을 보장하기 위한 것이다.[10] 미얀마는 그다음 해인 1996년에 '베이징 선언과 행동강령'을 실현하고 여성과 소녀들의 권리를 보호하기 위해서 미얀마전국여성위원회MNCWA를 설립했다. 이어 미얀마전국여성운영위원회MNWCWA와 그 산하에 주, 군, 읍 단위로 여성실행위원회가 구성되었다. 미얀마전국여성위원회는 미얀마 여성의 발전을 위해 여섯 개의 관심 분야로 교육, 건강, 경제, 문화, 농촌 여성의 고용, 여성 폭력을 정했다. 2003년 12월에는 미얀마전국여성위원회의 원칙과 지침에 따라 여성 문제를 보다 효과적으로 다루기 위해 미

9 United Nations, "Parties to the Optional Protocol to the Convention on the Elimination of All Forms of Discrimination against Women". http://www.UN.org/womenwatch/daw/cedaw/protocol/sigop.htm

10 Article 29 of the Fourth World Conference on Women, Beijing Declaration, 1995.

얀마여성연합MWAF을 창립했다. 아동 보호, 여성 보호, 토지/추방/재정착 관련 단체들로 이루어진 전국보호기구를 통해 미얀마 전역에서 여성 보호와 발전에 대한 인도주의적 대응이 향상되었다. 여성보호실행위원회WPTWG는 국내 시민 단체와 국제 비정부 기구 및 유엔 기구를 연결하는 멀티 네트워크의 기능을 하고 있으며, 유엔 산하 젠더 문제를 중심으로 구성된 유엔 젠더팀GTG도 이러한 노력에 크게 기여하고 있다.

'여성 발전을 위한 국가조치계획'은 여성과 소녀들의 권리를 보호하고, 증진하고, 실현시키겠다는 미얀마 연방 정부의 의지의 표현이다. 이것은 미얀마의 모든 여성과 소녀들의 상황을 향상시키겠다는 정부의 통합적인 접근이다. 이런 조치들이 쌓이고 쌓여 가정, 직장, 공동체, 공적 영역에서 여성과 그 가족을 위해 보다 나은 결과를 낳게 된다. 현재 미얀마 사회복지부Ministry of Social Welfare, Relief and Resettlement는 여성의 요구와 권리를 인식하고 알리며 이에 대응하는 능력을 키우기 위해 노력하고 있다. 이는 생계, 교육, 훈련, 건강, 여성 폭력, 위급 상황, 경제, 의사 결정, 여성 발전을 위해 제도화된 메커니즘, 인권, 미디어, 환경, 여아의 권리 등을 모두 아우르는 것이다.

2004년 아세안 지역 여성폭력철폐선언에 따르면, 동남아시아국가연합 회원국들은 개별 국가뿐 아니라 동남아 지역 집단으로서도 여성 폭력 철폐를 위한 목표와 약속을 충실히 수행해야 한다.[11] 동남아시아국가연합 인권선언도 평등한 존엄성과 권리,[12] 개인의 자유와 안전을 지킬 것을 선언했으며, 고문 또는 잔혹하고 비인간적이며 모멸적인 취급이나 처

11 Declaration on the Elimination of Violence against Women in the ASEAN Region, 2004.

12 Article 2 of the ASEAN Human Rights Declaration, 2014.

벌[13]에 반대하는 입장을 확고히 했다. 그러나 미얀마는 아직 고문방지협약CAT이나 시민적·정치적 권리에 관한 국제규약ICCPR을 비준하지 않았다.

미얀마의 가정 폭력 관련 법적 보호의 역사

미얀마 역사상 중요한 고대 미얀마 법으로 야자타트Yazathat, 담마타트Dhammathat, 피아스톤Phyathton, 이 세 가지를 들 수 있다. 야자타트는 형법으로 왕이 공포한다. 민법이나 가족법으로는 미얀마의 관습법과 유사한 담마타트를 적용한다. 담마타트는 저명한 스님과 학자들이 사회 관습에 대해 기록한 것을 모은 것이다. 피아스톤은 여러 군주와 재판관들이 내린 사법 판결을 기록한 것이다. 영국 정부는 미얀마를 통치하면서 영국의 형법, 민법, 계약법 등을 미얀마의 형사 및 민사 문제에 적용했으나 가족 문제만큼은 미얀마의 관습법에 따랐다. 그래서 미얀마의 문화와 전통이 지금까지 유지될 수 있었다.

미얀마의 관습법이라고 할 수 있는 담마타트에 따르면, 미얀마 여성은 집안일을 함으로써 남편에게 존경을 표해야 한다. 모든 미얀마 여성들에게는 죄를 물을 수 있는 다섯 가지 의무가 있는데 이를 정리하면 다음과 같다. 1) 음식에 관해서: 남편이 먹기 전에 식사를 하거나, 남편이 없는데 잘 차려 먹거나, 아침에 늦게 일어나 밥부터 먹거나, 거의 다 먹고 남편에게 조금만 남겨줄 때, 2) 남성에 대한 태도에 관해서: 우연히 만난 남성들에게 남편에게 하듯이 격 없이 대할 때, 3) 옷에 관해서: 축제에 참석하거나 출근하거나 집에 있을 때나 아내로서 조신해야 하는데 부적절한

13 Ibid., Article 14.

옷을 입고 있을 때, 4) 재산에 관해서: 남편 모르게 재산을 기부하거나 팔거나 저당 잡힐 때, 5) 쳐다보는 것에 관해서: 까마귀처럼 눈을 희번덕거리며 남자를 보거나 습관적으로 남자가 옷을 입거나 벗는 것 또는 목욕하고 있는 것을 쳐다볼 때(Gaung, 1909).

미얀마 사회는 여성이 남편 뒤에서 잘못을 저질렀을 경우 남편이 막대기나 손으로 아내의 등을 때리는 것을 가벼운 경고쯤으로 여긴다. 이 규범은 미얀마 사회에서는 이미 시대에 뒤떨어진 사회 규범이 되었지만 아직도 이를 따르는 가족들이 있다. 신체적·정신적으로 남편에게 폭행을 당하면 아내는 형법이나 민법 혹은 두 가지 법 모두에 의거해 소송할 수 있다. 그러나 미얀마에는 가정 폭력에 대한 특별 규정이 없기 때문에 법원 관할에서 가정 폭력의 피해자를 보호하지 못한다.

미얀마의 법 역사를 보면, 여성들은 결혼과 이혼을 하면서 학대, 구타, 성폭력 등의 가정 폭력을 겪는다. 그러나 이 행위들은 친밀한 파트너가 상대방에게 가하는 권력의 일부이자 통제로 받아들여지며 가정 폭력이라는 사실을 깨닫지 못하고 있다. 고의적 협박, 물리적 폭행, 구타, 성폭행, 기타 학대 행동을 당했을 때 여성들은 웃어른, 부모, 종교적 관습의 중재로 해결하거나, 미얀마 관습법에 따라 민사 법원에 소송을 제기하거나, 혹은 상해, 강간, 성희롱 같은 범죄를 다루는 형법으로 소송을 했다. 이 외에 아무 조치를 취하지 않은 여성들도 있었음을 사례 연구를 통해 알 수 있다.

미얀마 여성은 형법뿐 아니라 버마불교법, 힌두법, 모하메드법, 기독교법, 각 민족의 전통법 등 미얀마 관습법에 따른 법적 권리를 가지고 있다. 미얀마의 담마타트에 따르면, 남성은 중혼이나 일부다처혼을 할 수 있어도 여성은 오직 한 명의 남편만 둘 수 있다. 이혼 후에 불교 여성들의 생활비 청구는 형법 절차를 따른다. 불교 여성은 이혼할 때 재산 상속에 관한 한 남성과 똑같은 권리를 갖는다. 불교 관습법은 남성의 혼인 연령을 제한하지 않는다. 남성이 성숙하면 결혼할 수 있다고 명시했을 뿐이다. 여성은 적어도 16세가 되어야 부모 동의하에 결혼할 수 있다. 만약 그런 동의가 없었다면 부모는 결혼을 무효화할 수 있다. 그러나 여성의 후견인과 함께 여성과 남성이 오랜 기간 살았으면 부모는 이들을 헤어지게 할 권한을 상실하며 이 결혼을 인정해야 한다(Huxley, 1997).

미얀마에서 기독교 여성이 결혼하려면 교회 의식을 치르거나 법원에 혼인 신고를 하면 된다. 결혼과 이혼에 관한 이슬람법은 남성 중심적이며 무슬림 여성들에게는 엄격하다. 남성의 경우 혼인 조건은 그저 성숙하기만 하면 된다. 즉 사춘기에 이르기만 하면 된다. 만일 성숙함이 눈에 띄지 않으면 최소 15세는 되어야 한다. 이슬람법은 여성에 관해서는 자세한 설명 없이 '법률상의 추정'이라고만 언급한다. 힌두 관습법은 남성의 혼인 연령을 제한하지 않으나 여성은 예외로 16세는 되어야 한다. 힌두 결혼법에 의하면, 남자는 18세가 되어야 결혼할 수 있다. 힌두교를 믿는 부모들은 자녀가 사춘기에 이르기도 전에(10-12세) 결혼을 시키기도 하는데, 조혼이라고 해도 결혼이 무효화되지는 않는다. 1872년에 결혼 특별법이 제정되어 인종, 종교가 다른 사람들 간의 결혼을 규정하고 있다.

그 밖에 미얀마의 관습법에 따라 여성은 이혼을 요구할 권리가 있다. 이혼은 크게 세 가지로, 합의 이혼, 남편이 성직자나 승려Rahan가 되면서 하는 이혼, 부부 중 한 사람이 범죄를 저질러서 하는 이혼이 있다. 남자에게 속아 사기 결혼을 한 경우에 속은 여자는 사기를 이유로 혼인 무효나 이혼 판결을 요구할 수 있다(Oung, 1914). 남편의 외도는 그 자체로 아내가 이혼을 요구할 충분한 사유가 될 수는 없지만 아내는 부부 관계를 회복하려는 남편의 요청을 거부할 권리가 있다.[14] 아내가 외도한 경우에 남편은 아내와 이혼하거나 외도 사실을 묵인하고 그냥 산다(Maung

Maung, 1963).

반면 1896년에 생긴 미얀마의 이혼법은 기독교인들에게만 해당된다. 남편은 아내의 외도를 이유로 혼인 말소를 요구할 수 있지만 반대로 아내는 그렇게 할 수 없다. 아내가 이혼을 요구할 수 있는 경우는 다음과 같다. 1) 남편이 개종했거나 다른 여성과 결혼했을 때, 2) 남편이 근친과 부정을 저질렀을 때, 3) 남편이 외도로 다른 여성과 중혼했을 때, 4) 남편이 강간하거나, 동성 간에 성관계를 하거나, 수간을 했을 때(법은 그 대상을 밝히지 않았으며 부부 강간에 대해서는 언급하지 않았다), 5) 남편이 간통을 저지르고 아주 심하게 학대할 때, 6) 남편이 간통을 저지르고 2년 이상 이유 없이 아내를 부양하지 않을 때 아내는 이혼을 신청할 자격이 된다. 기독교법에서는 이혼 후에 경제적 지원을 요구할 수 있으며 36조에 따르면 남편은 법원의 명령에 따라 지불할 책임이 있다. 그러나 경제적 지원은 법원 명령 전 3년간 남편 평균 임금의 20%를 초과할 수 없다. 아내의 돈도 고려해서 법원은 형법 절차에 따라 합리적인 액수를 정한다. 기독교법에서는 재산 분할에 관한 지침이 거의 없다.[15]

가정 폭력의 법적 해결

여성의 평등권과 시민의 의무를 포함한 기본권 관련 규정은 2008년에 제정된 미얀마 연방헌법 22조에 분명하게 명시되어 있다. 모든 시민은 인종, 종교, 지위, 성별에 관계없이 법 앞에 평등하며 평등한 기회를 갖고 육체노동이나 정신노동을 한 만큼 이익을 누리며 법에 따라 상속받을 권

14 Ma Thein Nwe V Mg Kha (7 Ran 415), Ma Ein V Te Naung (5 LBR 87).

15 Section 30 of the Christian Marriage Act of 1872, "The Burma Code", Vol. XI.

리가 있다. 이에 더해 헌법 32(A)항에 따르면, 연방은 어머니와 아이들을 돌봐야 한다.[16] 시민의 권리와 책임에 관한 규정들은 어떤 시민도 인종, 종족, 종교, 신분, 지위, 성별, 문화, 젠더, 경제 상황 때문에 차별받아서는 안 된다는 것을 보장한다.[17]

미얀마에서는 폭력을 범죄로 보고 부당한 제약 및 감금, 범죄적 폭력 및 협박, 강간, 납치,[18] 노예화,[19] 여아 매춘,[20] 폭행,[21] 명예 훼손,[22] 심각한 상해[23]에 대한 규정들이 많이 있다. 그러나 여성들은 남편 때문에 다쳐도 경찰에 도움을 요청하거나 소송을 제기하지 않는다. 그 대신 가족이나 공동체 지도자, 웃어른이 중재를 하고 다시는 그러지 않겠다는 다짐을 받는 것으로 해결하곤 한다. 이렇게 미얀마 여성들은 폭력의 악순환에 빠지게 된다. 가정 폭력과 관련된 대부분의 사례는 형법 323조(자발적 상해)에 따라 처리된다. 미얀마의 형법은 영국의 식민지였던 시기에 제정된 것이어서 처벌과 벌금에 대한 조항이 지금 시대와는 맞지 않는다. 형법 323조에 의하면, 범죄자는 최고 1년간 수감되거나 최대 100차트(미얀마의 화폐 단위)의 벌금을 내거나 이 두 가지 형벌을 모두 받게 된다. 그러나 이 벌금형은 너무 가벼워 효과적인 처벌이라고 할 수 없다. 효과적으로 제재를 가하는 처벌을 내리기 위해 처벌과 벌금 관련 형법 조항을 2016년에 개정했다. 개정 형법 22조에 의거 323조의 벌금은 100,000차트로 바

---

16 Section 32(A) of Constitution of the Republic of the Union of Myanmar, 2008.

17 Mr. Kyaw Thu Nyein, "Check against Delivery", 2012, Pg.1.

18 Section 369 of the Penal Code of 1861, "The Burma Code", Vol. VIII.

19 Ibid., Section 370.

20 Ibid., Section 366.

21 Ibid., Section 358.

22 Ibid., Section 500.

23 Ibid., Section 323.

뀌었다. 그런데 아직도 가정 폭력을 효과적으로 해결하는 데 적용할 특별법이 없으며, 그 결과 법원은 가정 폭력을 효과적으로 처벌하거나 해결하지 못한다.

미얀마의 형법에 따르면, 모든 사람은 자신의 몸과 재산을 보호할 권리가 있다. 개인적인 방어권의 행사는 범죄가 아니다.[24] 이 규정은 여성뿐 아니라 남성에게도 적용된다. 마 메이 티Ma Mei Thee의 사례를 보면, 그녀는 남편에게 맞는 도중 작대기인지 칼인지도 모른 채 손에 잡히는 것으로 남편을 때렸다. 그녀는 이미 몸과 마음에 큰 상처를 입었으므로 개인적인 방어를 할 수 있다고 생각했다. 법원은 그녀가 합법적으로 개인적인 방어를 하겠다고 이성적으로 생각할 충분한 시간적 여유가 없었다고 판단했다. 따라서 형법 100조의 개인적인 방어 규정을 어겼다고 보기 어려우므로 그녀에게 무죄를 선고했다.

액션에이드ActionAid는 2014년에 여성과 소녀들을 대상으로 폭력을 당했을 때 경찰서와 공동체 지도자에게 어떤 도움을 얻을 수 있는지 알아보기 위해 조사를 실시했다. 응답자의 23.1%가 친밀한 관계에 있는 사람들에 의한 강제 성관계는 3-7년의 징역형이 적당하다고 제안했지만 실제로 경찰에 신고된 것은 36%에 불과하다. 이 조사를 통해 드러난 14가지의 폭력 가운데 친밀한 관계에서 강제된 성관계와 인신매매에 각각 최고 징역형과 사형이 구형되었다. 60세 이상의 응답자들은 실제로 선고되는 것보다 더 심각한 처벌을 원했다. 혼인 여부에 따라 정리한 자료는 미혼, 기혼, 사별하거나 이혼한 여성 중 최소 50%는 결혼 생활에서 강제 성관계에 대한 처벌로 공동체에서 취하는 실질적 조치는 꾸지람이라는 데 동의하고 있음을 보여준다(ActionAid, 2014).

24 Ibid., Sections 96 and 97.

강간의 경우, 강간의 법적 정의와 강간에 대한 조사 및 그 절차가 강간 생존자들에게는 적합하지 않다. 형법은 강간을 “여성의 질에 남성의 음경(성기)이 삽입된 것”으로 정의한다.[25] 그러나 의료인이 손가락이나 막대기를 넣어 생존자를 조사하면 한 번 더 강간을 당하는 것 같이 느껴지게 된다. 이러한 ‘강간의 손가락 검사’ 관행을 재고해야만 한다. 또한 ‘삽입’만을 강간으로 여기는 것은 생존자 여성의 고통을 설명하기에 충분하지 않다. 따라서 강간의 정의를 재고하고 수정해야 한다.

이 외에도 미얀마에는 「미얀마 모자 복지법」(1990), 「미얀마 불교 여성 결혼특별법」(2015), 「일부일처제법」(2015), 「인구조절법」(2015), 「종교의 자유법」(2015)이 새로 제정되었다. 「미얀마 불교 여성 결혼특별법」은 미얀마 불교 여성과 불교 신자가 아닌 남성에게 적용된다. 불교 신자가 아닌 남성과의 결혼, 이혼, 별거를 비롯해 상속, 양육권 같은 가정사와 관련해서 불교 여성은 법원에 자신의 권리를 주장할 수 있다.[26] 이 법에 따르면, 불교 여성이 남성에게 신체적·정신적 폭력을 당한 사실이 법정에서 밝혀지면 그 남성은 공동으로 소유한 재산 중 자신의 몫을 포기하고 여성에게 보상해야 한다. 또한 자녀 양육권은 여성이 가지며, 남성은 미성년인 자녀의 양육비를 대야 한다.[27]

2015년에 제정된 「일부일처제법」은 미얀마에 거주하는 사람, 해외에 거주하는 미얀마 시민, 미얀마에 거주하면서 미얀마 시민과 결혼한 외국인에게 적용되는 법이다.[28] 이 법이 시행된 후에 어떤 법과 종교, 관습에 따라 결혼했다고 하더라도 오직 남녀 간의 일부일처제만 합법적인 결혼

25 Ibid., Section 376.

26 Section 2 of Myanmar Buddhist Women’s Special Marriage Law, 2015.

27 Ibid., Section 27.

28 Section 2 of Monogamy Law, 2015.

으로 인정된다.[29] 이 법은 일부다처제를 범죄로 규정하고 처벌한다. 이를 위반하면 최대 7년의 징역형을 살고 벌금도 내야 한다.[30] 이와 관련해 대법원은 다우 미 미 툰Daw Mee Mee Tun과 우 므그 므그 르윈U Mg Mg Lwin의 사례를 다음과 같이 판결했다. "우 무그 무그 르윈은 수시로 다른 여성들과 성관계를 맺었다. 게다가 첫 번째 합법적 결혼 기간에 두 번째 아내와 결혼했다. 이것은 미얀마의 풍습과 사회생활에 반하며, 다우 미 미 툰에게 극도의 비참함을 안겨주었다. 따라서 첫 번째 아내는 이혼을 요구할 권리가 있으며, 이 결혼에 중대한 잘못을 저지른 남편의 모든 재산권을 박탈한다."[31]

가정 폭력 방지와 여성 보호를 위한 입법 과제

미얀마는 종교, 문화, 전통에 관계없이 모든 여성을 위한 보호와 예방 메커니즘, 법과 정책을 갖추어야 한다. 그리고 여성에 대한 폭력 방지법에 사적 부문과 공적 부문 모두에서 여성 폭력에 적용할 수 있는 규정이 포함되어야 한다. 여성발전국가전략계획National Strategic Plan for the Advancement of Women(2013-2022)은 여성과 소녀들에 대한 모든 형태의 폭력을 없애기 위해 제도적 구조를 개선하고 입법 조치와 시행을 강화·발전시키려는 목적으로 만들어졌다(Gender Equality Network Yangon, 2014). 가정 폭력으로부터 여성을 보호하기 위해서는 미얀마 사회에 「여성폭력방지법」, 「강간금지법」, 「성희롱금지법」이 필요하다. 또한 여성차별철폐협약의 선택의정서에 조인해야 한다.

29 Ibid., Section 4.

30 Ibid., Section 13.

31 "Daw Mee Mee Tun vs. U Mg Mg Lwin", *Myanmar Law Reports*, 2012, p. 48.

아래의 표에서 보여주듯이, 미얀마 정부는 다양한 분야에서 여성을 보호해야 한다. 무엇보다 민사적 구제뿐만 아니라 처벌을 명시함으로써 가정 폭력을 범죄로 불법화하는 특별법을 제정해야 한다. 그리고 가정 폭력을 감시하고 신고하고, 피해자를 돌볼 수 있는 가정 폭력 전담 분과 위원회를 만들어야 한다. 또한 고등학교와 대학교의 교과목에 여성의 권리를 비롯해 여성 폭력과 가정 폭력에 대한 내용을 넣고, 가정 폭력에 관한 공식적·비공식적 의식 향상 캠페인이 전국적으로 시행되도록 해야 할 것이다. 나아가 모든 미디어 채널은 가정 폭력에 대한 지식을 공유할 수 있는 프로그램을 다루어야 한다. 보복이 두려워 가정 폭력 고발을

표 1. 가정 폭력에서 여성을 보호하기 위한 과제

분야	해결해야 할 것
법률 분야	– 가정 폭력을 포함한 「여성폭력방지법」, 「강간금지법」, 「성희롱금지법」 제정 – 관련 부서와 법원의 법 시행 – 유엔 일반 권고 19호와 23호에 따른 감시와 보고 시스템 구축 – 가정 폭력 피해자가 직접 보호를 받고 법률적 · 준법률적 서비스를 쉽게 이용할 수 있도록 상담위원회 구성
교육 분야	– 대학에 여성 권리와 여성 폭력에 대한 커리큘럼 작성 – 중 · 고등학교에 여성 폭력을 주제로 한 웅변 대회 개최 – 교사와 학교 상담사를 위한 전국 단위의 지침 개발과 실행
미디어 분야	– 사회 관계망을 포함해 모든 미디어에 여성 폭력에 대한 뉴스 배포 – 가정 폭력에 대한 윤리적이고 안전한 보도를 위해 미디어와 협력 – 윤리적 보도를 위한 미디어 교육 실시
보건 분야	– 사회적 차별이 건강에 미치는 부정적인 영향에 관한 의식 향상 캠페인 전개 – 감시와 평가를 위해 효과적인 자료 수집 메커니즘을 갖춘 전략적 계획 확립 – 산파와 전통 조산사들을 대상으로 한 교육 커리큘럼 개발
인적 자원 분야 (연구와 개발)	– 여성의 성폭력 경험에 대한 보완적인 양적 조사 실시 – 여성 폭력에 대한 남성의 인식과 여성 폭력 관련 범죄에 관한 연구 실시
공동체 분야	– NGO, GO, 종교 공동체에서 여성의 역할 확대 – 여성이 도움을 얻을 수 있는 비공식 부문의 자원에 대한 정보 제공 – 여성 옹호 단체에 대한 지속적 지원

출처: 양곤 성평등네트워크(Gender Equality Network Yangon, 2014)

꺼리는 여성을 도울 수 있는 준법률적 서비스를 제공하는 것도 고려해야 한다.

유구한 세월 동안 미얀마는 전통적 규범과 관습을 지켜왔다. 특히 미얀마 여성들은 각 가정에서 사회 규범이 되는 문화적 관습을 이어가고 있다. 어떤 문화적 규범과 관행은 여성의 역량을 강화하고 권리를 향상시키는 반면, 어떤 규범과 관행은 여성에 대한 폭력을 정당화한다. 전통 관습에 대한 맹신, 명예라는 이름으로 자행되는 범죄, 종교법에 따른 차별적 형벌, 기혼 여성의 권리 제한 등이 오랫동안 여성에 대한 폭력의 원인으로 거론되었다(UN, 2006). 가정 폭력은 민족, 종교, 계급, 나이, 섹슈얼리티, 장애, 라이프스타일과 관계없이 누구에게나 일어날 수 있다. 경제적 불평등은 개인적인 차원에서든 이런 불평등을 낳거나 악화시키는 더 큰 구조적 차원에서든 여성에 대한 폭력의 원인이 되기도 한다. 미얀마 사회에서 젠더 불평등은 정치, 교육, 미디어, 문화 규범, 직장 등 여러 분야 및 영역에 걸쳐 존재한다. 이 근본적인 불평등이 모욕, 협박, 통제, 학대, 심지어 살해까지 일으키는 근거가 된다.

가정 폭력은 가정이나 사회관계로 얽힌 공동체에서 일어난다. 미얀마에서 여성은 빈곤, 낮은 교육 수준, 조혼, 적은 고용 기회, 종교와 인종 차별, 저소득의 대가족 등으로 인해 가정 폭력의 희생자가 된다. 오랜 세월 동안 가정 문제로만 치부되었던 가정 폭력은 이제 여성의 문제일 뿐만 아니라 미얀마 사회의 발전을 위해 해결해야 할 사회 구성원과 국가의 문제가 되었다. 국제적으로 미얀마가 여성차별철폐협약 선택의정서에 제시된 소통 절차와 조사 절차를 따르지 않는다면 여성차별철폐협약의 의무를 성공적으로 이행할 수 없을 것이다. 미얀마에는 가정 폭력 방지에 대한 완전한 법제화가 필요하며 이는 반드시 이루어져야 한다.

14

부탄의 가정 폭력과 법적 해결*

가키 양좀

가정 폭력은 세계 어디서나 일어나며 부탄도 예외는 아니다. 부탄 사람들에게 가정 폭력은 늘 가정사로 치부되어왔다. 이들은 '아내 구타'를 아내가 화가 날 짓을 했을 때 남편이 아내를 체벌하는 것으로 생각하지 학대로 여기지 않는다. 가족을 부양하는 남편은 아내를 비롯한 가족에게 자신의 권위를 행사하는 것은 정당하며 당연한 자기 권리라고 생각한다. 피해자들도 학대를 어쩔 수 없는 가족 간의 사소한 싸움이라고 여기며 오랜 세월을 참는다.

부탄 사람들은 매우 수용적이다. 주변 국가들과 비교해보아도 이혼에 따라붙는 사회적 낙인도 거의 없다. 2010년 부탄 통계청은 15,000가구

* 이 글은 13기 EGEP(2018)에서 발표되었던 논문 "Domestic Violence and Access to Justice in Bhutan"을 수정·보완해 우리말로 옮긴 것이다.

를 대상으로 여성과 아동에 대한 연구 조사를 진행했는데 68.4%의 여성들이 남편에게 그들을 때릴 권리가 있다고 응답했다. 이 결과는 사회적으로 낙인찍힐 걱정 없이 이혼할 자유가 있는데도 불구하고 여성들은 자신과 아이들의 생계를 남편에게 의존해야 하므로 가정 폭력을 참고 결혼을 유지하는 것을 더 선호함을 보여준다.

부탄의 여성들은 고질적인 가정 폭력이 오랫동안 만연하고 반복적으로 일어나는데도 문화와 젠더의 스테레오타입으로 잘못 이해하고 늘 숨기고 침묵해왔다. 배우자에게 가하는 신체적 폭력을 정상적인 행동이라고 사회적으로 용인하거나 학대를 관대하게 허용하면 피해자들은 수치심 속에서 혼자 고통받게 된다. 게다가 피해자들은 종교의 영향으로 학대를 전생에 지은 죄의 업보라고 여기며 받아들인다. 가정 폭력은 과거에는 문화적인 이유로 인해, 현재는 주로 경제적인 이유로 인해 해결하기가 쉽지 않다. 피해자들은 신고하기를 주저할 뿐만 아니라 법정으로까지 끌고 가기를 원하지 않아 개입할 여지가 별로 없다. 이들이 가족의 평안을 위해서 폭력을 참으면 벗어날 수 없는 학대의 구렁텅이에 빠지게 된다.

부탄은 모든 형태의 폭력 상황에 대응할 수 있는 공식적인 사법 체계를 갖추고 있다. 또한 폭력으로부터 여성과 아동을 보호하는 국제 규정, 국내법, 법규와 같은 법적 장치가 있다. 부탄은 여성차별철폐협약과 아동권리협약을 비준했으며 이러한 국제 협약은 부탄의 국내법과 동일한 효력을 갖는다. 부탄의 「가정폭력방지법」과 「아동보호법」 제정은 가정 폭력을 사회적 문제로 인식하게 할 뿐만 아니라 부탄 여성의 권리 향상을 향해 의미 있는 걸음을 뗀 것이다. 이때 가정 폭력은 신체적 폭력으로만 제한하지 않고 성폭력, 정서적 폭력, 경제적 폭력도 모두 포함시킨 것이다.

리뉴의 생존자 지원과 법 개정 활동

부탄의 여성 단체인 리뉴RENEW: Respect, Educate, Nurture and Empower Women는 가정 폭력이나 성폭력 생존자들처럼 어려운 처지의 여성들을 돕기 위해 2004년에 설립되었다. 리뉴는 포괄적인 치유 서비스를 제공할 뿐만 아니라 전국적으로 여성과 아동을 대상으로 한 젠더 폭력과 가정 폭력 예방에 중요한 역할을 담당하고 있다. 리뉴의 후원자이자 부탄 왕의 어머니인 상게이 초덴 왕축Sangay Choden Wangchuck은 유엔인구기금UNFPA의 홍보대사이다. 상게이 초덴 왕축이 성재생산건강권을 옹호하기 위해 농촌 지역을 방문했을 때 많은 여성들이 그분에게 자신들의 가정 문제를 하소연했다. 이들은 문맹인 데다가 배우자에게 전적으로 의존하다 보니 평생 가정 폭력을 참아야 했다. 피해자들은 자신을 보호하는 법에 대한 기본적인 정보도 없었으며, 가정 폭력에서 벗어나도록 돕는 기관들이 있다는 것도 몰랐다. 리뉴는 미디어와 왕실의 후원에 힘입어 가정 폭력이 일어나면 도움을 구하라고 일반 대중에게 다양한 방식으로 의식 확산 운동을 펼쳤다. 사람들에게 여성과 아동의 권리는 특별한 권리가 아니라 기본적인 인권임을 알렸고, 가정 폭력은 용납할 수 없음을 널리 퍼뜨렸다.

리뉴는 가정 폭력 피해자를 지원하는 사업을 하면서 2007년에 처음 가정 폭력에 관한 연구를 시작했다. 이 연구를 통해 부탄 사회에 다양한 형태의 가정 폭력이 널리 퍼져 있고, 여성들은 가정 폭력을 가정사로 치부한다는 것을 알게 되었다. 지난 몇 년간 리뉴에 신고된 가정 폭력 사건 수는 급증했다(RENEW, 2016a). 이는 한편으로는 부탄에 공식·비공식적으로 보고된 가정 폭력 사건들이 나날이 증가하고 있다는 의미이고, 다른 한편으로는 여성들이 리뉴의 활동과 가정 폭력을 허용하지 않아도 되는 자신의 권리에 대해 더 많이 알게 되었음을 뜻한다. 2007년부터 2016년 사이에 리뉴가 접수한 가정 폭력 사례들을 보면 경제적 궁핍과 방치 같은 학대의 발생률이 높았다(RENEW, 2016b). 리뉴에 신고된 폭력 가운데 경제적 폭력이 28%로 가장 높았고, 신체적 폭력이 24%로 그다음을 차지했다. 대부분의 여성 상담자들은 하루하루 생계 유지비를 배우자에게 의존하고 있었다. 여성의 역량을 강화하려면 경제적 안정이 가장 중요하다. 여성과 아동에 대한 폭력과 차별의 악순환의 고리를 끊기 위해서는 경제적 안정이 핵심이다. 여성이 경제력이 있으면 자신과 아이들을 위해 더 나은 선택을 할 수 있게 된다.

리뉴의 주력 사업은 가정 폭력 생존자들에 대한 법적 지원이다. 내담자의 90%가 법률 서비스를 받고 있는데, 사례의 대다수가 가족 문제를 해결하는 데 법적 개입이 필요하기 때문이다. 사법 제도는 절차와 법률 용어가 어려운 데다가 비용도 든다. 부탄의 헌법과 「가정폭력방지법」에는 경제적 무능력과 그 외 무능력에 상관없이 법적 지원을 한다는 조항이 있다. 그러나 법률협회가 생긴 지 얼마 되지 않았고 법적 지원 체계나 규정, 단체가 아직 만들어지지 않아 법적 지원이 전국적으로 이루어지지 않고 있다. 리뉴를 포함한 소수의 단체만이 법적 지원 서비스를 제공하고 있다. 리뉴는 가정 폭력 문제로만 제한하지 않고 리뉴를 찾아온 여성의 모든 문제를 포괄적으로 다루는 법률 서비스를 제공하고 있다. 내담자들은 자신이 무엇을 원하는지, 재판에 왜 법률 상담이 필요한지, 재판 결과가 가족에게 어떤 영향을 미치는지 등에 대해 혼란스러워하고 확신이 없다. 가정 폭력을 당한 여성과 아이가 경제적으로 힘들고 문맹이며 법에 대해 문외한일 경우 다른 사람들의 도움 없이 재판을 진행하기란 여간 복잡한 것이 아니다. 생존자들과 내담자들은 리뉴 산하 법률지원팀과 법률 상담을 하면서 자신의 처지를 알게 되고, 법적 해결에 필요한 합의서나 고소장 작성과 같은 서비스도 받는다. 경찰, 병원, 법원 등의 관련 기관도 소개받는다. 가정 폭력과 성폭력 재판은 그 결과가 가족에게 미치는 영향이 크기 때문에 법적 지원을 할 때 비밀을 보장하는 것이 매우 중요하다.

여성과 아동의 권리를 축소시키는 국내법들은 여성과 아동의 요구를 반영하고 권리를 보장할 수 있도록 개정되어왔다. 부탄의 형법에는 부부 강간에 대한 처벌 내용이 포함되었으며 강간범, 특히 미성년자 강간범에 대해서는 엄격한 판결을 내리고 처벌을 더욱 강화했다. 결혼 연령은 18세로 수정되었다. 1980년에 제정된 부탄의 「혼인법」은 별거, 이혼, 자녀 양육권 같은 문제들을 다루고 있으며 자녀 양육권은 어머니에게 크게 유리하게 개정되었다. 그러나 개정된 「혼인법」에도 여전히 여성과 아동을 차별과 학대에 취약하게 만드는 법률상의 구멍이 있다. 리뉴에 신고된 상담 사례들을 살펴보면, 경제적 궁핍과 방치 형태의 학대가 많다. 여성 내담자 대다수가 생계 유지비를 배우자에게 의존하고 있기 때문에 여성들과 그 자녀들은 경제적 차별을 겪고 있다.

리뉴는 가정 폭력 생존자에게 법적 지원을 하면서 「혼인법」의 몇몇 규정이 여성과 아동에게 부당하다는 것을 발견했다. 여성과 아동의 인권을 위해 일하는 시민 사회단체로서 리뉴는 「혼인법」의 규정에서 사기에 의한 결혼, 간통, 자녀 양육 수당, 위자료에 대한 개정을 제안했다. 이때 관련 시민 사회 조직 및 청년 대표들과 법 개정의 필요성을 입증하고자 자문 회의를 열었으며, 그 결과를 기록한 보고서를 부탄 여성아동위원회에 제출했다. 2017년 국회에도 리뉴와 자문 회의에서 만든 의견서를 제출하고 법 개정을 요구했다.

부탄에서는 기혼이라는 사실을 숨긴 이에게 속아 관계를 맺게 된 사람이 사실을 알게 되었다고 하더라도 대부분 이 문제에 대해 법적 대응을 하지 않는다. 소송을 하려고 해도 관련법이 명확하지 않아 대개 소송을 시작한 사람이 피해를 입기 십상이다. 법정에서 여성이 속았다는 것을 증명하기란 거의 불가능하며 오히려 보상을 해주면서 끝이 나는 경우도 많다. 리뉴는 진짜 사건을 걸러낼 수 있는 메커니즘을 작동시켜야 한다고 제안했다. 만약 가해자의 고의성이 증명이 되면 가해자는 보상금뿐 아니라 국가에 벌금을 내야 한다. 보상금이 적으면 그 금액을 늘려 재발을 방지해야 한다. 이 외에도 결혼 사실을 숨긴 사람은 형법에 따라 사기 행위에 따른 벌금을 추가로 내야 한다.

사람들은 몇 년 동안 결혼 생활을 했어도 위자료가 적으니 특별한 이유 없이 쉽게 이혼한다. 그래서 경제적으로 배우자에게 의존했던 여성들은 이혼 후에 수입원이 없어져 힘들게 지낸다. 리뉴는 이혼을 감소시키기 위해 위자료를 늘리고 간통을 보다 강력하게 금지시켜야 한다고 제안하는 바이다. 어머니 혼자 아이들을 기르기에는 이혼 후 받게 되는 자녀 양육비가 너무 적다. 심지어 아이들이 많아도 양육비는 오직 두 명의 아이에게만 준다. 이것은 아이들뿐만 아니라 모든 비용을 혼자서 감당해야 하는 어머니에게도 부당한 일로, 아이의 기본적 인권을 박탈하는 것이며 그 어머니에게 엄청난 짐을 지우는 것이다. 이런 점에서 리뉴는 자녀 양육비를 늘리고 이혼한 부부에게 두 명 이상의 자녀가 있을 때 양육비는 아버지의 한 달 수입의 50%가 되어야 한다고 제안한다. 「혼인법」 개정은 부탄 여성과 아동의 권익에 중요하므로 리뉴는 이를 위해 꾸준히 노력하고 있다.

대안적 분쟁 해결 방안

부탄의 사법 제도는 문화에 깊이 뿌리내린 전통적인 분쟁 해결법과 함께 발전했다. 부탄의 전통적인 분쟁 해결법은 중재의 방식을 띠고 있다. 가정 폭력의 경우에 마을의 대표 어르신이나 현자賢者가 피해자와 가해자 사이를 중재한다. 피해자와 가해자는 양쪽 모두에게 알맞은 해결책이 나오면 이에 동의해야 한다. 보통 가해자가 반성하고 다시는 같은 일을 되풀이하지 않겠다는 다짐으로 해결된다.

이는 가족 분쟁을 원만히 해결하는 데 매우 효과적인 오랜 전통으로 주민들은 공식적인 사법 체계보다 이러한 해결법을 더 선호한다. 특히 외딴 벽지에 사는 여성들은 배우자에게 경제적으로 의존하는 데다가 아이들을 위한다며 신고하지 않고 학대를 참는 경향이 있다. 폭력 생존자가 도움을 구한다고 해도 소송은 피하고 원만하게 분쟁을 해결해 가족이 화해하고 다시 함께 살기를 더 바란다.

힘없는 피해자들에게 사법 제도는 전통적인 분쟁 해결법과 비교해 접근하기도 힘들고 두려운 대상이다. 법원에 가거나 법원 근처에 있기만 해도 가족의 수치로 여기고 다른 사람과 원만히 지내지 못하는 좀스러운 사람이라는 사회적 낙인이 찍힌다. 부탄 여성의 50%가 문맹이거나 초등 교육만 마쳤다는 사실은 이들을 가정 폭력에 더욱 취약하게 만든다. 여성들은 배우자에게 경제적으로 의존하기 때문에 학대받는 상황에서 벗어날 수 없다. 게다가 사회적 낙인이 찍히지 않으려고 사법 제도의 이용을 꺼리며, 가족마저도 피해자에게 법정에서 해결하지 말라는 압력을 준다.

가족 문제가 큰 문제로 확대되기 전에는 여러 상황에서 조화로운 결과를 내는 가족 내 분쟁 해결을 선호하지만 때때로 그 결과가 폭력 생존자의 최선의 이익과 충돌하기도 한다. 법에 따라 가정 폭력 사건이 신고되면 정식 절차를 따라야 한다. 먼저, 경찰에 사건을 신고하면 철저히 조사하고 증거를 모아 검찰청으로 보낸다. 이후 검찰청의 검사가 사건을 담당하고 법원은 판결을 내린다. 재판을 하려면 법정에 가고 법정 대리인을 내세우는 것뿐만 아니라 공식 또는 비공식 사법 기관을 통해 고충을 해결할 자원과 능력이 있어야 한다. 그러므로 여성들이 막상 법적으로 해결하려고 해도 수많은 난관에 봉착하게 된다. 재판 과정이 길어지거나 소송 절차를 이해할 수 없으면 소송을 포기하게 되며 사법 제도에 대한 확신을 잃게 된다. 사회적으로 취약한 사람들, 특히 여성들이 사법 제도에 대해 겁을 먹거나 소송 비용을 감당할 수 없을 때 또는 정보를 얻지 못하면 재판을 할 수 없다. 법으로 분쟁을 해결하고 중재하는 것에도 분명 한계가 있지만 조화로운 결과를 위해서는 가장 쉽게 이용할 수 있는 해결책이다. 따라서 사법부는 사회 기대에 부응하는 판결을 내기 위해 변해야 한다. 중재가 공동체 사람들의 조화로운 공존을 위한 조용한 해결책으로 여겨진다고 해도 사법부는 사회의 신뢰를 얻기 위해 더욱 노력해야 한다.

법은 포괄적으로 발전하고 있으며 향상된 법적 개입으로 가정 폭력 행위는 줄어들 것이다. 시간이 지나면 사법 제도보다 뿌리 깊은 전통적 분쟁 해결 방법을 선호했던 가정 폭력 생존자들도 변할 것이다. 사법부와 관계자들이 더욱 노력하면 여성 스스로 사건을 공식적으로 제기하게 될 것이다. 그리고 전통적인 분쟁 해결법과 공식적인 사법 제도 간에 사람들에게 가장 적절한 중도의 해결책을 모색해야 한다. 정의는 가정에서부터 이루어져야 하며 가정 폭력처럼 매우 힘든 상황에서도 타협이 있어서는 안 된다. 재판만으로 가정 폭력을 줄이기는 어려우므로 모든 관련 기관들이 함께 노력해야 한다.

부탄에는 오로지 가정 폭력에 개입하기 위해 만들어진 다양한 단체 및 조직을 비롯해 여러 방책이 있다. 가정 폭력을 예방하고 막기 위한 총체적 대응책을 만들려는 단체와 조직의 공통된 노력으로 여성의 지위는 크게 향상되었다. 리뉴는 공동체에 기반한 지원 시스템을 전국적으로 연결시키고자 한다. 리뉴의 자원봉사자들은 여성과 아동을 위한 소송 업무를 담당하고 있으며, 특히 폭력 없는 공동체라는 장기적인 목표 아래 가정 폭력을 해결하기 위해 활동하고 있다. 최근 몇 년간 여성들은 리뉴의 사업에 대해 더 많이 알게 되었고, 사법 제도를 통해 문제를 해결하게 되었다. 가정 폭력이 없는 사회가 너무 거창한 바람일지도 모르겠지만 시민 한 사람 한 사람의 노력이 모인다면 이루지 못할 것도 없다.

15

방글라데시의 여성 운동과 「가정폭력방지법」*

미탈리 자한

방글라데시에서 여성 폭력이 일어나는 근본적인 이유로는 남녀 불평등과 권력 불균형을 들 수 있다. 방글라데시에서는 여성 폭력이 매우 흔하며 그중 가정 폭력이 가장 많다는 점에서 다른 나라와 차이가 있다. 그 배후에는 여성에 대한 가부장적인 태도와 남녀 역할 및 책임에 대한 정형화된 시각이 있다. 2007년에 실시한 방글라데시의 인구 통계 및 건강에 대한 조사에 의하면, 1/3이 넘는 남녀가 특정 상황이나 때로는 아무 이유가 없는 상황에서 벌어지는 아내 구타에 대해 정당하다고 믿고 있었다(NIPORT, 2009). 이에 더해 아내 구타에 대한 잘못된 종교적 해석은 차별에 이용되기도 하며 여성 폭력을 정당화하기도 한다. 아내 구타 사건

* 이 글은 *Asian Journal of Women's Studies*, 23(3)에 게재된 논문 "How Legal Change Happened through Effective Policy Advocacy in Bangladesh: Adoption of the Domestic Violence Law"를 우리말로 옮긴 것이다.

의 대부분이 신고되지 않고 있으며, 학대받는 여성 대다수가 제도적 도움을 구하지 않는다.

방글라데시에는 여성의 평등권을 법, 정책, 헌법으로 보장하지만 이론적인 법적 규정들과 실제 현실 사이에는 커다란 차이가 있다. 2010년 「가정폭력 방지 및 보호법Domestic Violence Prevention and Protection Act」(이하 「가정폭력방지법」)이 제정되기 전, 기존의 법적 체계는 가정 폭력 피해자들에게 효과적인 해결 방안을 제공하는 데 실패했다. 시민 사회와 여성 인권 단체들은 기존 법적 체계의 주요 단점을 고려해서 가정 폭력 방지를 위해 가정 폭력만을 다루는 통합적 법안을 요구하는 운동을 했다. 내가 속해 있는 방글라데시전국여성변호사협회BNWLA(이하 전국여성변호사협회)는 옹호 운동을 이끈 단체 중 하나로 폭력을 당하는 여성과 아동에게 직접적인 법적 지원을 한다. 「가정폭력방지법」이 2010년에 제정되었음에도 불구하고 방글라데시 여성들은 법에 대한 거리감 때문에 사법 제도를 이용하는 데 심각한 어려움을 겪고 있다. 게다가 가정 폭력은 공정하고 적절한 법 시행의 결여, 뿌리 깊은 가족 규범, 전형화된 관행과 젠더 규범으로 인해 여전히 이 사회에서 지속되고 있다. 임시 보호소, 생계 지원, 의료 시설 같은 중요한 서비스가 부족한 데다가 많은 여성들이 고립되어 있어 서비스에 쉽게 접근하지 못한다.

방글라데시의 가정 폭력

여성은 국가 시민으로서 모든 공적 생활에서 남성과 동등한 권리를 가진다고 방글라데시의 헌법에 보장되어 있음에도 불구하고 사회에서 많은 차별을 받고 있다. 여성에 대한 학대는 급속도로 증가하고 있으며, 특히 가정 폭력은 일상이 되었다. 가정 폭력이 가정이라는 사적인 공간에서 일어나는 데다가 수치심 때문에 감추려고 하므로 실제로 일어나는 사건 수를 전부 집계할 수 없다. 그리고 피해자들은 고발할 준비가 되어 있지 않다.

여성 폭력 중에서 가장 많은 비중을 차지하는 것은 가정 폭력이다. 방글라데시 기혼 여성의 80%가 신체적, 정신적, 성적 또는 경제적으로 남편에게 학대를 당한다. 2015년에 실시된 여성 폭력에 대한 방글라데시 통계청의 조사에 따르면, 폭력을 당한 여성의 50%가 신체적 고문을 당했고 27%가 성적으로 학대를 당했으며, 신고된 사례의 15%는 남편이 아내의 행동을 통제하기 위해 폭행을 한 것으로 드러났다. 또한 15-34세 여성들이 폭력을 당할 위험성이 가장 높은 것으로 밝혀졌다. 농촌 여성의 51.8%와 도시 여성의 48.5%가 폭행을 당한 적이 있으며, 전국적으로 49.6%의 여성이 폭력을 경험했다. 경제적 착취에서는 농촌의 기혼 여성(12%)과 도시의 기혼 여성(10.2%) 사이에 큰 차이가 나지 않았다(Bangladesh Bureau of Statistics, 2015). 이보다 앞선 2011년에 실시된 통계청의 조사에 따르면, 기혼 여성에 대한 폭력이 87%에 달했으며, 교육받은 부부들의 경우에 아내에 대한 학대가 덜한 것으로 나타났다(Bangladesh Bureau of Statistics, 2011). 전국 14개의 주요 일간지를 토대로 한 전국여성변호사협회의 자료를 보면 2015년 한 해에 가정 폭력이 총 996건 있었음을 알 수 있다.

가정 폭력은 부유하든 가난하든, 배웠든 못 배웠든, 발전했든 낙후되었든, 사회 구석구석까지 퍼져 있는 심각한 사회적 병폐이다. 가정 폭력 피해자는 종교, 언어, 민족, 그 외 다른 성향과 관계없이 모든 사회 경제적 또는 문화적 배경에서 나온다. 가정 폭력이 사회적·계급적 경계를 초월해 사회 전체에 나타나는 문제이기는 하나 피해자가 겪는 폭력의 양상에는 차이가 있다. 아린 카놈Airin Khanom은 「방글라데시의 가정 폭력이 낳은 취약성」에서 가정 폭력에는 물리적인 폭력뿐만 아니라 다양한 학대나 서로 다른 폭력 행위의 조합도 들어 있다는 것을 보여준다(Khanom, 2014).

방글라데시 여성들은 다양한 학대가 포함된 가정 폭력에 시달리고 있다. 구체적으로 살펴보면 신체적 학대(따귀 때리기, 매질, 팔 꺾기, 칼로 찌르기, 목 조르기, 불로 지지기, 발차기, 살인), 심리적 학대(버린다거나 죽이겠다는 협박, 언어 폭력, 모욕), 성적 학대(협박에 의한 강제적 성관계, 원치 않는 성행위 강요), 경제적 학대(재정 지원 거부, 경제적 기여 거절, 식량과 기본 필수품 제공 거부, 의료 서비스 이용과 취업 통제)가 있다. 여성들은 경제적 의존, 종속적인 사회적 지위, 방글라데시 사회의 법률 교육 및 상담의 부족 등으로 자신을 보호할 수 있는 능력이 제한되거나 학대 관계에서 벗어날 수 있는 용기를 쉽게 내지 못하게 된다. 2015년 여성차별철폐위원회에 제출한 방글라데시 인권위원회의 대안 보고서를 보면, 가정 폭력 현상은 가부장적인 방글라데시 가족 내에 늘 있었지만 최근까지도 금기시된 주제였음을 알 수 있다(Huda, 2015).

가정 폭력을 다룬 기존의 법적 체계

방글라데시의 법 역사를 들여다보면 주요 법들이 영국에서 온 것임을 알 수 있다. 식민지 법은 형법에 따라 폭행, 강간, 남색, 비정상적인 성행위를 범죄로 규정하는 조항을 포함하고 있다. 방글라데시의 형법은 강간, 살인, 폭행 등과 같은 거의 모든 중범죄를 포괄한다. 여성 폭력에 대해서는 부분적으로나마 피해자의 요구를 충족시켜주는 「다우리금지법」(1980)[1], 「여성과 아동 억압금지법 2000」(2003년 개정)[2], 「염산범죄방지법」

1 The Dowry Prohibition Act, 1980. http://bdlaws.minlaw.gov.bd/pdf_part.php?id=607&vol=22&search=1980

2 Women and Children Repression Prevention Act, 2000. http://bdlaws.minlaw.

(2002)[3]이 있다. 이 법들은 가정 밖의 여성 폭력을 다루면서도 여성과 아동을 대상으로 한 가정 폭력은 고려하지 않았다.

다우리dowry(신부의 지참금)와 관련된 범죄들은 앞에서 언급한 법들이 모두 다루고 있다. 예를 들어 「여성과 아동 억압금지법」은 지참금 요구 때문에 발생한 상해에 대해 매우 엄중한 처벌을 내린다. 그러나 이 법률 조항만으로 범죄의 심각성과 여성에게 중상을 입혔는지의 여부를 판단할 수 없다. 「다우리금지법」, 「염산범죄방지법」은 지참금과 관련이 없으면 가정 내에서 일어나는 범죄에 대해서 침묵했다. 기존의 법적 체계에서는 가정 폭력 피해 여성을 보호하고 가정 폭력에서 벗어나고자 하는 여성의 고통을 덜어주는 규정이 없다.

「가정폭력방지법」 제정을 위한 옹호 운동

1979년에 창립된 방글라데시전국여성변호사협회는 방글라데시에서 가장 중요한 인권 단체로, 여성과 아동처럼 취약한 이들에게 소송 지원을 포함한 법률 자문 서비스를 제공하고 있다. 이 협회는 법이 중재할 수 있는 타협 가능한 가족 갈등의 경우에는 양측의 요구를 반영한다. 그러나 법이 중재할 수 없는 타협 불가능한 갈등의 경우에는 여성 생존자가 소송을 원하면 소송을 지원한다. 2010년 「가정폭력방지법」이 제정되기 전, 전국여성변호사협회는 가정이라는 공간에서 일어나는 다양한 형태의 폭력을 다루는 법률 조항이 부족하다는 것을 절감했다. 방글라데시의 법은 가정 폭력과 학대 관계에 대해 법적 조치를 취하고 싶어 하는 피해

gov.bd/bangla_pdf_part.php?id=835&vol=32&search=2000

3 Acid Crime Control Act, 2002. http://bdlaws.minlaw.gov.bd/bangla_pdf_part.php?id=883&vol=35&search=2002

자 문제보다는 살인, 강간, 염산 범죄, 인신매매 같은 중범죄를 다루는 데 더 집중했다.

전국여성변호사협회는 가정 폭력 관련 정책을 계획하는 데 이 문제를 고려할 수 있도록 2004년 '방글라데시의 아내 학대: 인정받지 못한 범죄'에 관한 연구를 시작했다(Ameen, 2005). 이 연구는 학대당하는 여성들의 법적 지위에 관한 것이다. 전국여성변호사협회는 일 년 내내 학대당하는 여성들을 조사했으며 그 일환으로 사례 연구를 했다. 수년에 걸쳐 모은 사례 연구 결과는 중요한 자료가 되었다. 이를 통해 방글라데시의 법적 체계가 다양한 형태의 아내 학대를 충분히 다루지 못한다는 것이 드러났다. 게다가 법은 가정 폭력 피해자가 취할 수 있는 법적 선택권에 대해서도 명확하게 규정하고 있지 않았다. 특별법이 없다 보니 가정 폭력 사건에 「다우리금지법」이나 「여성과 아동 억압금지법」과 같은 부적절한 법 규정을 적용하기도 했다. 2006년에는 '가정 폭력: 법적 체계를 찾아서'라는 제목의 통합적인 연구를 실시했다(BNWLA, 2006). 이 연구는 가정 폭력에 대한 사람들의 인식은 어떠한지, 기존 법이 가정 폭력 문제를 다루는 데 얼마나 적절한지를 주제로 삼았다. 이 연구의 주요 성과는 관계자들이 가정 폭력을 범죄로 인식하고 이를 방지하려면 별도의 법이 필요하다는 것을 깨닫게 된 것이다. 나중에 이 연구 결과는 여성차별철폐협약 제48차 세션에서 도출된 최종 견해를 반영하고 지지했으며, 이것은 가정 폭력에 대한 별도의 법안을 채택하는 정책 옹호에 중요한 역할을 했다(CEDAW, 2011).

가정 폭력을 다루는 기존 법적 체계의 한계를 절감하고 시민 사회와 여성 인권 단체들이 옹호 운동을 시작했다. 전국여성변호사협회도 앞에서 언급한 두 연구 결과를 토대로 가정 폭력을 방지하는 법 제정을 위한 옹호 운동을 펼쳤다. 2005년에 방글라데시 법위원회가 「가정폭력방지법」 초안을 작성했지만 공개적인 협의를 거치지 않았고, 대중의 기대에도 미치지 못했다(The Law Commission, 2005). 여성 단체의 요구를 반영하지도 않아 가정 폭력이라는 민감한 사안을 다루기에는 턱없이 부족했다. 전국여성변호사협회와 인권 단체들은 법위원회의 초안에 대한 종합적인 대응책을 마련했다. 또 전국여성변호사협회는 다른 법률 지원 단체인 '아인 오 살리쉬 켄드라Ain O Salish Kendra'와 함께 두 가지 법안 초안을 만들어 법위원회에 제출했다. 우리는 이 초안을 준비하면서 연구 결과를 분명하게 설명하고 관계자들의 기대와 전문가들의 의견을 반영하고자 노력했다.

2007년 10월에 전국여성변호사협회는 '가정 폭력을 반대하는 시민 발의Citizen's Initiative against Domestic Violence'라는 이름의 전국적인 연대를 결성해 「가정폭력방지법」 제정을 위한 캠페인을 열심히 펼쳤다. 전국여성변호사협회는 그 후 3년 동안 이 연대에 사무 지원을 했으며, 현재는 '케어 방글라데시CARE Bangladesh'가 사무를 맡고 있다. '가정 폭력을 반대하는 시민 발의'는 가정 폭력이라는 주제를 다루기 위해 30개가 넘는 국내외 단체들을 비롯해 전문가들과 함께 여러 차례 회의를 한 끝에 마침내 「가정폭력방지법」 초안이 나왔고, 2008년 6월 30일 이를 방글라데시 여성아동부에 제출했다. 여성아동부는 제출된 초안을 검토한 후에 두 시민 단체와 논의하고 연대 회원들의 철저한 코멘트를 받은 다음 승인했다. 드디어 이 법안이 2010년 10월 5일 국회에서 통과되어 관보 고시와 함께 2010년 12월 30일부터 시행되었다. 그 후 전국여성변호사협회는 '가정 폭력을 반대하는 시민 발의' 연대와 함께 「가정폭력방지시행령Rules of Domestic Violence Prevention and Protection Act」을 준비하는 관련 부서에 기술적 지원을 했다. 우리가 함께 노력한 결과 2013년에 시행령이 국회에서 통과되었다(BNWLA, 2013).

「가정폭력방지법」 시행

여러 NGO들의 지속적인 헌신과 로비 덕분에 「가정폭력방지법」이 성공적으로 제정되었다.[4] '가정 폭력을 반대하는 시민 발의'는 계속 피해자들을 지원하고 가정 폭력과 싸웠다. 이와 같은 옹호 운동을 통해 법이 제정되었다고 하더라도 방글라데시에는 뿌리 깊은 폭력의 문화가 있어서 여성과 아동에 대한 폭력이 지속되고 있다. 전국여성변호사협회는 법을 만들고 시행하는 것만으로는 가정 폭력과 같은 범죄를 막을 수 없음을 현실적으로 깨달았다. 그래서 '인권 보호 프로그램Protecting Human Rights Program'에 따라 이 법이 시행되도록 하는 데 앞장섰다.

이 인권 보호 프로그램은 '플랜 인터내셔널 방글라데시Plan International Bangladesh'가 전국여성변호사협회, 11개의 지역 NGO와 연대해 미국국제개발처USAID의 재정 지원을 받는 6개 지역의 8개 하위 행정 단위에 소속된 102개 조합에서 시행한 5개년 계획을 말한다(USAID, 2014; Huda, 2016). 이 프로그램은 법률 개혁을 장려하고 지역의 역량을 향상시키며 법률 서비스 및 기타 서비스도 제공한다. 대중의 태도를 변화시키는 다양한 활동도 하고 있다. 또한 「가정폭력방지법」 시행에 기여하고 있으며, 가정 폭력 생존자들에게 통합적인 서비스를 제공하고 있다. 이 외에도 시민들과 관련 공무원들의 가정 폭력에 대한 인식을 바꾸기 위해 노력하고 있다.

생존자 보호는 폭력을 당한 개인의 요구를 파악해 즉각적인 돌봄을 제공하고 지속 가능한 지원을 하는 것이다. 전국여성변호사협회는 프로그

4 Domestic Violence Prevention and Protection Act, 2010. http://bdlaws.minlaw.gov.bd/bangla_pdf_part.php?id=1063&vol=40&search=2010

램화된 개입을 통해 생존자의 취약성을 줄여나가고 공동체와 함께 이들을 보호하고자 한다. 따라서 생존자들에게 돌봄 및 보호 서비스를 제공하고 있으며, 가정 폭력을 포함한 다양한 여성 폭력을 방지하기 위해 공동체에 기반한 보호 메커니즘을 개발하려고 노력하고 있다.

커뮤니티 쉼터 모델의 도입

방글라데시에는 가정 폭력 생존자들의 절실하고도 즉각적인 필요에 비해 정부 기관과 사설 기관이 운영하는 보호 시설이 많이 부족하다. 차후에 발생할 수 있는 폭력을 피하려면 피해자는 학대 상황에서 당장 벗어나야 하는데 그렇게 하기가 매우 힘들다. 전국여성변호사협회는 먼저 보호 시설이 부족하다는 것을 절감했다. 가정 폭력 피해자는 보호 시설이 공동체에서 먼 곳에 있거나 사회의 문화적 관행 등으로 인해 공식 기관의 보호 시설을 이용하지 못한다.

우리는 공동체나 가족이 정식 보호 시설에 피신해 있다가 집에 돌아온 생존자들을 쉽게 다시 받아들이지 않는다는 것을 인권 보호 프로그램을 진행하면서 알게 되었다. 집을 떠나 낯선 환경에서 지냈던 여성은 의심을 받았고 사회적 낙인이 찍혔다. 그러다 보니 피해자들은 공식적인 보호 시설을 이용할 수 있다고 하더라도 꺼리는 경향이 있다. 전국여성변호사협회는 이러한 문제점과 안전한 보호 시설의 부족을 해결하기 위해 인권 보호 프로그램에 따라 가정 폭력 피해자가 공식적인 보호 시설에 머무는 것이 아니라 자신의 공동체 안에서 보호를 받는 '커뮤니티 쉼터 Community Shelter'라는 혁신적인 개념을 도입했다. 즉, 생존자들은 자신이 택한 친척 집이나 이웃집에서 잠시 머물 수 있는 것이다.

처음에 전국여성변호사협회는 소수의 생존자들에게 공동체 보호 개념을 시범적으로 적용했다. 이것은 쉽게 실천할 수 있는 대안으로 생존자와 공동체 모두가 만족했다. 생존자 대다수가 인권 보호 프로그램의 법률 상담가로부터 중재를 받은 후 공동체의 보호와 도움 속에 회복이 되면 다시 가족에게로 돌아갔다. 인권 보호 프로그램은 다른 선택의 여지가 없는 상황에서 피해자와 그 자녀들에게 절실하게 필요한 안전한 숙소와 은신처를 제공함으로써 여성을 돕는 역할에 지역 주민들을 참여시킬 수 있었다. 가정 폭력 생존자는 대개 6개월을 넘기지 않는 약정 기간 동안 함께 지내고 싶은 사람을 친척이나 친구 가운데 선택해서 제안할 수 있다. 제안을 받은 집주인이 여성에게 피신처를 제공하는 것에 동의하면 인권 보호 프로그램 담당자와 사회 보호 단체(인권 보호 프로그램에 따라 조직된 공동체 감시단)에 속한 공동체 구성원들은 집주인의 동의를 확정한다. 이때 그 숙소가 피신처로 적합한지 판단하기 위해 안정성과 보안성을 평가하고 피해자의 복지도 고려한다. 모든 조건이 만족스러우면 생존자와 집주인 양측은 전국여성변호사협회 담당자의 입회하에 양해 각서에 서명한다. 이후 합의한 세부 사항이 모두 기록된 보고서를 지역 경찰서에 제출해야 한다. 인권 보호 프로그램은 집주인의 추가적인 경제적 부담을 덜어주기 위해 하루 비용을 미화 1.5달러에 해당하는 120타카를 초과하지 않게 계산해 한 달에 한 번 보조한다. 또한 생존자가 자급자족하고 수익을 올릴 자신만의 능력을 갖출 수 있게 돕는다. 즉, 이들에게 생계 수단 외에 재단, 원예, 컴퓨터 같은 기술 교육을 받을 수 있는 지역 단체를 소개해준다. 2015년에는 인권 보호 프로그램을 통한 커뮤니티 쉼터 지원을 6개 지역의 8개 하위 행정 단위에 소속된 102개 조합에 아홉 차례 했다.

「가정폭력방지법」이 제정되고 여성과 아동을 보호하기 위해 다양한 개입이 있었지만 가정 폭력을 방지하는 데 아직 큰 성과를 이루지는 못했다. 2015년 통계청의 조사에서도 나타나듯이 방글라데시에서 가정 폭력은 여전히 빈번하게 발생한다. 그 주된 이유 중 하나가 피해자들에게 필요한 서비스를 전달하는 과정을 체계화하지 못했고, 새롭게 채택된 「가정폭력방지법」을 시행하는 데 필요한 기반 시설을 구축하지 못했기 때문이다. 피해자들에게 필요한 서비스를 제공하는 법 집행 기관은 젠더 문제를 충분히 인식하지 못하고 있다. 「가정폭력방지법」 시행에 주된 책임을 맡고 있는 집행관(하위 행정 단위의 여성부 직원)들은 이 업무를 할 준비가 되어 있지 않다. 법이 있기는 하지만 우리가 대책을 강구할 때까지 이 민감한 사안을 다루기에는 충분하지 않다. 우리는 개개인의 태도를 변화시켜야 한다. 제도권과 전문 분야에 종사하는 이들도 포함해서 말이다.

가정 폭력은 젠더에 기반한 폭력으로 여성의 기본 인권을 침해하는 가장 악랄한 방식이다. 「가정폭력방지법」의 제정으로 인해 이제 더 이상 가정 폭력을 '사적'인 문제로만 취급할 수 없게 되었다. 가정 폭력은 법이 인정한 범죄이며 개인, 가족, 사회, 국가 전체에 부정적인 영향을 주므로 막아야 한다. 법 하나로는 가정 폭력을 방지하는 데 충분하지 않다. 나는 법이 정해준 해결책을 따르려고 했지만 사회 경제적 지원이 부족해 결국 학대 관계에서 벗어날 결심을 하지 못하고 다시 폭력을 견뎌야만 했던 피해자들을 여럿 만났다.

법이 제정되어 법적 구속력이 있지만 이 법의 적절한 시행을 위해서 우리 모두는 통합적인 방식으로 일해야 한다. 그렇게 하지 않으면 피해자들의 악몽은 끝나지 않을 것이다. 가부장적인 고정 관념을 바꾸려면 가정 폭력을 없애기 위한 사회적·정치적 노력도 필요하지만 여성의 역량 강화도 반드시 이루어져야 한다. 가정 폭력에 대해 소리 높여 말하고 좋은 사례는 공유하며 대중 의식을 형성해야 한다. 우리 모두가 이와 같이 노력하면 가정 폭력을 막을 수 있을 것이다.

| 참고문헌 |

제1부 여성 혐오와 몸의 정치학

1. 마라위의 얼굴 없는 여성들: 필리핀 분쟁 지역의 성차별적 여성 혐오

"ARMM Has the Lowest Functional Literacy Rate in the Philippines" (2015, November 11). Retrieved from http://mindanaoexaminer.com/armm-has-lowest-functional-literacy-rate-in-philippines/

Aulette, J. R. & J. Wittner (2011). *Gendered Worlds* (2nd Ed.). New York, NY: Oxford University Press.

Bartolome, C. (2001). "Maratabat and Rido: Implications for Peace and National Development." Unpublished PhD thesis, Mindanao State University, Marawi City, Philippines.

Dwyer, L. & R. C. Guiam (2010). *Gender and Conflict in Mindanao*. The Asia Foundation.

Enloe, C. (2000). *Maneuvers: The International Politics of Militarizing Women's Lives*. Berkeley, CA: University of California Press.

Gavilan, J. (2017, October 16). "Lifting Mindanao Martial Law: What Duterte, Lorenzana Have Said So Far." Retrieved from https://www.rappler.com/newsbreak/iq/185490-duterte-lorenzana-statements-lifting-martial-lawmindanao

Giles, W. & J. Hyndman (Eds.) (2004). *Sites of Violence: Gender and Conflict Zones*. Berkeley, CA: University of California Press.

Harcourt, W. (2006). *Feminist Praxis: Women's Transnational and Place Based Struggles for Change*. Boston, Mass: Tellus Institute.

Harcourt, W. & A. Escobar (2002). "Lead Article Women and the Politics of Place." *Development*, 45(1), 7-14. Accessed on September 18, 2015, https://www.researchgate.net/publication/5219376_Women_and_the_Politics_of_Place

Hilsdon, A. (2009). "Invisible Bodies: Gender, Conflict and Peace in Mindanao." *Asian Studies Review*, 33, 349-365. London: Routledge.

"History: Mindanao Conflict and the Moro Islamic Liberation Front" (n.d.). Retrieved from http://www.c-r.org/where-we-work/southeast-asia/history-mindanao-conflict-and-moro-islamic-liberation-front

Human Rights Watch (2007). "Women's Human Rights." Retrieved from http://www.hrw.org/women on September 28, 2014.

Inter-Agency Standing Committee (2005). *Guidelines for Gender-based Violence Interventions in Humanitarian Settings: Focusing on Prevention of and Response to Sexual Violence in Emergencies*. Geneva: Inter-Agency Standing Committee.

Johnson, A. G. (2009). "Patriarchy, the System: An It, Not a He, a Them, or an Us." In E. Disch (Ed.), *Reconstructing Gender: A Multicultural Anthology* (5th Ed.), 98-106. New York, NY: McGraw-Hill.

Manchanda, R. (Ed.) (2001). *Women, War and Peace in South Asia*. New Delhi: Sage Publications India Pvt.

Mapandi, Z. (2017, July 25). "A Tribute to Brave Women Standing Up for Marawi and Justice." Retrieved from https://philippines.oxfam.org/blog/

tribute-brave-women-standing-marawi-and-justice

Moser, C. (2001). “The Gendered Continuum of Violence and Conflict: An Operational Framework.” In C. Moser & F. Clark (Eds.), *Victims, Perpetrators or Actors? Gender, Armed Conflict and Political Violence*, 30-51. London: Zed Books.

National Statistics Office [Philippines] and ICF Macro (2009). *Philippines National Demographic and Health Survey 2008: Key Findings*. Calverton: NSO and ICF Macro.

Philippine Commission on Women (2014). “Statistics on Violence Against Filipino Women.” Retrieved from http://www.pcw.gov.ph/statistics/201405/statistics-violence-against-filipino-women on June 18, 2017.

“Poverty Incidence in ARMM Eases in 2015” (2017, February 3). Retrieved from http://www.armm-info.com/2017/02/poverty-incidence-in-armm-eases-in-2015.html

Vellema, S., S. M. Borras Jr. & F. Lara Jr. (2011). “The Agrarian Roots of Contemporary Violent Conflict in Mindanao, Southern Philippines.” *Journal of Agrarian Change*, 11(3), 298-320.

Veloso, D. T. M. (2017). *Multiple Marginalization and Gender-based Violence in Post Conflict Settings: The Experiences of IDPs in Zamboanga City*. Manila, Philippines: De La Salle University.

WAGI (Women and Gender Institute) (2016a). *Baseline Research on the Issues and Status of Women in Mindanao*. Quezon City: Miriam College.

________ (2016b). *InfoPack: Gender, Peace and Security*. Quezon City: Miriam College.

2. 딸을 원치 않는 사회: 인도 하리아나 지역의 성 감별 기술 오용과 그 영향

Arnold, F., M. K. Chio & T. K. Roy (1998). “Son Preference, the Familybuilding Process and Child Mortality in India." *Population Studies*, 52(3), 301-315.

Arnold, F., S. Kishor & T. K. Roy (2002). "Sex-selective Abortions in India." *Population and Development Review*, 28(4), 759-785.

Bardhan, P. (1988). "Sex-disparity in Child Survival in Rural India." In T. N. Srivastvasan & P. K. Bardhan (Eds.), *Rural Poverty in South India*. Oxford University Press.

Basu, A. M. (1989). "Is Discrimination in Food Really Necessary for Explaining Sex Differentials in Childhood Mortality?" *Population Studies*, 43, 193-210.

Bhat, P. N. M. & A. J. F. Zavier (2007). "Factors Influencing the Use of Pre-natal Diagnostic Techniques and the Sex Ratio at Birth in India." *Economic and Political Weekly*, 42(24), 2292-2303.

Chowdhry, P. (2005). "Crisis of Masculinity in Haryana." *Economic and Political Weekly*, XL(49), 5189-5198.

Das, A. & D. Sinha (2002). "Sex-Determination and Sex Pre-Selection Test: Abuse of Genetic Diagnostic Technology." *The Indian Journal of Social Work*, 63(4), 567-578.

Dubey, L. (1983). "Misadventure in Amniocentesis." *Economic and Political Weekly*, Feburary, XVIII(8).

George, M. S. & R. S. Dahiya (1998). "Female Foeticide in Rural Haryana." *Economic and Political Weekly*, 33(32), 2191-2198.

Kaur, R. (2004). "Across-Region Marriages: Poverty, Female Migration and the Sex Ratio." *Economic and Political Weekly*, 39(25), 2595-2603.

Mamdani, M. (1972). *The Myth of Population Control*. London: Monthly Review Press.

Miller, B. D. (1981). *The Endangered Sex: Neglect of Female Children in Rural North India*. Ithaca: Cornell University Press.

Mutharayappa, R., M. K. Choe, F. Arnold & T. K. Roy (1997). "Son Preference and Its Effect on Fertility in India." *National Family Health Survey Subject Report*. IIPS, Mumbai and E. W. Centre, Hawaii.

Office of the Registrar General of India (2001). "Series-1, India, Provisional Population Totals, Paper 1 of 2001." New Delhi.

Premi, M. K. (2001). "The Missing Girl Child." *Economic and Political Weekly*, 36(21), 1875-1880.

Singh, M. & V. Mohan (2005). "The Rise of Sex Selection in India." *Democracy at Large*, 2(1).

Unisa, S., S. Pujari & R. Usha (2007). "Sex-Selective Abortion in Haryana: Evidence from Pregnancy History and Antenatal Care." *Economic and Political Weekly*, 42(1), 60-66.

United Nations Secretariat (1998). "Levels and Trends of Sex Differentials in Infant, Child and Under-Five Mortality." *Too Young to Die: Genese Or Gender?* New York: United Nations, Department of Economics and Social Affairs, Population Division.

Visaria, L. (2008). "Improving the Child Sex Ratio: Role of Policy and Advocacy." *Ecomomic and Political Weekly*, XLIII(12, 13), 34-37.

Visaria, P. (1971). "The Sex Ratio of the Population of India." *Census of India 1961 Monograph No. 10*. Delhi: Manger of Publication.

3. 성매매 여성의 다이어트 경험: 상품과 노동, 그리고 저항 사이의 몸

김주희(2016). 「성매매 여성들의 "재여성화 전략"으로서의 '외모관리-소비' 활동에 대한 여성주의 분석」. 『아시아여성연구』, 55(2), 57-92.

김현경(2014). 「연예인 지망생 및 신인의 성형 경험과 '이미지 상품-주체'의 형성: 연기자를 중심으로」. 『여성학논집』, 31(2), 3-32.

푸코, 미셸(1994). 『감시와 처벌: 감옥의 역사』. 오생근 옮김. 경기: 나남(Foucault,

M., *Surveiller et punir: Naissance de la prison*, Paris: Éditions Gallimard, 1975).

한서설아(2000). 『다이어트의 성정치』. 서울: 책세상.

Orbach, S. (2016). *Fat is a Feminist Issue*. London: Arrow Books.

4. 네팔의 월경 관습과 여성에 대한 폭력

Bhoge, M. J. (2013, October 8). "Episode 5 - Chhaupadi." Save the Children. Retrieved from https://www.youtube.com/watch?v=Fo7EbBdDP5M&t=107s

Chameli. "Chhaupadi Pratha" [Short movie]. Retrieved from https://www.youtube.com/watch?v=xyJdkJElULs

Dahal, B. P. (2017). "Chhaupadi in Karnali Research in Funding of European Commission and Technical Support of Action Work Nepal and BEE Group." Unpublished PhD thesis, Kathmandu University, Nepal.

Gautam, J. (2011, April). "Feminism and Women's Right Untouchability during Menstruation and Chhaupadi Custom." Retrieved from http://feminismnwomenrights. blogspot.com/2011/04/untouchability-during-menstruation-and.html

Joshi, L. R. (2015). "Chhaupadi Pratha Socio-cultural Violence against Women in the Far-western Region of Nepal." Retrieved from http://journal.nepha.org.np/current-issues/12-chhaupadi-partha-socio-cultural-violence-against-women-in-the-far-western-region-of-nepal

Kadariya, S. & A. R. Aro (2015). "Chhaupadi Practice in Nepal-analysis of Ethical Aspects." Retrieved from https://www.dovepress.com/chhaupadi-practice-in-nepal-ndash-analysis-of-ethical-aspects

NFCC (2015). "Assessment Study on Chhaupadi in Nepal: Towards a Harm Reduction Strategy." Retrieved from http://nhsp.org.np/wp-content/

uploads/formidable/7/Chhaupadi-FINAL.pdf
Poudel, R. (2016). "Menstruation Restrictions in Karnali." Retrieved from https://www.youtube.com/watch?v=C3GTvnpS7G0
Raut, N. & S. Tandon (2011). "Centuries Old Nepal Banishment Ritual Endangers Girls and Women." Retrieved from https://womennewsnetwork.net/2011/03/20/nepal-banishment-ritual-girls
United Nations Resident and Humanitarian Coordinator's Office (2011). "Chhaupadi in the Far West." Retrieved from http://journal.nepha.org.np/current-issues/12-chhaupadi-partha-socio-cultural-violence-against-women-in-the-far-western-region-of-nepal

5. 인도의 월경 정치학, 이데올로기, 그리고 자본주의

Azad, N. (2015, November 20). "A Young Bleeding Woman' Pens an Open Letter to the Keepers of Sabrimala Temple." Retrieved from https://www.youthkiawaaz.com/2015/11/open-letter-to-devaswom-chief-sabrimala/
Bala, N. (2014, August 21). "The 3 Biggest Reasons that India's Girls Drop out of School." Retrieved from http://aif.org/the-3-biggest-reasons-that-indias-girls-drop-out-of-school/
Bobel, C. (2010). *New Blood: Third-wave Feminism and the Politics of Menstruation*. New Brunswick, NJ: Rutgers University Press.
Chakravarti, U. (1993). "Conceptualising Brahmanical Patriarchy in Early India: Gender, Caste, Class, and State." *Economic and Political Weekly*, 28(14), 579-585.
Chawla, J. (1994). "Mythic Origins of Menstrual Taboo in Rig Veda." *Economic and Political Weekly*, 29(43), 2817-2827.
Doninger, W. (Ed.) (2005). *The Rig Veda*. New Delhi: Penguin Books.
Foucault, M. (1977). *Discipline and Punish: The Birth of the Prison*. (A.

Sheridan (1975, 1995), Trans.). New York, NY: Vintage Books.

Kissling, E. A. (2006). *Capitalizing on the Curse: The Business of Menstruation*. London: Lynne Rienner Publishers.

Kotex. (1920). "The Safe Solution to Women's Greatest Hygienic Problem." Duke University Libraries. Retrieved from https://library.duke.edu/digitalcollections/adaccess_BH0247/

"Let Machine to Scan Purity Come, Will Think about Women Entering Sabarimala: Devaswom Chief." (2015, November 15). *The News Minute* [Bengaluru].

Paige, K. E. & J. M. Paige (1981). *The Politics of Reproductive Ritual*. Berkeley, CA: University of California Press.

Paria, B., A. Bhattacharyya & S. Das (2014). "A Comparative Study on Menstrual Hygiene among Urban and Rural Adolescent Girls of West Bengal." *Journal of Family Medicine and Primary Care*, 3(4), 414-417. doi:10.4103/2249-4863.148131

Patterson, A. (2014). "The Social Construction and Resistance of Menstruation as a Public Spectacle." In D. N. Farris, M. A. Davis & D. L. Compton (Eds.), *Illuminating How Identities, Stereotypes and Inequalities Matter through Gender Studies*. New York, NY: Springer.

Patterson, A. S. (2013). "The Menstrual Body." Unpublished PhD thesis, Mindanao State University, Marawi City, Philippines.

Steinem, G. (1986). "If Men Could Menstruate." Retrieved from https://ww3.haverford.edu/psychology/ddavis/p109g/steinem.menstruate.html

"Tamil Nadu: Schoolgirl Commits Suicide after Teacher Humiliates Her over Menstrual Stains." (2017, August 31). *Firstpost*.

Thakre, S. B., S. S. Thakre, M. Reddy, N. Rathi, K. Pathak & S. Ughade (2011). "Menstrual Hygiene: Knowledge and Practice among Adolescent School

Girls of Saoner, Nagpur District." *Journal of Clinical and Diagnostic Research*, 5(5), 1027–1033.

제2부 성폭력 침묵 깨기

6. 상처에 소금 뿌리기: 홍콩 교회 내 성희롱

Campbell, R. & S. Raja (2005, February 23). "The Sexual Assault and Secondary Victimization of Female Veterans." *Psychology of Women Quarterly*. Retrieved from http://onlinelibrary.wiley.com/doi/10.1111/j.1471-6402.2005.00171.x/full

Majka, L. (1991). "Sexual Harassment in the Church." *Society*, 28(4), 14–21.

Murphy-Geiss, G. (2007). "Hospitable or Hostile Environment: Sexual Harassment in the United Methodist Church." *Review of Religious Research*, 48(3), 260–272.

Tso, J. (2014). "Do You Hear the Women Sing?" [Motion picture]. Retrieved from https://www.youtube.com/watch?v=ENH43yWYFnI&t=2s

7. 인도네시아 대학 내 성폭력 문제 해결을 위한 연대

BPPM DIY (2016). *Pemetaan Wilayah Kekerasan Terhadap Perempuan di DIY*, Yogyakarta: BPPM DIY.

Dziech, B. W. & L. Weiner (1990). *The Lecherous Professor: Sexual Harassment on Campus*. Illinois: University of Illinois Press.

Hearn, J. & W. Parkin (2001). *Gender, Sexuality and Violence in Organizations: The Unspoken Forces of Organization Violations*. London: Sage Publication.

Osborne, R. L. (1992). "Sexual Harassment in Universities: A Critical View of the Institutional Response." *Canadian Women Studies*, 12(3), 72–76.

9. 인도 부족 연구에 가려진 섹슈얼리티 담론 비판

Bara, J. (2010). "Alien Construct and Tribal Contestation in Colonial Chhotanagpur: The Medium of Christianity." *Economic and Political Weekly*, 44(52), 90-96.

Bhukya, B. (2008). "The Mapping of the Adivasi Social: Colonial Anthropology and Adivasis." *Economic and Political Weekly*, 43(39), 103, 105-109.

Devi, M. (1993). "Dopdi." *Best Stories of Mahasweta Devi*. New Delhi: National Book Trust.

Ghosh, B. & T. Choudhuri (2011). "Gender, Space and Development: Tribal Women in Tripura." *Economic and Political Weekly*, 46(16), 74-78.

Mahapatro, M & A. Kumar (2009). "Maternal Mortality among the Marginalized: A Case Study of a Scheduled Tribe of Orissa." *Indian Anthropologist*, 39(1/2), 85-97.

Ramirez, R. (2007). "Race, Tribal Nation, and Gender: A Native Feminist Approach to Belonging." *Meridians*, 7(2), 22-40.

Rao, N. (2008). *Good Women Do Not Inherit Land: Politics of Land and Gender in India*. New Delhi: Social Science Press and Orient Blackswan.

Schkhar, H. S. (2014). *The Mysterious Ailment of Rupi Baskey: A Novel*. Rupa Publications India.

________ (2015). *The Adivasi Will Not Dance: Stories*. New Delhi: Speaking Tiger Publishing Pvt. Ltd., 39-42.

Sinha, S. S. (2005). *Restless Mothers and Turbulent Daughters: Situating Tribes in Gender Studies*. Kolkata: Stree.

Spivak, G. C. (1981). "'Draupadi' by Mahasveta Devi." *Critical Inquiry*, 8(2), 381-402.

10. 성폭력의 침묵을 깬 베트남의 에듀테인먼트

CSAGA (2015). "My Dream" [Short film]. Hanoi: CSAGA. Retrieved from https://www.youtube.com/watch?v=YTthzju2Omk

General Statistics Office of Vietnam (2010). "New Study Shows High Prevalence of Domestic Violence in Vietnam" [Joint media release]. Retrieved from http://www.gso.gov.vn/default_en.aspx?tabid=487&ItemID=10693

Nguyen, V. A. (2013). "Inviting Myself to Hope" [Physical drama]. Hanoi: CSAGA. Retrieved from https://www.youtube.com/watch?v=qPKmKOPRx78&feature=youtu.be

________ (2015). "Don't Cry Alone" [Documentary film]. Hanoi: CSAGA. Retrieved from https://www.youtube.com/watch?v=nD5J5y8_XVI

Nguyen, V. A. & T. G. Pham (2012). *The Situation of Sexual Violence and Response Strategy of Victims of Domestic Violence among the Clubs for Victims of Domestic Violence in CSAGA*. Hanoi: CSAGA, Domestic Violence Prevention Network in Vietnam (DOVIPNET).

제3부 젠더 폭력과 여성 인권

11. 네팔 마녀 주술의 역사와 여성에 대한 비난

Adhikari, Y. (2014, April 28). "Kayamai chha 'Boksi' pratha" [Witchcraft Accusation Still Exists]. *Nagariknews*. Retrieved form http://nagariknews.com/opinion/story/17182.html

Adinkrah, M. & P. Adhikari (2014). "Gendered Injustice: A Comparative Analysis of Witchcraft Beliefs and Witchcraft Related Violence in Ghana and Nepal." *International Journal of Sociology and Anthropology*, 6(10), 314-321.

Sah, K. B. (2007). *A Study of the Problem of Witch Accusation in Nepal*. Kathmandu: SNV Nepal.

12. 라오스 여성에 대한 폭력과 아동 결혼 철폐

GRID (Gender Resource and information Development Center) (2009). "Domestic Violence Survey in Lao PDR, 2009." Vientiane: LWU.

Heise, L. L., M. Ellsberg & M. Gottemoelar (1999). "Ending Violence Against Woman." *Population Reports, Series L*, 11(4). Johns Hopkins University School of Public Health, Population Information Program.

Jenkin, R. (2000). "Introduction to the Special Issue: Defining Gender, Relationships, and Power." *Sex Roles*, 42(78), 467-493.

MOES (Ministry of Education and Sports) (2014). *Country Report of Lao PDR*. Vientiane, Laos.

________ (2016). *Education Quality Assurance Strategic Plan for 2020*. Vientiane, Laos.

UNDP (2009). "Resource Guide on Gender and Climate Change." Retrieved from http://www.un.org/womenwatch/downloads/Resource_Guide_English_FINAL.pdf

________ (2015) "Resource Guide on Gender and Climate Change in Asia." New York.

UNICEF (2010). "Draft Study of Informal Cross Borders." Vientiane: UNICEF.

WHO (2013). "Global and Regional Estimates of Violence against Women." Retrieved from http://apps.who.int/iris/bitstream/handle/10665/85239/9789241564625_eng.pdf;jsessionid=44586E463CDC1FD9D442F37991C12237?sequence=1

13. 가정 폭력에 대항하는 미얀마 여성과 법적 보호

ActionAid (2014). "Gender Analysis Brief 2014: Violence against Women and Girls & Access to Justice in Myanmar, November 16." Retrieved from http://www.actionaid.org/sites/files/actionaid/vaw_policy_brief_final_copy.pdf.

Gaung, U. (1909). "A Digest of the Burmese Buddhist Law Concerning Inheritance and Marriage: Being a Collection of Texts From Thirty-Six Dhammathats." Yangon Hantharwaddy Press.

Gender Equality Network Yangon (2014). *Behind the Silence: Violence against Women and their Resilience Myanmar*. Myanmar.

Huxley, A. (1997). "The Importance of the Dhammathats in Burmese Law and Culture." *The Journal of Burma Studies*, 1, 1-17.

Maung Maung, U. (1963). *Law and Custom in Burma and the Burmese Family*. Hague: Martinus Nijhoff.

Oung, M. (1914). *A Selection of Leading Cases on Buddhist Law*. Rangoon: British Burma Press.

UN (2006). "Ending Violence against Women: From Words to Action." Retrieved from http://www.un.org/womenwatch/daw/vaw/launch/english/v.a.w-exeE-use.pdf

UNICEF (2000). "Domestic Violence against Women and Girls." *Innocenti Digest* (6).

14. 부탄의 가정 폭력과 법적 해결

RENEW (2016a). "Annual Report 2016." Retrieved from http://renew.org.bt/wp-content/uploads/2017/08/RENEW-Annual-Report-2016.pdf.

________ (2016b). "The Bhutanese Pledge: A Shared Commitment Towards Eliminating Violence against Women." *National Symposium Report*.

Retrieved from http://renew.org.bt/wp-content/uploads/2017/08/RENEW-National-Symposium-%E2%80%9CThe-Bhutanese-Pledge-A-Shared-Commitment-Towards-Eliminating-Violence-against-Women%E2%80%9D-2016-2017.pdf

15. 방글라데시의 여성 운동과 「가정폭력방지법」

Ameen, N. (2005). *Wife Abuse in Bangladesh: An Unrecognized Offence*. Dhaka, Bangladesh: The University Press Limited.

Bangladesh Bureau of Statistics (2011). "Violence against Women Survey 2011." Dhaka, Bangladesh: Bangladesh Bureau of Statistics.

________ (2015). "Violence against Women Survey 2015." Dhaka, Bangladesh: Bangladesh Bureau of Statistics.

BNWLA (Bangladesh National Women Lawyer's Association) (2006). *Domestic Violence: In Search of Legal Framework*. Dhaka, Bangladesh.

________ (2013). *Ending Impunity: Monitoring Report for the Implementation of the Domestic Violence Prevention & Protection Act 2010*. Dhaka, Bangladesh.

CEDAW (2011). "Concluding Observations of the Committee on the Elimination of All Forms of Discrimination against Women." Retrieved from http://www2.ohchr.org/english/bodies/cedaw/docs/co/CEDAW-C-BGD-CO-7.pdf

Huda, S. (2015). "Draft of the Alternative Report to CEDAW." Bangladesh National Human Rights Commission (Jamakon).

________ (2016). "Five Years after Bangladesh's Domestic Violence (Prevention and Protection) Act 2010: Is It Helping Survivors?" A Study by the Bangladesh National Women Lawyer's Association and PLAN International for the Protecting Human Rights (PHR) Program. Dhaka, Bangladesh:

PLAN International.

Khanom, A. (2014). "Domestic Violence Induced Vulnerability in Bangladesh." *A Sociological Study*, 10(2), 202–208.

NIPORT(National Institute of Population Research and Training) (2009). *Bangladesh Demographic and Health Survey 2007*. Dhaka, Bangladesh and Calverton, Maryland, USA: National Institute of Population Research and Training, Mitra and Associates, and Macro International.

The Law Commission (2005). "A Final Report on the Proposed Law of Domestic Violence Along With A Draft Bill Namely, The Domestic Violence Act." Retrieved from http://www.lc.gov.bd/reports/71.pdf

USAID (2014). *Enforcement of Laws and Provisions of Legal and Other Services in Cases of Domestic Violence, Early Marriage Dowry and Related Women's Rights Abuses*. USAID Contract AID-OAA-I-10-00003; Task Order AID-388-TO-12-00001.

• 저자 소개 •

(집필순)

아나 크리스티나 M. 딩라산 Anna Kristina M. Dinglasan은 국제학 전공으로 석사학위를 받았다. 현재 필리핀 미리암대학교 국제학부 부교수로 재직 중이며, 필리핀 옥스팜Oxfam에서 젠더 정의 자문관으로도 일하고 있다. 2012년 2기 EGEP를 수료했다.

멜라니 레예스 Melanie Reyes는 필리핀국립대학교 공공행정대학원에서 석사학위를 받았다. 현재 필리핀 미리암대학교 국제학부 부교수로 재직 중이며, 미리암대학교 여성과젠더연구소WAGI의 젠더, 평화, 안보 프로그램 코디네이터로도 활동하고 있다. 2014년 6기 EGEP를 수료했다.

크리스틴 A. 발레리오 Kristine A. Valerio는 필리핀국립대학교 사회학과를 졸업하고, 현재 필리핀 민다나오 옥스팜에서 여성 폭력 근절 프로그램 담당 연구원으로 일하고 있다. 마라위 사태 피해 여성들을 위한 정보 수집 및 모금 활동을 하고 있는 필리핀 간탈라 출판사의 협력 멤버로도 활동 중이다. 2013년 5기 EGEP를 수료했다.

니샤 싱 Nisha Singh은 인도 델리대학교에서 사회복지학 석사학위를, 자와할랄네루대학교에서 사회의학 석사학위를 받았다. 2009년부터 인도에 있는 액션에이드연합ActionAid Association에서 프로그램 담당자로 일하고 있으며, 인도 북부 지역을 중심으로 다양한 여성 교육 활동을 하고 있다. 남아시아페미니스트네트워크South Asian Feminist Network 멤버이며, 전국달리트여성연합Dalit Women's National Coalition 창립 멤버이기도 하다. 2018년 13기 EGEP를 수료했다.

박다위Park Dawi는 한국 여성인권센터 쉬고Shego 팀장으로 탈성매매 여성 지원 활동을 하고 있다. 성공회대학교 NGO대학원에서 실천여성학 전공으로 석사학위를 받았다. 2018년 13기 EGEP를 수료했다.

아샤 부다 Asha Budha는 네팔 트리부반대학교에서 사회학 및 젠더학 석사학위를 받았다. 여성과 개발 분야에서 네팔 여성의 자립과 교육, 빈곤 철폐를 위한 활동을 꾸준히 해 왔으며, 현재 미션이스트 네팔Mission East Nepal에서 프로그램 코디네이터로 일하고 있다. 2018년 13기 EGEP를 수료했다.

니키타 아로라 Nikita Arora는 인도 파티알라의 펀자브대학교 영문과 박사과정에 재학 중이다. 인도의 월경 금기에 도전하는 '해피 투 블리드Happy to Bleed' 캠페인의 공동 창시자로 현재 캠페인 활동을 이끌고 있다. 2017년 12기 EGEP를 수료했다.

제시카 초 히우퉁 Jessica Tso Hiu-Tung은 홍콩중문대학교에서 기독교학 석사학위를 받았으며, 현재 홍콩 기독교 NGO 단체인 홍콩기독교위원회Hong Kong Christian Council에서 젠더 정의 프로젝트 운영 책임자로 활동하고 있다. 2018년 13기 EGEP를 수료했다.

이카 아유 크리스티아닌그룸 Ika Ayu Kristianingrum은 인도네시아 가자마다대학교에서 사회학 석사학위를 받았으며, 현재 인도네시아 '족자카르타 여성네트워크Yogyakarta Women Network'에서 연구자 겸 NGO 활동가로 일하고 있다. 2018년 13기 EGEP를 수료했다.

미현Mi-hyun은 불꽃페미액션 활동가로 이화여자대학교 여성학과 석사과정에 재학 중이다. 2018년 13기 EGEP를 수료했다.

차크라보티 스리레카 Chakraborty Srilekha는 인도 자다브푸르대학교에서 사회학 석사학위를 받았다. 현재 NGO 단체인 니즈NEEDS: Network for Enterprise Enhancement and Development Support에서 청소년 성재생산건강 프로그램 담당자로 활동하고 있다. 2018년 13기 EGEP를 수료했다.

팜 티 탄 지앙 Pham Thi Thanh Giang은 하노이베트남국립대학교 역사학과를 졸업했다.

베트남 젠더가족청소년연구센터CSAGA에서 오랜 기간 젠더 관련 교육과 연구, 프로젝트 등을 수행했으며 현재 센터의 부소장을 맡고 있다. 2015년 8기 EGEP를 수료했다.

라즈 쿠마리 구룽 Raj Kumari Gurung은 네팔 트리부반대학교에서 농촌개발학 석사학위를 받았다. 액션에이드 인터내셔널 네팔ActionAid International Nepal에서 지부 대표 및 프로젝트 코디네이터로 10년간 활동했으며, 현재 여성인권포럼Women's Rights Forum 멤버로 활동하고 있다. 2015년 8기 EGEP를 수료했다.

비엥다봉 루앙시티데스 Viengdavong Luangsithideth는 인도네시아 국립말랑대학교에서 교육경영학 석사 및 박사학위를 받았으며, 현재 라오스교육체육부MOES에서 고등 교육 담당관으로 재직 중이다. 2016년 한-아세안협력사업 여성학교육프로그램에 공동 연구자로 참여했다.

수 인 튠 Su Yin Htun은 법학 전공으로 박사학위를 받았으며, 현재 미얀마 만달레이대학교 법학과 강사이다. 미얀마 광물 개발 노동자의 인권, 이주 노동, 반인신매매에 관한 법률적 개입에 대해 연구해왔다. 2016년 한-아세안협력사업 여성학교육프로그램에 공동 연구자로 참여했다.

가키 양좀 Gaki Yangzom은 인도 ILS법학대학교 법학과를 졸업했다. 현재 부탄의 여성단체 리뉴RENEW에서 여성 폭력과 가정 폭력 사건 소송을 돕는 법률 상담 변호사로 활동하고 있다. 2018년 13기 EGEP를 수료했다.

미탈리 자한 Mitali Jahan은 인도 다카대학교 법학과를 졸업하고, 변호사로 방글라데시전국여성변호사협회BNWLA에서 활동하며 방글라데시 「가정폭력방지법」 개혁 과정에 꾸준히 참여해왔다. 현재 프로젝트 매니저로서 여성들을 위한 법률 상담과 법조계, 정부 공무원 등을 대상으로 젠더 교육을 담당하고 있다. 2017년 11기 EGEP를 수료했다.

우리들의 목소리 3
아시아 여성의 몸, 섹슈얼리티, 폭력

펴낸날 1판 1쇄 2019년 1월 10일
기획 이화여자대학교 아시아여성학센터
엮은이 김은실 · 이명선 · 노지은
펴낸이 김헌민
펴낸곳 이화여자대학교출판문화원
주소 서울특별시 서대문구 이화여대길 52(우03760)
등록 1954년 7월 6일 제9-61호
전화 02) 3277-2965(편집), 02) 362-6076(마케팅)
팩스 02) 312-4312
전자우편 press@ewha.ac.kr
홈페이지 www.ewhapress.com
찍은곳 (주)현문자현

ISBN 979-11-5890-277-3 94330
979-11-85909-13-4 (세트)
값 18,000원

* 잘못된 책은 바꾸어 드립니다.

이 도서의 국립중앙도서관 출판시도서목록(CIP)은 서지정보유통지원시스템 홈페이지(http://seoji.nl.go.kr)와 국가자료공동목록시스템(http://www.nl.go.kr/kolisnet)에서 이용하실 수 있습니다.(CIP제어번호: CIP2018042399)